MÈRE ANNE DE JÉSUS

PRIEURE DU CARMEL DE BERGERAC.

Une Vie Réparatrice

Une Vie Réparatrice

MÈRE ANNE DE JÉSUS

Prieure du Carmel de Bergerac

(1864-1928)

Mère Anne de Jésus, le jour de son examen canonique
17 mars 1887

J.-A. SAINT-ALVÈRE

Une Vie Réparatrice

Mère Anne de Jésus
Prieure du Carmel de Bergerac
(1864-1928)

EN VENTE AUX ADRESSES SUIVANTES

M. l'Économe du Petit Séminaire
de Bergerac

Carmel de Bergerac
(Dordogne)

Chèques postaux : Econome Séminaire de Bergerac
C. C. Bordeaux 291.61

*Aux Révérendes Mères et Sœurs
du Carmel de Bergerac*

A M. le chanoine Peyrille

JE RENDS AFFECTUEUSEMENT CE QU'ILS M'ONT DONNÉ.

J.-A. S.-A.

IL A ÉTÉ TIRÉ DE CET OUVRAGE
100 EXEMPLAIRES SUR PAPIER SIMILI JAPON
NUMÉROTÉS DE I A 100
VENDUS 50 FRANCS L'EXEMPLAIRE

Exemplaire n° 

ÉVÊCHÉ
DE
Périgueux et Sarlat
✝

Lettre de S. G. Mgr Légasse, Évêque de Périgueux et Sarlat, à M. l'Econome du Petit Séminaire
de Bergerac.

Cher Monsieur l'Économe,

L'Eglise seule peut, dans sa sagesse et sa prudence, déclarer authentiquement la sainteté d'une vie. Elle permet pourtant et encourage volontiers la publication des biographies édifiantes qui, en révélant des fidélités peu communes aux touches de la grâce surnaturelle, excitent les bonnes volontés et accroissent la gloire divine. Ce sera le cas, j'en ai le ferme espoir, pour celle de votre vertueuse et rayonnante sœur.

Mes fonctions d'Évêque et de Supérieur du Carmel de Bergerac m'ont permis de connaître d'une manière spéciale les rares qualités et les grands mérites de Mère Anne de Jésus. En elle s'unissaient dans une fusion harmonieuse « Marie et Marthe ». Ame contemplative, docile à la voix intime de Celui qui l'ornait chaque jour davantage des « dons meilleurs » dont parle l'Apôtre, elle portait dans un discret apostolat et le gouvernement prospère de sa communauté un étonnant esprit pratique. Ferme exécutrice des saintes règles et des glorieuses traditions de l'Ordre, elle savait éviter toute raideur, encourageant ses filles à dilater leur cœur dans la solitude du cloître, toute remplie de la présence de Dieu.

Les croix certes ne lui manquèrent pas. Marchant sur les traces de la séraphique Sainte Thérèse, elle subissait fortement le contre-coup des épreuves de l'Église et de son Chef bien aimé. La maladie vint aussi la visiter ; elle l'accepta avec générosité. « Mon âme, m'écrivait-elle le 24 février qui précéda sa mort, se maintient, avec la grâce, dans le total abandon à la volonté divine et je m'efforce de rendre cet abandon amoureux afin qu'il soit plus méritoire et plus agréable au Seigneur ».

Les pensées de cette élévation, et pleinement vécues, abondent dans ses lettres et ses entretiens familiers.

Une pieuse main, en les recueillant, continuera et étendra le profit d'entraînantes leçons. Ce sera en même temps une consolation et un stimulant pour sa double famille : celle qui est la vôtre et qui a déjà fourni au Périgord un prêtre de valeur en la personne de M. le Chanoine Bigneau ; celle du Carmel de Bergerac, de l'Ordre tout entier, du diocèse, de ses Séminaires et de son Évêque, dont, suivant sa promesse, elle se souvient encore dans l'autre monde.

Veuillez agréer, cher Monsieur l'Économe, l'assurance de ma paternelle affection en N.S.J.C.

† *Christophe-Louis,*
Évêque de Périgueux et Sarlat.

Périgueux, 12 septembre 1930.

PROLOGUE

A MA SŒUR

Au moment de publier votre biographie j'éprouve le besoin de me justifier.

Vous avez si ardemment voulu les garder secrètes les choses que vont révéler ces pages ! Vous avez si constamment voulu — jusqu'au seuil même de l'agonie — que rien ne subsistât de tous ces objets, de tous ces écrits, qui pourraient témoigner un jour des clartés surnaturelles de votre âme ou des sanglantes disciplines infligées à votre chair !

Et voici que le beau rêve de votre humilité ne se réalisera pas !

Tandis que vous vous attachiez à tout détruire, la Providence inspirait à d'autres le dessein de conserver sur vous les témoignages les plus précieux et les plus authentiques.

C'est ainsi qu'une pieuse industrie a fait recueillir et a permis de reconstituer dans sa presque totale intégrité l'enseignement tombé de votre bouche en ces allocutions si chaudes et si prenantes que vous prononciez au noviciat et au chapitre.

De même vos saintes et pour vous si affectueuses filles ont conservé pour les lire et les relire sans cesse ces « petits billets » adressés à chacune d'elles dans les heures d'épreuve.

Et puis, en leur cœur tout endeuillé encore il y a tant de vivants souvenirs !

D'autres témoignages sont venus, spontanés eux aussi, et par cela même si touchants. Témoignages de laïques que vous aviez soutenus, aidés, consolés, en de dures épreuves, témoignages de prêtres que vous assistiez souvent de vos conseils, toujours de vos prières.

Ils nous ont révélé un monde dont votre humilité n'avait pas laissé soupçonner l'existence.

Ils nous ont fait entrevoir l'immense domaine de ces âmes parmi lesquelles du fond du Carmel vous exerciez un apostolat qui se révèle chaque jour plus étendu et plus fécond. Ils nous ont appris que votre influence surnaturelle a rayonné — et rayonne encore — bien au-delà des grilles du cloître, et que jusqu'en des régions lointaines, jusqu'en d'autres familles religieuses, il est des âmes qui ont reçu de la vôtre lumière et réconfort.

Ces mille voix de la reconnaissance qui nous

apprenaient sur vous tant de choses, il fallait les
fondre en une seule. Et voici que, la Providence
ménageant toutes les circonstances, il s'est trouvé
pour interpréter de si multiples témoignages l'âme
délicate d'un écrivain de talent. Et c'est pourquoi,
à la méditation de chaque document, son cœur a
discerné avec une sûre précision le trait essentiel
qui l'aiderait à graver avec un étonnant relief
l'image qu'il nous a donné de vous en cette biographie.

Comme il m'est doux de vous voir revivre ainsi
en des pages si puissamment évocatrices! Et cependant s'il ne se fut agi que de consoler un cœur que
votre départ a laissé tout meurtri, jamais un pareil
projet n'eût pris corps! N'avions nous pas, d'un
consentement mutuel, accepté jadis une séparation
qui devait être définitive? Et votre mort a-t-elle fait
autre chose que consacrer le sacrifice si déchirant
de notre jeunesse lorsque, demeurés orphelins sur
la terre nous nous sommes quittés pour ne plus nous
revoir?

L'Époux divin des Vierges a coutume « d'appeler
les siens dans la solitude ».

C'est là qu'il parle à leur cœur! La solitude voulue
pour vous c'était le cloître et sans hésitation vous
avez entrepris l'ascension mystique du Carmel.

Colloques pleins de suavités, épanchements
ineffables de l'âme et du divin Époux, c'est le mys-

tère de l'amour qui ne peut être divulgué car il n'appartient qu'à ceux qui y participent.

Que les créatures s'éloignent, que tout disparaisse de mon regard, rien ne peut me distraire. « Mon Bien Aimé est à moi et moi je suis à lui ! ». Voilà tout le secret de cette fuite prodigieuse du monde qui demeure une énigme pour lui, voilà le secret de votre constante humilité.

L'aurore du « jour éternel » dont vous parliez jadis avec un tressaillement d'espérance s'est enfin levée. « Délivrée de ce corps de mort » votre âme a pris rang dans « le cortège de ceux qui suivent l'Agneau partout où il va ». Les jours de l'exil douloureux sont révolus « où les choses divines ne se manifestent que par énigme et comme dans un miroir », c'est la contemplation et la possession éternelles, c'est la félicité qui n'aura point de fin !

Votre mission n'est point achevée pour autant. Plus puissante que jamais sur le cœur de Dieu, pourriez-vous délaisser ces âmes auprès de qui vous étiez l'agent de la Providence ?

Si semblable chose pouvait se produire, n'aurions-nous pas pour nous en plaindre le témoignage de votre petite sœur, Sainte Thérèse de Lisieux, qui a promis, elle, de « passer son ciel a faire du bien sur la terre ! » N'aurions-nous pas votre propre témoignage ? « Je ne vous abandonnerai pas. Je serai au milieu de vous auprès du Tabernacle à la salle du Chapitre, à la récréation, au réfectoire, dans tous vos exercices, pour vous soutenir, vous fortifier, vous aider à vous perfectionner ».

Et ces paroles encore — les dernières que vous m'avez adressées : « Dans quelques jours, quand je serai entrée dans mon éternité bienheureuse, je vous suivrai pas à pas ! »

Et que de promesses encore faites à toutes les âmes qui s'effrayaient de l'isolement où allait les plonger votre mort toute proche, promesses dont le témoignage écrit nous a été donné par votre main mourante.

« Faire du bien sur la Terre » telle est donc la nouvelle mission que vous avez reçue et acceptée à votre tour. Et parce que le premier secours que nous attendons de vous pour les luttes d'ici-bas est l'exemple même de votre vie, nous nous sommes attachés à en connaître tous les détails. Nous avons besoin de les connaître, nous avons donc le droit de les connaître. Désormais ils ne vous appartiennent plus.

Vous le voyez, les pages de ce volume n'ont pas été inspirées par le désir égoïste d'apporter une consolation à nos cœurs.

D'ailleurs, pour que rien ne manquât de ce qui devait me rassurer sur ce point, n'ai-je pas reçu le témoignage le plus précieux pour un prêtre : l'encouragement de mon Evêque?

Ce pasteur bien aimé fut pour vous le meilleur et le plus vénéré des pères. Et c'est lui, qui en présidant vos triomphales funérailles, a accompli le premier geste qui devait mettre fin aux abaissements de votre humilité.

Et maintenant, chère petite biographie, allez!... Dites aux personnes qui traînent un corps souffrant et débilité, ce qu'une âme bien trempée et intimement unie à Dieu peut lui faire produire sur cette terre de travail et de mérites.

Dites à celles qui demeurent hésitantes dans la voie de la conversion que « c'est folie de négliger les choses utiles et nécessaires pour s'appliquer à ce qui est curieux et condamnable ».

Dites aux âmes de bonne volonté le bonheur que l'on trouve à « rechercher avant toutes choses le royaume de Dieu et sa justice ».

Dites à celles, parfois chancelantes qui sont enveloppées des ténèbres de la « nuit obscure » qu'on retrouve dans une confiante persévérance le soleil bienfaisant qui éclaire et réchauffe les âmes.

A ces esprits entraînés dans l'erreur et que dévore l'inquiétude, à ces âmes troublées objet de tant de sollicitudes, redites encore qu'il faut aimer l'Eglise et obéir à son Chef.

A tous enfin, montrez les Chemins de l'amour divin qui sont faits de renoncement, d'humilité et de confiance. Les exemples entraînent. Peut-être devant celui-là certains diront « ce que cette âme a fait, pourquoi à mon tour ne le ferai-je pas ? »

Et ce sera la gloire de Dieu !

A. P.

Petit Séminaire de Bergerac, le 26 juillet 1930
en la fête de Sainte-Anne

Au pied de la montagne...

CHAPITRE PREMIER

SUR le flanc d'un côteau, caché au milieu des arbres qui l'enchassent comme dans un sertissement d'émeraude, se blottit le petit village de Marminiac.

Le voyageur, qui de Gourdon se rend à la gare de Villefranche-du-Périgord le découvre soudain, après avoir franchi une vingtaine de kilomètres, et ses yeux sont charmés par le panorama qui se déroule à ses pieds. Dans le lointain se dessinent vaguement comme des nuages immobiles sur un fond azuré, les montagnes d'Auvergne, si pittoresques avec leurs roches heurtées et fortement colorées, si vivantes et si mystérieuses dans leurs forêts épaisses et sombres.

Lorsque le ciel est clair et que le regard peut s'étendre, on voit se dresser à l'horizon, nettement découpées sur le paysage, les deux tours de l'église Saint-Pierre de Gourdon, dont le ton grisaille s'atténue sous l'effet du soleil levant. Le soir venu, alors que dans la campagne tout rentre dans le silence de la nuit, le vent apporte souvent une symphonie de cloches. Chacune d'elles a sa voix que les paysans reconnaissent et nomment : voix du pays, de la terre natale, que les ancêtres ont aimées, et qui chantent toujours intimement liées à la vie familiale.

Au bas du côteau, au milieu de prairies à l'herbe verte et drue, serpente, pareil à un ruban de vieil argent, la Masse, petit affluent du Lot. C'est un bien modeste petit ruisseau, inconnu des cartes géographiques, mais qui néanmoins contribue à la beauté et à la vie du village. Son eau claire et profonde s'élance follement au milieu des racines et des roches, dans un murmure cascadin ; puis s'étendant comme un beau lac dans de vastes écluses, elle agite les roues de deux moulins moussus, perdus dans les arbres humides et où des générations d'honnêtes meuniers se sont succédé aux clapotis de l'eau et aux tic-tac joyeux.

Marminiac ne présente aucun caractère spécial qui le fasse remarquer parmi les villages du Lot, qui en compte pourtant de si gracieusement pittoresques, de si moyenâgeux ; une centaine de maisons plantées un peu au hasard, sans souci de l'alignement. Jusqu'à notre époque les toitures étaient faites de pierres plates et grises, que l'on retrouve aussi dans les villages sarladais, mais peu à peu, et malheureusement, car le cachet original du pays y perd, la tuile ou l'ardoise moderne remplacent les pierres et introduisent dans Marminiac la banalité.

A l'entrée du bourg se dresse l'église, vieille construction massive et sombre, où depuis des siècles, des générations chrétiennes viennent prier, et où il semble que les âmes des ancêtres errent encore les dimanches, au milieu des fils qui continuent leurs pieuses traditions. Le clocher, grosse tour carrée du XII° siècle, lui donne un faux air de forteresse et domine tout le village, comme il sied à la maison de Dieu.

Un peu en amont de l'église, se dresse une vieille tour crénelée, dernier vestige du château-fort, résidence des très hauts et très puissants seigneurs, les comtes de Marminiac. La demeure seigneuriale a disparu comme tant d'autres en France, lors de la tourmente révolutionnaire, et il ne restait plus que cette tour démantelée, déchiquetée, envahie par le lierre, témoin d'un âge qui n'est plus. Elle a été récemment réparée et se dresse fièrement au-dessus des maisons du village, qu'elle semble vouloir encore couvrir de sa protection... Il y a de cela cinquante ans, on apercevait à certains soirs, tout en haut de ces ruines, une bonne petite vieille, toute ridée sous sa coiffe à oreillettes, et qui examinait gravement le temps. C'était l'astronome du pays, et aucune lessive ne se faisait dans les familles sans qu'elle eût donné son avis souverain... Aujourd'hui, la pauvre petite vieille est morte, et personne plus ne monte au sommet de la tour, pour voir d'où vient le vent...

Tout autour du village, s'étendent des champs de bonne terre rouge, à la rude sève, dont les cultures variées dessinent une mosaïque de tons et de couleurs. Chacun y possède son lopin, qu'il aime et qu'il soigne de son mieux... Et l'hiver, quand la neige couvre les côteaux dénudés, où la vigne ne pousse plus, et que le vent siffle dans les grands bois décharnés, le paysan de Marminiac est tranquille dans sa demeure : dans son grenier il y a abondance de blé, de pommes de terre et de châtaignes, et le vin ne manque pas dans sa cave, un petit vin sec et généreux, qui chasse les soucis loin des cœurs, et délie les langues le soir à la veillée...

A une trentaine de pas de la tour, accroché au flanc de l'église, se trouve le presbytère, vieille maison silencieuse, entourée d'un jardin, aux allées couvertes, où il fait bon méditer sur la bonté de Dieu, ou égrener les Ave d'un rosaire. A cette époque, vivait là un vieux prêtre, l'abbé Jean-Baptiste Laborderie.

Il était venu, il y avait quelque trente-cinq ans, sur l'ordre de son évêque, et depuis n'en avait plus bougé, sinon pour assister aux retraites ecclésiastiques et faire quelques voyages dans sa famille. Son ambition était satisfaite ; il s'était attaché à son église et à sa paroisse, comme le lierre à l'arbre, et il ne comprenait point « cette bougeotte », comme il disait, qui prenait certains de ses confrères qu'on rencontrait toujours avec une voiture de déménagement... Il avait bien voulu partir un jour, mais c'était parce qu'il se trouvait trop vieux et trop usé pour continuer dignement son service. Mais devant la consternation des habitants de Marminiac, Monseigneur de Cahors refusa tout simplement sa démission et lui donna un vicaire. Et le bon curé resta et la paroisse en fut toute réjouie.

Souvent il s'en allait dans la campagne, à la visite de ses paroissiens, s'arrêtant sur les bordures des champs pour échanger quelques bonjours avec ceux qui besognaient en plein air. La conversation était simple, alerte, paternelle ; il les connaissait tous, en effet, les ayant baptisés, ou ayant marié les vieux. Aussi lorsque dans les fermes apparaissait sa vieille soutane, qu'annonçait toujours son chien, vite on allait à la cave chercher une bonne bouteille « pour trinquer » et lui faire honneur. Et lui, l'ascète, il acceptait de la main de ses enfants un doigt de vin, et buvait avec eux à la prospérité du foyer.

...Car il avait un chien, fort populaire, et qui, sans avoir la célébrité de celui d'Alcibiade, tenait fort bien sa place dans la hiérarchie du village. Taquin, c'était son nom, et il le portait fort dignement, était un petit caniche tout blanc, qui passait bien justement pour être le chien le plus intelligent de la commune. Un chien de presbytère, noblesse oblige ! Il n'aboyait que lorsqu'un étranger venait frapper à la porte de son maître, tandis que pour les paroissiens il n'avait que trémoussements et frétillements de queue. On y venait si souvent à ce pauvre presbytère ! Toutes les misères s'y donnaient rendez-vous. Consolateur, bienfaiteur, conseiller, juge, l'abbé Laborderie était tout cela. Son cœur sacerdotal, comme celui de son Maître, se livrait à tous, et c'est bien souvent que Louise, sa servante, personne de dévouement et qui vénérait son curé comme un saint, était obligée de mettre un frein à ce qu'elle appelait les prodigalités du bon prêtre. Linge, vin, bois, tout se serait évanoui dans la main des pauvres !...

Le dimanche, à la messe qu'il disait avec une touchante piété, il montait en chaire pour parler à ses ouailles de leur salut éternel. Eloquence du simple qui ne se recherche pas, et qui touchera éternellement les cœurs. Il parlait à ces braves gens leur propre langage, tirant ses comparaisons de leurs travaux des champs, puis il s'élevait, les traînant à sa suite, les arrachant à leurs préoccupations terre à terre, les jetant en face de leurs destinées éternelles. Et eux, les bons Marminiacois, ils suivaient leur curé dans cette ascension, ils le comprenaient, car c'était « le parler » de chez eux.

Puis vint un jour où il y eut cinquante ans que l'abbé J.-B. Laborderie avait reçu des mains de l'évêque de Cahors l'ordination sacerdotale. Il en avait passé quarante-cinq à Marminiac !... Toute la paroisse se mit en branle pour célébrer dignement les noces d'or d'un si bon curé. Jeunes filles, jeunes gens, s'en allaient dans les chemins creux et les bois profonds cueillir le lierre et la mousse qu'on devait suspendre dans les airs en guirlandes et en arcs de triomphe. Dans l'ombre, des chants se préparaient, des discours s'élaboraient où s'exprimaient la reconnaissance et l'amour... Bref, on aurait dit l'effervescence d'une grande famille préparant la fête du père. Et lui, le bon curé, souriait à tous ces préparatifs, trouvant tout trop beau et déclarant exagérée cette agitation que causait son humble personne.

Et soudain, on entendit le son des cloches. Ce n'était pas celui qu'on attendait. Au lieu du carillon joyeux qui apporte la gaîté avec lui, c'était le glas funèbre. L'abbé Laborderie venait de rendre son âme à Dieu, presque subitement, emporté brusquement par une attaque d'apoplexie. Ce fut comme un grondement de tonnerre dans un ciel clair. La nouvelle se répandit vite dans Marminiac, apportant le deuil et la tristesse à chaque foyer, où chacun perdait un père et un ami.

Ses obsèques eurent lieu le jour même de son cinquantenaire et elles furent un triomphe. Toute la paroisse était là en habits de deuil. Porté par ses paroissiens, le bon curé couché dans sa bière découverte fit une dernière fois le tour de sa paroisse, tandis que sur la route de Gourdon ou de Villefranche, arrivaient pour le féliciter quelques amis et confrères qu'il avait invités à ses noces d'or et qu'on n'avait pas prévenus de sa mort. Le service achevé, on le porta au cimetière, et là, on lui fit suivre toutes les allées, afin qu'une dernière fois, de ses mains maintenant glacées, descendit une dernière bénédiction sur ses enfants morts et vivants...

On était en effet si chrétien à Marminiac, et depuis si longtemps ! Il est vrai qu'à travers les siècles, les vieux ancêtres n'avaient pas craint de verser leur sang pour témoigner leur foi dans le Christ. Au VIIe siècle déjà, la gent sarrasine avait parcouru tout le pays, pillant et démolissant tout, mettant à mort « les moines et leurs chiens de chrétiens ». Mais la croix était toujours restée au sommet du clocher de Marminiac, symbole de l'esprit chrétien demeuré intact dans les âmes.

Plus tard, après un siècle de domination anglaise, bien impatiemment supportée, Marminiac, redevenu village du roi de France, fut un bastion de résistance contre les hérétiques. Tout le pays en était infesté ; ils allaient par bandes indisciplinées et pillardes, et envoyaient à malemort les catholiques qui leur tombaient entre les mains. Il est juste de dire que ceux-ci, exaspérés de voir leurs églises brûlées, leurs croix mutilées, n'étaient guère plus tendres à l'occasion pour les religionnaires... C'était une bien sombre période de notre histoire, et il y avait grande pitié à voir ainsi couler fratricidement le beau sang de France...

Un jour de l'an de grâce 1588, une armée calviniste attaqua Marminiac. Elle allait, sous les ordres du Vicomte de Gourdon et de Messire Geoffroy de Vivant, mettre le siège devant Cazals, gros bourg — aujourd'hui chef-lieu de canton — situé à quatre bons kilomètres... Aussitôt les cloches s'ébranlèrent, appelant le village aux armes. Vite, les paysans quittèrent leurs chaumières et leurs champs. La bataille fut âpre, mais victoire resta aux Marminiacois ; les hérétiques furent obligés de contourner le bourg pour se rendre à Cazals. Aujourd'hui encore, on montre un mamelon, non loin du château-fort, où, dit-on, se livra le combat, et qui, de ce fait, a reçu le nom de Bataille.

Quand arriva la grande Révolution, et que le culte catholique fut aboli en France, le curé de Marminiac ne partit pas. Il n'ignorait point qu'il y allait de sa tête, mais il savait qu'il pouvait compter sur ses paroissiens, et que parmi eux on ne trouverait pas un Judas. Chaque jour il célébrait la sainte messe dans une maison située au haut du bourg et les gens s'y rendaient en grand secret, comme les anciens chrétiens aux catacombes.

C'était surtout le soir que commençait la vie religieuse. Sous des habits d'emprunt, le curé visitait les malades, administrait le baptême aux nouveau-nés, les derniers sacrements aux mourants. Puis on sortait d'une armoire où on l'avait caché sous des piles de draps, un vieux crucifix de famille et autour du pasteur on se mettait à genoux pour invoquer le Christ exilé du pays de France... Au dehors, quelqu'un faisait le guet à cause des agents du comité révolutionnaire, « les patriotes », comme on disait. Que de fois l'éveil fut donné ! Bien vite on fermait l'armoire, chacun reprenait sa place au coin du feu ; le prêtre disparaissait dans le grenier à foin, et lorsque les patriotes pénétraient dans la cuisine, ils ne trouvaient plus qu'une famille bien paisible, parlant du beau temps de la République « une et indivisible », et buvant à la santé des grands chefs révolutionnaires qui « avaient délivré la France de la tyrannie du Capet »; une fois de plus le tour avait été bien joué et le prêtre était sauvé !...

Ce n'était donc point miracle que les fils de parents si chrétiens eussent conservé leurs pratiques religieuses. Le dimanche toute la paroisse était réunie aux offices. On arrivait par groupes des villages les plus éloignés, heureux de se rencontrer « pour faire un brin de causette », après une semaine de durs travaux.

Sous l'ormeau plusieurs fois séculaire, les langues allaient bon train, on s'interpellait, les nouvelles circulaient, les rires fusaient. Mais dès que la vieille cloche retentissait annonçant le commencement de l'office, le silence se faisait et chacun d'entrer respectueusement dans le lieu saint. Quelquefois, surtout aux jours de fête, l'église était trop petite pour contenir la foule accourue ; les portes restaient ouvertes, ceux qui se trouvaient dehors avaient une attitude recueillie et ne manquaient pas de mettre genoux en terre, dès que tintait l'élévation, tandis que dans leurs maisons, les ménagères, et le long des chemins ou dans les champs, pâtres et bergères, se signaient dévotement.

*
* *

A l'ombre du clocher et de la vieille tour, s'élève une petite maison avec un étage. En 1864, elle était toute neuve et abritait un jeune ménage. Le bonheur semblait y avoir élu sa demeure et encore rien ne faitsait prévoir les tristesses dont l'avenir était gros. Berthold Peyrille y avait conduit sa jeune épouse au lendemain de ses noces, et déjà Dieu avait sanctifié et béni leur foyer en leur envoyant un enfant, un fils, qui, à son baptême, avait reçu le prénom d'Alphonse.

Ce Berthold était d'une bonne vieille famille, depuis long-temps fixée dans la région et fort estimée. Son père, Guillaume Peyrille, exerçait la médecine à Dégagnac. Il ne fit pas fortune car il avait la passion du bien et non celle de l'argent. Les pauvres connaissaient le chemin qui menait à sa demeure ; ils y étaient reçus avec bonté, et une bonne assiettée de soupe les y attendait. Très dévoué pour ses malades, on le rencontrait souvent sur les routes, dans son petit cabriolet et les gens qui le croisaient ne manquaient pas de lui envoyer un joyeux salut. D'honoraires, on en parlait peu, le plus souvent point. L'argent était chose rare à la campagne à cette époque et le médecin n'aimait pas le réclamer. Souvent on mettait dans sa voiture quelques poulets ou les plus beaux fruits de la saison, et on était quitte...

M. Guillaume possédait sur un côteau proche du village une grande vigne qui lui fournissait un vin excellent. Elle était pour la population une occasion de montrer sa recon-naissance au bon médecin d'une façon originale. Chaque année, à l'époque des labours ou de la taille, ou à celle des vendanges, la vigne était envahie par une équipe d'ouvriers. C'étaient les obligés de M. Peyrille qui venaient payer leur dette : ils étaient bien là une vingtaine qui travaillaient avec ardeur, et le digne homme tout ému venait passer un moment avec eux pour les remercier.

Le soir, quand la nuit commençait à tomber dans la vallée, et que la vigne était retournée ou que les grappes fécondes avaient été rentrées, ils s'en revenaient, les braves gens, l'outil sur l'épaule, en chantant des cantilènes patoises, qu'aujourd'hui nous ne connaissons plus. Celui qui était en tête portait une grosse branche de laurier, coupée là-haut, dans la vigne ; il entonnait d'une voix forte, quelquefois détonnante, les vieux couplets naïfs, puis tous, marquant le pas avec leurs gros sabots boueux, ils reprenaient en chœur le refrain qui s'en allait au loin, jusque dans les métairies les plus retirées. Et l'on se disait : « Voilà les volontaires du médecin qui rentrent ; les entendez-vous chanter ? »

Et dans la mélancolie du soir qui descendait, les voix répétaient en chœur : « Vivo Louis Bonaparto ! Vivo Louis Napoléon ! »

A la maison, dans la grande cuisine au sol battu et à la cheminée immense, une grande table était dressée, que présidait le médecin. On y mangeait bien et on y buvait beaucoup de ce bon vin de la vigne du côteau. On y portait la santé des maîtres de la maison, en trinquant avec cette eau-de-vie dont les gens du pays disaient « qu'elle ressusciterait un mort », et chacun repartait content jusqu'à l'année suivante.

C'est dans un tel milieu de sympathie et de simplicité qu'avait vécu Berthold Peyrille jusqu'à son mariage. Il y avait puisé l'amour des joies saines du foyer sous le regard de Dieu. Il avait rencontré les mêmes goûts dans sa jeune femme, Julie Blanc, alors âgée de 23 ans.

Elle était de Marminiac même, où les Blanc étaient avantageusement connus. Son éducation avait été empreinte de sérieux et de cet esprit chrétien qui faisait de nos mères des femmes fortes selon l'évangile. Chaque jour, elle remerciait Dieu du bonheur qu'il lui donnait. Entre son mari qui l'aimait tout bonnement et le petit Alphonse qui maintenant avait 2 ans, que lui restait-il à envier ? Et cependant, il était une autre joie qu'elle désirait de toute son âme : tenir bientôt dans ses bras l'enfant que lui faisait espérer la Providence.

Le 29 avril 1864, la maison de Berthold était en grande liesse. Dieu venait de donner au jeune ménage un second enfant, une fille qui devait être la future Prieure du Carmel de Bergerac. Le baptême eut lieu le jour même, car la pieuse mère ne voulait point différer l'heureux moment où la Sainte Trinité prendrait possession de l'âme de son enfant. Aussi vers 3 heures de l'après-midi, une petit cortège sortait de la maison pour se rendre à l'église. Il y avait là le parrain, Louis Blanc, la marraine et même le petit Alphonse qui ne voulait plus quitter sa petite sœur.

L'abbé Laborderie conféra donc le saint baptême à sa nouvelle paroissienne qui reçut le nom de Rosa. Et tandis que le joyeux carillon annonçait à la population qu'une âme venait d'être faite enfant de Dieu et héritière du ciel, sa mère toute recueillie priait avec ardeur et offrait au Seigneur cette petite fille qu'il venait d'adopter divinement, afin qu'elle fût à jamais son humble et fidèle servante...

Les années passèrent, Rosa grandit avec les autres enfants

du village, sous le regard affectueux de ses parents et aussi de son frère, qui tout fier de son titre d'aîné veillait attentivement sur une petite sœur qu'il chérissait de son mieux.

Elle manifesta très vite une intelligence vive, un caractère affectueux, une précoce piété. C'était pour elle une grande joie que de se mettre à genoux à côté de sa mère et de réciter les prières qu'elle lui avait apprises. Déjà Dieu avait marqué l'enfant pour être son épouse et avait mis son amour dans ce cœur bien pur.

Lorsqu'elle eut 5 ans, elle alla à l'école que dirigeait une bonne et pieuse fille, Mlle Chastagnol. Les débuts furent difficiles. La maîtresse était plus riche de bonne volonté que de science, et souvent ne savait pas imposer l'ordre et la discipline à l'essaim turbulent et espiègle qui s'agitait autour d'elle. Aussi Rosa fit peu de progrès. Elle lisait assez couramment mais écrivait fort mal. Son père qui contrôlait ses petites études ne tarda pas à s'en apercevoir et essaya de combler les plus grosses lacunes. Le soir après dîner, quand il faisait bon, toute la famille s'installait dehors sur le petit perron. Là, les deux enfants grimpaient sur les genoux de leur père et chacun s'amusait à lui tirer la barbe qu'il avait longue et fine. Berthold Peyrille poussait alors quelques petits cris et les deux enfants riaient bien fort. Puis Rosa allait chercher son cahier, le père devenait instituteur, et tandis qu'au loin les montagnes de l'Auvergne s'estompaient lentement dans la nuit qui venait, et que l'on entendait les clochettes des vaches rentrant à l'étable, la petite Rosa répétait lentement sa table de multiplication ou lisait d'une voix appliquée une page de son livre de lecture...

CHAPITRE II

E soir-là, on travaillait ferme autour de la lampe, chez les Peyrille. Quelques voisines amies, venues passer la veillée, tricotaient et cousaient, tout en se mêlant à la conversation des hommes, réunis sous le manteau de la vaste cheminée où flambait un bon feu de chêne. Au dehors le vent soufflait avec violence, maltraitant les grands arbres dénudés, tandis qu'une neige épaisse et drue recouvrait la campagne de son suaire immaculé. « Vilain temps pour nos pauvres soldats ! » dit un vieux paysan, enfoncé dans le coin de la cheminée, que dans nos pays on appelle « le cantou ». « Dieu les garde, répondit une femme, et qu'il ait pitié de la France ! » et ses aiguilles continuèrent d'aller avec rapidité. Le cœur de chacun se serra, et les esprits se transportèrent vers les frontières de l'Est où se jouait l'avenir de la patrie...

*
* *

L'orage avait éclaté soudainement dans le ciel bleu de 1870, bouleversant en quelques heures la vie paisible des habitants de la terre de France.

Pour fustiger l'impertinente insolence d'un ministre plein de fourberie, l'Empereur avait déclaré la guerre à la Prusse, et les aigles s'étaient envolées à la frontière pour de nouvelles victoires... 1870 !... Année terrible qui s'abime dans la neige et dans le sang !... Ce fut tout d'abord de la surprise ; bientôt de la stuppeur. L'ennemi avait franchi nos frontières et dévasté nos belles provinces. Déjà Paris était menacé et l'Empereur s'enfermait dans Sedan...

Marminiac, perdu dans son rude Quercy, était planté bien loin de la frontière, mais la douloureuse fièvre pleine d'angoisse qui agitait alors tout le pays ne l'épargna point. Dans toutes les maisons, on suivait avec une anxieuse curiosité les reculs de nos armées, et chaque victoire allemande transperçait comme d'un glaive acéré le cœur de ces paysans attachés à leur sol par toutes les fibres de leur être.

Chaque matin, l'arrivée du facteur était un événement. On se communiquait les nouvelles, sachant bien que l'écho en était ressenti vivement par tous. M. Peyrille qui recevait un journal quotidien, en faisait la lecture aux hommes qui l'écoutaient, les mains dans leurs poches, le front barré par le souci. Les communiqués trop souvent tristes dans leur brièveté provoquaient de longues et ardentes discussions. Puis l'on s'en retournait à ses dures occupations, tout apitoyé sur les souffrances de nos héroïques soldats, les épaules un peu plus rentrées, le visage un peu plus grave...

Aussi autour de la grande lampe dont la clarté se reflétait sur les meubles bien cirés, aiguilles et crochets ne chômaient pas. La maison familiale devenait une véritable fabrique de tricots, chaussettes, charpie, qui s'en allaient bien loin, dans le pays où l'on se battait, secourir la misère de nos soldats. Près de sa mère, la petite Rosa maniait maladroitement ses aiguilles, s'efforçant elle aussi de tricoter pour ceux qui souffraient si fortement du froid.

Tout en travaillant, elle écoutait les hommes commenter les tristes événements qui bouleversaient toutes leurs idées sur la puissance de l'Empire et la force de nos armées. Elle ne comprenait pas toujours très bien, mais son imagination vive et surexcitée en gardait cependant une empreinte profonde, et plus tard, il lui arriva souvent, dans les joyeuses conversations qui émaillent les récréations du cloître, de faire part à ses filles de ses souvenirs d'alors.

Elle aimait à rappeler, avec un fin sourire, ce qu'elle avait vu et entendu à cette époque troublée, et sur ses lèvres, les scènes pittoresques revivaient avec toute leur naïve fraîcheur... Un soir, une énorme comète parut dans le ciel, mettant dans le cœur des vieilles paysannes une crainte profonde qu'avivait une certaine crédulité dans les terribles menaces attachées à ce phénomène, dans ce pays fertile en sorciers. Quelques jours plus tard, le ciel s'embrasa à l'horizon et devint couleur de sang. Il n'en fallut pas plus à la superstition populaire. Une sanglante défaite ayant été essuyée dans la semaine, chacun y voulut voir de sinistres présages. Les imaginations allèrent bon train, les langues aussi. Comme il arrive toujours en pareille circonstance, chacun voulut avoir vu plus et mieux que le voisin, et on raconta bientôt qu'une immense croix sanglante avait été aperçue.

Elle se souvenait aussi de la fièvre militaire qui s'empara du pays. Comme les autres villages, Marminiac eut son corps de garde nationale. Chaque dimanche, après les offices, le tambour battait la générale. Tous les hommes valides étaient là, armés, les uns, d'un fusil à pierre, vénérable par son antiquité, les autres, d'un chassepot ou même d'un fusil de chasse. Gravement ils faisaient l'exercice, sous les yeux des anciens, et Rosa regretta beaucoup alors de n'être pas un garçon. Que n'eût-elle pas donné pour posséder comme Alphonse un fusil de bois et jouer elle aussi aux soldats ! Sur ce point sa mère demeura intraitable et elle dut se résigner. Seule la prière pour le pays meurtri lui restait.

Un soir, on vint à parler de la canonisation de plusieurs bienheureux qui allait avoir lieu à Rome. Son sang ne fit qu'un tour. « Comment, dit-elle, on va canoniser les saints ! mais c'est vilain ! Les pauvres ! on veut les faire souffrir même après leur mort ! Pourtant ce ne sont pas des Prussiens pour qu'on les canonise ! » Le fou-rire s'empara des veilleurs et l'enfant, ne comprenant pas la confusion qu'elle avait faite, en demeura tout interloquée. Pour elle, il n'existait encore aucune différence entre canoniser et tirer des coups de canon...

Mais l'heure des grandes épreuves était arrivée pour la famille Peyrille. Dieu aime éprouver les cœurs qui lui sont attachés et ceux qu'il a jugés dignes de lui, il les conduit par la voie royale de la croix, afin de les rendre conformes à son divin Fils.

Tandis que la guerre amoncelait les ruines et les désastres, le typhus et la petite vérole faisaient leur sombre apparition. Le père fut atteint l'un des premiers et dut s'aliter. C'était la variole. Il n'y avait pas à hésiter. Malgré son grand chagrin, Julie Peyrille se sépara de ses deux enfants et les envoya immédiatement chez un oncle, à l'extrémité du village, afin d'éviter la contagion. Et pour la jeune femme le calvaire commença. Jour et nuit, auprès du lit où agonisait son mari, elle épiait sur la figure ravagée les progrès de l'horrible maladie. Continuellement ses yeux, angoissés et meurtris par la fatigue, se portaient sur le crucifix qui dominait le grand lit. Peut-être Dieu aurait-il pitié de tant de douleur ! Mais le Seigneur avait jugé à sa juste valeur la grande âme de sa servante, et, comme à sa sainte Mère, il ne voulut pas lui épargner la lourde croix que dans son divin amour il lui avait destinée.

Le 12 octobre 1870, à l'âge de 32 ans, Berthold Peyrille, réconforté par les derniers secours de l'Eglise, remettait son âme entre les mains de son Créateur et confiait à la bonté du Père qui est dans les cieux, ses tout-petits qu'il laissait si brusquement et si prématurément orphelins... C'était l'heure où, les premières lueurs de l'aube rougissant les riches frondaisons de l'automne, l'Eglise met sur les lèvres de ses moines et de ses clercs, cette strophe si consolante de l'hymne de Prime :

Ut cum dies abscesserit
Noctemque sors reduxerit,
Mundi per abstinentiam
Ipsi canamus gloriam !

Ce matin-là, après les joyeuses sonneries de l'Angélus, le glas tinta lugubrement, annonçant aux paroissiens de Marminiac qu'un des leurs venait de les quitter pour l'éternité. Dans la chambre où il vient de s'éveiller, le jeune Alphonse écoute angoissé ce signal de mort. Son père est si malade ! Peut-être est-ce lui ? Il n'ose approfondir une pareille supposition. Mais le doute est trop pénible. Il saute à bas de son lit. Il veut savoir. En bas, dans la rue qui passe sous la fenêtre, des hommes causent. Les visages sont graves. Le nom de son père est prononcé. « Il est parti bien jeune, dit quelqu'un. Ses petits avaient encore besoin de lui ». Alphonse n'entend déjà plus ; mais une douleur aiguë a pénétré tout son être et son cœur s'est senti pressé comme dans un étau. Il ne voudrait pas pleurer, et courageusement il essaye de refouler les larmes qui se pressent à ses paupières grosses de chagrin.

Son père est mort ! Cette phrase, il l'entend, il la voit ! Il pense à sa mère, seule à la maison. Vite il s'habille, il court à travers la rue, le voilà chez lui. Là, il s'arrête devant la porte. Il a peur du grand mystère de la mort qui vient de passer et qu'il ne connaît point encore. Son petit cœur bat très fort. Mais l'hésitation ne dure qu'une seconde. Il pénètre dans la chambre où, dans l'obscurité, vacille la lueur des cierges. Sur le grand lit, il regarde un instant la pâle figure du mort dont la chevelure noire se détache sur le drap bien blanc. Le voilà dans les bras de sa mère, où enfin son gros chagrin d'enfant se donne libre cours. « Où est Rosa ? » demande doucement la pauvre jeune femme. Alphonse a compris. Pour consoler leur maman si malheureuse, ils ne seront pas de trop tous les deux. En hâte, il repart chercher sa jeune sœur et sous les baisers de ses enfants, Mme Peyrille prend conscience de ses malheurs et de ses devoirs.

Après les obsèques qui furent suivies par toute la population, car c'était un homme de bien qui disparaissait, les enfants se serrèrent autour de la mère si énergique et si fortement chrétienne, et la vie reprit son cours dans la maison qui avait connu tant et de si chrétiennes joies. Rosa, malgré son jeune âge, comprenait fort bien la peine de sa mère, et quand elle voyait les yeux de celle-ci tout gros et prêts aux larmes, elle l'entourait de ses petits bras, essayant de calmer cette grande douleur par des débordements de tendresse...

Un nouveau deuil les frappa bientôt durant l'automne de 1871. Dieu se plaît ainsi à saturer ses amis de l'amère souffrance, afin de les détacher peu à peu de l'humaine nature et d'élever leurs yeux vers les inaccessibles hauteurs ou règne son amoureuse bonté. La grand'mère paternelle tomba gravement malade. Elle était âgée de 80 ans. Un dénouement brusque était à craindre. Mme Peyrille et ses enfants se transportèrent à Montcléra où habitait la vénérée malade. Malgré les soins filialement dévoués qui lui furent prodigués, il n'y eut bientôt plus d'espoir. Toute la famille s'était réunie le soir autour du lit de la mourante pour assister à ses derniers moments. Rosa était restée au lit. Dans la nuit, elle fut réveillée par le murmure des prières qui se faisaient sans interruption dans la chambre de la grand'mère. Elle se leva doucement et alla jusqu'à la porte entr'ouverte. « J'aperçus, disait-elle plus tard, ce qui se passait. Tout me parut mystérieux. Une lampe éloignée du lit de la mourante éclairait la pièce ; sur le lit, une figure blanche. On parlait de temps à autre, mais à voix basse ; on écoutait la respiration ; on mettait le pouce contre la main ; quelques mots encore s'échangeaient, puis on se remettait à genoux. Tout à coup, j'entendis ces mots : C'est fini ! Les physionomies subitement étaient changées ; on pleurait ; craignant d'être vue, je me remis au lit. La pauvre grand'mère était morte. C'est alors seulement que je compris le malheur qui frappait la famille. »

C'était le 21 septembre 1871, presque un an après la disparition de son fils, que Marguerite Peyrille allait rejoindre ses morts, auprès de Dieu qu'elle avait ardemment aimé et fidèlement servi...

*
* *

Exubérante, spontanée, pleine de la gaîté qui est le privilège de son âge, Rosa était le sourire de la famille tant éprouvée. Dans l'éclat de ses yeux, la jeune mère retrouvait l'énergie nécessaire à son rôle nouveau de chef de famille et elle tâchait de pétrir ce tendre cœur de l'amour du Bon Dieu et des nobles sentiments. D'ailleurs, l'enfant montrait déjà les plus remarquables dispositions pour la vertu. Elle menait courageusement la lutte contre ses défauts, en particulier contre la peur, et plus tard, dans le cloître, elle se plaisait à raconter, pour la plus grande joie de ses sœurs, ses enfantines frayeurs.

Il était d'usage que pendant la nuit du 1er au 2 novembre le glas tintât plusieurs fois pour inviter les fidèles à prier pour les âmes des trépassés. L'église restait ouverte et toute la population du bourg s'y succédait dans une pieuse veillée. L'année de la mort de Berthold, sa veuve ne manqua pas de s'y rendre. Mais vers le milieu de la nuit, Rosa à demi éveillée fut prise soudain de peur en se voyant seule dans la chambre. En un tour de main elle fut habillée, et d'un seul trait courut à l'église où sa mère avait dit devoir aller. Là, tout était sombre, malgré quelques cierges à la lueur tremblotante, allumés dans le sanctuaire. A la vue de ces formes agenouillées dans l'obscurité, une intense frayeur s'empara de la pauvre enfant qui se mit à crier bien fort. Mme Peyrille reconnaissant la voix de Rosa, la prit bien vite dans ses bras, et au lever du jour regagna sa demeure avec la fillette apaisée.

Elle tâcha par la suite de l'accoutumer à chasser ces vaines terreurs et elle y parvint si bien que la jeune fille était devenue presque héroïque.

A quelques années de là, Rosa se trouvait à la campagne, chez une vieille tante qui habitait seule une grande maison isolée. Le séjour n'y était pas très gai, mais elle n'en laissait rien paraître, de peur de chagriner la bonne dame à qui elle était profondément attachée. Celle-ci se réjouissait d'autant plus de la présence de sa nièce, que deux assassinats venaient d'être commis dans la contrée et que la solitude lui en eût paru plus lourde à supporter. Une nuit, Rosa entendit comme un bruit de pas dans le grenier, situé au-dessus de la chambre qu'elle occupait avec sa tante. « Aucun doute, pensa-t-elle aussitôt, ce sont les voleurs ! Le mieux est de faire la morte ! Mon Dieu, pourvu que ma tante ne se réveille pas, elle aurait trop peur ! » Et elle se renfonça dans ses couvertures. Mais la bonne tante avait entendu le bruit et commença à s'agiter dans son lit.

— Vous ne dormez pas, ma tante ? fit Rosa à voix basse.
— Non, mais ni toi non plus.
— Non !... Avez-vous entendu ?
— Mais oui, justement !
— Si c'était les voleurs ?...
— En ce cas, dit l'énergique femme, j'aime mieux mourir debout qu'être assassinée dans mon lit ; je monte voir !
— Je monte avec vous, dit la petite.

Toutes deux s'habillent à la hâte et grimpent l'escalier qui conduit au grenier. Arrivées à la porte, chacune voulait l'ouvrir la première. La tante désirait qu'aucun mal ne fût fait à l'enfant qui lui avait été confiée ; Rosa voulait bien être tuée, mais pour sauver sa parente. Aussi feignit-elle de céder, mais lorsque celle-ci eut entr'ouvert la porte, elle la repoussa en arrière et bondit dans le grenier, laissant bientôt retentir un grand éclat de rire... Devant elle fuyait un gros rat qui roulait un épi de maïs presque aussi gros que lui...

Ame droite et loyale, Rosa répugnait au mensonge. La moindre altération de la vérité lui était pénible et d'elle on aurait pu faire l'éloge évangélique : « La vérité sort de la bouche des petits enfants ». Cependant, un jour qu'elle revenait de classe, l'une de ses compagnes lui dit, toute fière : « Tu sais, Rosa, maman m'a acheté une belle collerette brodée ! » L'enfant fut blessée dans son amour-propre. Un mauvais mouvement d'orgueil s'éleva dans le fond de son âme, et, sans hésiter, avec un air très naturel : « Tiens, dit-elle, comme cela se trouve, moi aussi, maman m'a acheté une collerette brodée. »

De retour à la maison, Rosa ne se sentit pas à l'aise ; son mensonge lui pesait sur le cœur, comme si elle avait eu un des gros poids du boulanger sur la poitrine. Son orgueil luttait encore. Mais bientôt elle n'y put tenir. Elle courut chez sa jeune voisine et lui cria tout essoufflée : « Non, ce n'est pas vrai, maman ne m'a pas acheté de collerette » ; puis elle s'enfuit la conscience apaisée...

En l'année 1875, l'évêque de Périgueux organisa pour les 9 et 10 septembre un grand pèlerinage d'hommes au sanctuaire de Lourdes. A l'appel du chef du diocèse, trois mille hommes répondirent et s'en allèrent chanter leur foi et leurs espérances en la Vierge immaculée, sur la terre bénie des apparitions. Ils furent cinq de Marminiac qui, par la même voiture, rejoignirent à Villefranche le train des pèlerins, un mercredi soir, vers les quatre heures. Le samedi, sur la place, régnait une grande animation ; on les attendait. Tout à coup, un garçon accourut tout rouge : « Les voilà ! » Et bientôt, en effet, apparut la vieille haridelle qui ramenait les heureux voyageurs. Ils avaient l'air fatigués mais radieux. On les entourait, on les embrassait, on les questionnait. Et eux de répondre par phrases hachées. Tous écoutaient avec une pieuse curiosité les splendeurs du pays des miracles: les basiliques superposées, les offices présidés par beaucoup d'évêques en mîtres et crosses dorées, la procession où ils avaient chanté Ave Maria tout leur content, mais surtout la grotte bénie où ils étaient allés une dernière fois avant leur départ baiser le rocher et d'où ils ne s'étaient arrachés qu'avec regret. Au premier rang, Alphonse et Rosa écoutaient de toutes leurs oreilles. C'était si bon d'entendre parler de la Sainte Vierge, surtout de celle de Lourdes !... A table, ils n'arrêtent plus. Ils veulent que leur maman sache tout, absolument tout. Et Mme Peyrille écoute en souriant le récit parfois curieusement embrouillé des merveilles qu'ils ont entendues. « Et puis, finit Rosa, ils ont dit qu'il y avait beaucoup de bougies allumées, et qu'on chantait Ave Maria tout le temps ! »... Mais déjà la fillette rieuse était devant la porte et chantait de bon cœur, tout comme au pied des Pyrénées : Ave, ave, ave Maria !

Quelques jours après, sa mère qui avait à la tempe une verrue que rien ne pouvait faire disparaître, se résolut à une opération, laquelle, si bénigne fut-elle, effrayait fort les deux enfants. Aussi décidèrent-ils de recourir à Notre-Dame de Lourdes par une neuvaine pour demander la disparition de la verrue. La mère, très pieuse et tout heureuse de favoriser l'amour de ses enfants envers la Très Sainte Vierge, accepta et l'on commença dès le soir même, après la prière. D'abord tout alla bien. Rosa, toute à sa neuvaine, ne parlait que de sacrifices et de miracles. Mais hélas ! la vertu a des limites, surtout chez une enfant de 11 ans. Le sixième jour, elle fit un très gros caprice. Aussi, pour la punir, Alphonse proposa à sa mère, comme pénitence, de l'exclure de l'exercice de la neuvaine. La maman qui n'était pas fâchée de donner cette leçon à sa petite fille, approuva. « C'est vrai, dit-elle, la Sainte Vierge n'écoute pas les méchants. » Rosa ne dit rien, mais son cœur était bien gros. Le soir venu, au moment de la neuvaine, elle se retira d'elle-même dans la chambre voisine, laissant la porte entr'ouverte. Mais son chagrin était lourd comme du plomb et finit par éclater. Tandis qu'elle récitait toute seule les prières, de grosses larmes coulaient de ses yeux d'ordinaire si limpides et si gais. « Mon Dieu ! répétait-elle les mains jointes, pardonnez-moi, j'ai été bien méchante, mais je ne le ferai plus... Et puis, ne faites pas manquer la neuvaine par ma faute !... je serais si malheureuse ! »

En dépit de son cœur si sensible, toujours prêt à faire plaisir et prompt à réparer les manquements, Rosa se montrait très courageuse et même dure devant la souffrance physique. Déjà, dans cette enfant, on peut prévoir la future carmélite qu'aucune mortification ne pourra effrayer, la sainte prieure qui aurait pu prendre elle aussi comme devise : « Plutôt souffrir que mourir ! ». Elle supportait joyeusement les petites misères qui lui arrivaient, et on l'entendit rarement se plaindre. Un jour même ayant fait une chute, elle se luxa le bras. Toute la journée elle souffrit beaucoup, mais ne dit mot. Le pauvre Jésus en avait vu bien d'autres ! Ce ne fut que le soir que sa mère s'en aperçut. Le bras était tellement enflé que l'enfant ne put se déshabiller seule.

Cinquante ans plus tard, Rosa, devenue Mère Anne de Jésus, refusait toute piqûre de morphine de peur, en sa grande délicatesse, de ne pas donner assez à Dieu et aux âmes en adoucissant un tant soit peu l'intensité des souffrances qui accablaient son malheureux corps. Et toujours, au milieu des plus cruelles angoisses et des crises les plus douloureuses, on l'entendit jeter ce cri vers le ciel : « Mon Dieu, je vous aime !... Je vous remercie ! Que vous êtes bon de me faire souffrir !... Tout ce que vous voudrez !... Toutes vos volontés sont exquises, mon Dieu, oui, exquises ! »...

CHAPITRE III

U NE heure. Dans la nuit silencieuse, le timbre grave
de l'horloge a deux fois retenti, après un intervalle
entre chaque coup. Dans le ciel tout noir, les étoiles
jettent des points d'or, et sur la pelure des bois
rougis par l'automne, la lune diffuse une lumière tamisée,
presque bleue. Il est temps de partir. La grosse malle est
déjà sur la voiture, et le cheval qui s'impatiente donne de
grands coups de sabots sur la terre durcie. Vite, Mme Peyrille
et son fils montent sur la jardinière qui s'ébranle. Les voilà
déjà loin.

C'était donc un événement accompli. Alphonse entrait
comme pensionnaire au petit Séminaire de Bergerac. La chose
s'était faite tout simplement. Mme Peyrille avait un cousin,
honoré du sacerdoce, qui remplissait les fonctions d'économe
au petit Séminaire. Par déférence et pour resserrer encore
les liens d'affectueuse reconnaissance, les enfants lui donnèrent

désormais le titre d'oncle. Originaire de Villefranche-du-Péri-gord, le jeune ecclésiastique venait chaque année passer auprès de sa mère une grande partie de ses vacances. Cette année-là, 1872, l'abbé Bigneau voulut revoir ses parents de Marminiac et annonça sa visite pour le milieu de septembre. Alphonse et Rosa se montrèrent heureux de voir cet oncle prêtre qu'ils connaissaient très vaguement... Un matin, après sa messe, le curé de Marminiac, à qui on avait fait part de la grande nouvelle, monta chez sa paroissienne. Le bon prêtre avait découvert dans l'âme pieuse du jeune garçon les germes d'une sérieuse vocation et il en venait faire part à celle qui, après Dieu, avait autorité sur cette âme. Mme Berthold hésita. Une vocation, c'est si grave ! Un prêtre, c'est si grand ! « Alphonse est bien jeune, dit-elle, il n'a que 10 ans ». Mais l'abbé avec son amour de Dieu et du bien avait réponse à tout. On résolut donc d'en parler à M. Bigneau. Quelques jours après, celui-ci arrivait. Sa bonté et sa douceur eurent bientôt attiré à lui la confiance des deux enfants. Rosa aimait tout plein déjà cet oncle que sa naïve candeur amusait et ravissait à la fois. Quand il repartit, c'était chose décidée. A la fin des vacances, Alphonse entrerait au Séminaire. La mère, bonne chrétienne, accepta courageusement la séparation. « Il y a, dit-elle simplement, des devoirs qu'une mère doit remplir. Il faut des prêtres. Si Dieu me fait le grand honneur de choisir mon enfant pour le saint ministère, j'en serai très honorée et très heureuse... »

De Marminiac à Cazals, la route serpente entre deux murs sombres de bois que le vent un peu frais de la nuit agite mollement. La mère et l'enfant ne parlent pas, mais leurs cœurs

Rosa Peyrille
sous-maîtresse

sont pleins l'un de l'autre. C'est leur première grande séparation. De temps en temps, ils se regardent à la dérobée, mais
vite leurs yeux se détournent de peur de pleurer. Bientôt
les premières maisons de Cazals apparaissent. On fait halte
devant la poste, pour attendre le courrier qui doit conduire
le nouveau séminariste. Tous deux font les cent pas dans la
petite rue étroite, car le froid de la nuit est trop pénétrant
pour permettre l'immobilité... et puis, cette immobilité leur
serait insupportable. L'enfant presse la main de sa mère.
Celle-ci a le cœur bien gros, mais jusqu'au bout elle veut
être courageuse. En phrases rapides, sans beaucoup de suite
et pour la centième fois, elle fait ses recommandations au
voyageur.

Mais des grelots se font entendre dans la nuit silencieuse
que troublent seulement le cri des dames blanches et celui
des crapauds. Bientôt le courrier apparaît, il stoppe devant
la poste... vite une dernière embrassade, un dernier regard
où chacun d'eux met tout son cœur, toute son âme... et c'est
fini. La jeune mère se retrouve toute seule dans la voiture qui
la ramène à Marminiac. Maintenant elle peut donner libre
cours à ses larmes, son fils ne la verra pas...

Rosa eut un très vif chagrin du départ de son frère et
pendant quelques jours elle erra comme une âme en peine.
Mais à 8 ans les impressions sont fugitives et bientôt le sourire
apparut de nouveau sur ses lèvres... Et puis les vacances
reviendraient et, avec elles, son aîné. Et ce serait les joyeuses
parties qui reprendraient pendant deux longs mois.

En attendant, elle se rendait tous les jours à l'école de
Marminiac où elle se montrait une bonne petite élève obéissante

et studieuse. Attentive pendant les leçons, elle se dédommageait pendant les récréations de la longue immobilité imposée à ses jambes et aussi à sa langue. Ardente au jeu, elle revenait à ses livres et ses cahiers, les joues rouges comme deux pommes d'api, la chevelure quelque peu embroussaillée, les yeux pleins d'éclat. Elle aimait toutes ses compagnes et allait avec toutes indistinctement. Peut-être avait-elle une légère préférence pour celles qui, plus timides, lui paraissaient plus délaissées. Son bon cœur avait toutes les délicatesses ; que de fois elle échangea son pain blanc contre le pain de maïs épais et rassis qu'une fillette avait apporté le matin dans son vieux cabas !... Souvent sa mère eut autour de sa table de jeunes convives timides qu'elle lui amenait à midi pour les gâter un peu. Aussi l'aimait-on bien, la petite Rosa, et il n'était pas rare, à la saison des fruits, de voir ses amies de la campagne lui apporter des paniers de cerises éclatantes de rougeur ou les premières poires de la saison...

La fin de juillet arriva et, avec elle, le petit séminariste. Quelle joie ! La vie de famille reprit avec tout son entrain. Les deux enfants qui s'étaient retrouvés après une longue séparation, ne se quittaient plus. Ils avaient tant de choses à se dire ! Rosa écoutait avec admiration ce frère si savant qui lisait déjà dans des livres latins, tout comme M. le Curé, et commençait à déchiffrer les déclinaisons grecques...

Cette douceur de l'intimité familiale suffit à leur bonheur. Si la vie est parfois dure, les enfants l'ignorent. La mère porte seule le poids des responsabilités et des charges. Elle ne se laisse d'ailleurs pas écraser. « Jamais, disait plus tard M. Bigneau, je n'ai trouvé une nature mieux douée et plus maîtresse d'elle-même. » C'est la foi qui illumine toute sa vie, et Dieu ne refuse jamais sa grâce aux âmes de bonne volonté. Tous les dimanches, elle s'approche de la Sainte Table ; et, dans cette union avec son Maître, elle puise largement la force qui lui est nécessaire pour la semaine. Chaque soir, ou à peu près, elle se rend à l'église, accompagnée de Rosa qui affectionne beaucoup « ces visites au petit Jésus ». Dans l'ombre que perce faiblement la petite lampe du sanctuaire, elle s'abîme dans la prière et l'adoration. Bientôt elle se relève et reprend le chemin de sa demeure. Elle est plus forte. Pendant quelques instants elle a rompu la solitude de l'Hôte divin et ce dernier lui donne la grâce de mieux supporter la sienne.

Au contact d'une mère si profondément pieuse, l'âme des deux petits se dilate ; le grain de sénevé, qui avait été déposé en eux au baptême, croît magnifiquement, jusqu'au jour où il sera devenu un arbre à la ramure puissante et à la céleste frondaison . Jésus devient chaque jour davantage l'ami, le compagnon, et il le sera si bien qu'ils n'en voudront pas d'autre et que, tous les deux, avec le royal prophète, pourront s'écrier : « Dominus pars hereditatis meæ et calicis mei ; Tu es qui restitues hereditatem meam mihi ! »

Souvent, à l'occasion du premier vendredi du mois, qui est encore en grande dévotion dans la vieille maison de Bergerac, le séminariste avait entendu parler du Sacré-Cœur et du culte qui lui est dû. Dans son esprit étaient restées gravées les paroles de Notre-Seigneur à Sainte Marguerite-Marie, la douce visitandine de Paray-le-Monial : « Les personnes qui propageront cette dévotion auront leur nom écrit dans mon cœur... Je bénirai même les maisons où l'image de mon cœur sera exposée et honorée. » Il fit part à Rosa d'un projet qu'il avait conçu. Aussitôt, enthousiasme de la petite sœur et adhésion complète. Un matin, les bonnes gens de Marminiac virent arriver à leur porte les deux enfants dont l'un portait un marteau et un paquet de clous et l'autre des images du Sacré-Cœur sur toile : « Dites, vous voulez bien ? demandait Rosa ; le Sacré-Cœur bénira votre maison. » Comment refuser à ces deux minois souriants qui s'en venaient en ambassadeurs de la part du Bon Dieu. Partout l'on accepta et bientôt chaque porte du village fut ornée de la sainte effigie. Ce fut une des plus grandes joies de Rosa...

Encore quelques années. Rosa vit arriver l'époque de sa première communion. Sa piété en s'intensifiant était devenue plus tendre et son cœur comprenait si bien déjà les souffrances du Cœur de Jésus que souvent elle en était émue jusqu'aux larmes.

La première fois qu'elle put suivre sur un paroissien les offices du Vendredi-Saint, elle se sentit pénétrée de douloureuse émotion par les reproches que Jésus-Christ adresse à son peuple par la bouche de son prophète : « Que t'ai-je fait, ô mon peuple, et en quoi t'ai-je contristé ? Réponds moi ! »... Ce sentiment se grava bien profondément en son âme avec le désir de réparer et de compenser par l'amour tous les outrages et les tourments soufferts par Notre-Seigneur. Elle prit dès lors une habitude qui dénote chez cette enfant si jeune encore des sentiments élevés et rares. Le dimanche, dès son arrivée à l'église, elle suivait la messe du jour, récitant toutes les prières du Saint Sacrifice d'un seul trait, sans se

soucier du célébrant. Ces prières de devoir étant finies, elle
s'empressait alors de satisfaire sa dévotion, et relisait lentement
les Impropères, savourant et approfondissant chacune des
plaintes du Fils de l'Homme :

Qu'ai-je dû faire de plus pour vous que je n'aie point
fait ?... — Je vous ai retirés d'Egypte... et vous m'avez livré...
vous m'avez déchiré de coups de fouet... — Je vous ai nourris
de manne ; vous m'avez abreuvé de fiel... — Vous m'avez
frappé avec un roseau, vous avez mis sur ma tête une couronne
d'épines, vous m'avez attaché au gibet de la croix... — Que
t'ai-je fait, ô mon peuple, et en quoi t'ai-je contristé ? »

Devant ce tableau si éloquent des bienfaits du Seigneur pour
le peuple choisi, qui y répondait par la trahison et la cruauté,
la douce enfant sentait son cœur se fondre d'amertume. De
toute son âme pure et ardente, elle promettait au divin Maître
si indignement traité de l'aimer, elle, de toute sa puissance
d'affection... Elle continua ainsi cette pratique jusqu'au jour
où, devenue plus âgée, elle comprit qu'il était mieux de suivre
sa messe en union avec le prêtre, et de ne revenir aux Impropères qu'au jour où l'Eglise reprend elle-même ces strophes.

Plus tard, Mère Anne de Jésus se plaisait à rappeler ces
souvenirs quand revenaient les saints jours de la Grande
Semaine, et elle ajoutait parfois avec une sorte de regret,
comme émue encore de sa piété naïve d'autrefois : « C'est
qu'en ce temps-là, j'étais si pieuse, si candide ! Un rien me
touchait profondément ! »

...Enfin le grand jour fut fixé... Mère Anne de Jésus devait toujours chérir cette date du 15 mars 1876 où, pour la première fois, Jésus vint réellement dans le cœur de sa future épouse et y déposa cette lumière de son amour qui ne devait s'éteindre qu'avec la mort, pour éclater plus brillante et plus glorieuse au céleste Carmel. Rosa longtemps se prépara à cette rencontre. Au catéchisme, elle redoublait d'attention et vibrait tout entière lorsque son vieux curé s'attardait sur le chapitre de l'Eucharistie. A la maison, Mme Peyrille lui parlait souvent de la grande grâce qu'était la venue de Jésus dans une âme et, par de ferventes prières, sollicitait pour sa fille la bénédiction de Dieu, afin qu'elle eût une intelligence toujours plus complète du don céleste et qu'elle en goûtât pleinement la suavité.

Le dernier examen de catéchisme se passa tout à l'honneur de Rosa qui, dès lors, compta les jours. La mère entoura son enfant d'une atmosphère de silence et de recueillement.

14 mars ! Demain, oui c'est demain ! A la nuit tombante, Rosa revient de l'église, l'âme dans une paix sereine. Elle vient de recevoir la sainte absolution. Son âme est légère comme un duvet. Dieu est vraiment bon, et elle voudrait, la petite amie de Jésus, convier à la louange du Bien-Aimé, qui s'élève de son cœur, les oiseaux qui chantent dans les haies, les violettes et les primevères qui commencent à fleurir sous l'herbe. Elle y voudrait convier toute la création !...

A quelques pas de la maison, sa mère guettait son retour. La voyant arriver, elle s'avança au-devant d'elle et lui prit la main sans rien dire ; puis, quand toutes deux furent entrées dans la maison bien close, l'heureuse femme se mit à genoux devant l'enfant, la considéra longuement, toujours en silence

...enfin, la prenant dans ses bras, elle la pressa bien fort sur son cœur : n'était-elle pas en ce moment la mère d'un ange !

Vers le soir, se rappelant le grand geste du Maître dans la salle du Cénacle, elle apporta un bassin et, s'agenouillant devant sa fille, lui lava les pieds. Puis, les baisant avec respect et amour, elle regarda Rosa dans les yeux et l'interrogea doucement : « Mon enfant, es-tu contente ? » La petite la fixa d'un air étonné. « Mais oui, maman, je suis contente. »

— Mais, bien contente ? insista la mère.

— Oh ! oui, bien contente ! Et au même instant elles furent dans les bras l'une de l'autre... Maintenant l'enfant est dans son petit lit. A côté, sur une chaise, se trouve la robe immaculée et le voile vaporeux, symboles d'innocence et de pureté. Encore une fois la mère se penche pour effleurer le front de sa fille, tandis qu'elle lui murmure : « C'est demain le grand jour, ma petite Rosa. » « Oui, maman, c'est demain ! Plus que quelques heures ! »

Enfin se leva l'aube de ce 15 mars qui devait combler tant de vœux. Quand vint l'heure de revêtir sa fille de la blanche parure, Mme Peyrille s'y employa avec un soin pieux, les yeux humides à la pensée du père absent... Puis, voyant son enfant doucement recueillie, elle lui adressa ses recommandations dernières. « Tu prieras bien pour moi, n'est-ce pas ?... N'oublie pas ton père qui nous aimait tant ! Prie aussi pour ton frère. Alphonse a besoin du Bon Dieu pour rester un vrai séminariste. » Elle continua, l'attirant à elle et ne pouvant guère plus maîtriser son émotion : « Rosa, je vais te donner ma bénédiction... te bénir au nom de ton père ! »

La messe se poursuivait gravement dans l'église en fête. La mère et l'enfant, à genoux l'une près de l'autre, suivaient attentivement les prières du prêtre dans leurs paroissiens. Tout à coup s'éleva une voix claire, pénétrante, nette. C'était Rosa qui récitait au nom de ses compagnes les actes avant la sainte communion. Le prêtre se retourna, l'hostie élevée au-dessus du ciboire : « Ecce Agnus Dei... » La minute tant attendue était arrivée.

Revenue à sa place, Rosa récita les actes après la communion. Puis elle pria en son cœur, la tête dans ses mains. Mais toute embrasée de reconnaissance, la chère enfant ne savait comment l'exprimer à Dieu ; elle voulut chercher dans son livre quelque prière rendant mieux ses sentiments de gratitude. Elle ouvrit au hasard et lut : « Hymne d'action de grâces : *Te Deum laudamus !...* » — C'est bien cela qu'il me faut ! se dit-elle et, l'âme débordante d'allégresse, elle récita lentement le beau cantique de la reconnaissance, l'incomparable Te Deum d'Ambroise de Milan.

C'était en effet le chant propre à célébrer la première visite de Jésus à celle qu'il avait déjà choisie pour épouse, la douce rencontre du Maître avec sa servante, l'entrevue du jardinier céleste qui allait environner d'épines la petite Rose de son cœur, afin que nul autre que lui ne pût cueillir la fleur choisie et aimée entre mille, ni en respirer les suaves parfums.

Quatre jours après, en la fête du grand Saint Joseph, Rosa revêtit de nouveau la blanche livrée des communiantes. Le Saint Esprit allait la marquer de son signe indélébile et fortifier son âme de ses dons divins qui engendrent les énergiques et les martyrs. Dès que du haut de la tour où un jeune gars était monté, la voiture épiscopale eût été signalée, les cloches se mirent en branle, et leurs sons joyeux s'en allèrent de colline en colline, jusqu'aux maisons les plus reculées de la commune. Accompagné de tout le clergé des environs, le curé de Marminiac était allé attendre Mgr Grimardias, évêque de Cahors, jusqu'à la grande croix qui s'élève sur la route de Cazals, à plusieurs centaines de mètres du bourg. La voiture arriva, saluée d'une salve d'artillerie qui fit se cabrer les chevaux surpris. C'étaient les jeunes gens qui rendaient ainsi les honneurs militaires au chef du diocèse. Le prélat descendit de voiture, souriant, salua le clergé qui lui baisa respectueusement l'anneau, et traça sur la population une première bénédiction. Revêtu des habits pontificaux, il prit place sous le dais porté par les notables. La procession reprit le chemin de l'église ; les prêtres marchaient devant le dais avec les futurs confirmants et les femmes ; derrière, le maire s'avançait entouré du Conseil municipal en entier, et suivi de la foule compacte des hommes. Ce fut une bien belle cérémonie. Toute la paroisse était là. Les villages étaient déserts ; les fidèles débordaient jusque sur la place. Rosa, interrogée par l'évêque, répondit modestement, mais avec précision. Son âme, ce matin-là encore, était à la joie et se livrait sans mesure au feu de l'amour divin, tandis que dans le chœur les prêtres invoquaient le Très Haut Paraclet :

> *Accende lumen sensibus*
> *Infunde amorem cordibus...*

Quelques mois plus tard, Rosa quittait Marminiac pour se rendre chez une tante qui habitait Montcléra. Ce lui fut un grand chagrin de quitter sa mère tant aimée. Mais son éducation l'exigeait et Mme Peyrille, femme de devoir avant tout, n'hésita pas à se séparer de sa fille. Chaque matin, avec sa jeune cousine, Marie-Louise, elle se rendait en classe, où elle avait comme maîtresses deux religieuses de la congrégation des Filles de Jésus de Vaylats. Elle y resta deux ans. Nous avons peu de détails sur ce séjour, mais elle garda toujours un profond et reconnaissant souvenir des deux sœurs qui tenaient l'école, et une grande affection pour sa cousine.

A la fin des vacances de 1877, Mme Peyrille se sentit très fatiguée. Le médecin, d'abord optimiste, laissa bientôt percer des craintes et finit par déclarer au séminariste que l'état de sa mère, sans être désespéré, paraissait très grave. Les deux enfants furent aterrés... Rosa resta donc à la rentrée auprès de la malade, tandis que, le cœur brisé, Alphonse regagnait le petit Séminaire. Que les jours parurent longs à son cœur de fils, et avec quelle impatiente inquiétude il parcourait les lettres qui lui arrivaient du pays !... Mais, le 22 février, un mot partit de Marminiac, à l'adresse de l'abbé Bigneau, manifestant le désir de la mère de voir son fils avant de mourir. Alphonse prit aussitôt la diligence et, quand il arriva, le 25 au matin, auprès de la malade, il comprit qu'il n'y avait plus d'espoir. « Quelle journée pénible, écrit-il à son oncle, que de sanglots refoulés ! » La mourante garda son calme jusqu'au bout. Quelquefois, elle esquissait un pauvre sourire à l'adresse de ses enfants, puis elle reprenait son attitude de recueillement et de prière. Vers une heure de la nuit, ce fut la fin. Elle partit tout doucement, sans effort, le doigt levé vers le ciel. C'était le rendez-vous qu'elle fixait à ses enfants pour l'éternité. L'enterrement eut lieu le 27 au matin, sous un ciel triste comme les cœurs. L'église n'était pas assez grande pour contenir la foule venue apporter un témoignage de douloureuse sympathie aux deux orphelins. Détail bien touchant : lorsqu'arriva le moment de la communion, on vit se lever Alphonse et Rosa, tout tristes dans leurs habits de deuil, et s'approcher de la Sainte Table. Ils n'avaient plus ni père ni mère ici-bas, ils avaient jugé bon pour eux de s'en remettre au Père qui ne meurt point.

Averti par Alphonse du malheur irréparable qui les frappait lui et Rosa, M. Bigneau répondit aussitôt par une lettre des plus encourageantes où il dévoilait son cœur débordant d'affection pour les deux enfants qu'avant de mourir sa cousine lui avait confiés. Déjà il avait mandé au curé de Marminiac : « Dites à notre chère malade de ne pas s'inquiéter, de ne pas s'attrister en songeant à ses enfants... Qu'elle compte sur mon entier dévouement que je rendrai aussi efficace que possible... Je ne perdrai jamais de vue ceux qu'elle me confie avec tant d'abandon... Dites-lui tout ce que votre cœur peut vous suggérer de meilleur pour la tranquilliser. »

Ce rôle de tuteur, il entendait le remplir sans plus tarder. Il écrivait donc :

« Mon cher petit Alphonse et ma bien chère Rosa,

« Que votre piété et votre confiance en Dieu vous soutiennent dans l'épreuve qu'il vous envoie ! La mort de la chère mère que vous aimiez si tendrement et qui ne vivait que pour vous, vous laisse dans le deuil et les larmes. Chers enfants, ayez bon courage et supportez chrétiennement la perte irréparable que vous venez de subir.

« Au lit d'agonie de celle qui n'avait au cœur que la pensée de Dieu et de ses enfants, vous avez eu une leçon de sagesse qui portera ses fruits ; vous avez vu comment meurent ceux qui ont vécu dans l'amour du devoir et la pratique des vertus chrétiennes. Vous n'oublierez jamais ces dernières heures. Ce souvenir vous soutiendra dans les épreuves de votre vie et vous aidera à travailler chaque jour de plus en plus à votre sanctification. Pour vous aider aussi efficacement que possible, vous me trouverez toujours prêt à favoriser les pieux élans de vos jeunes âmes.

« Mon cher Alphonse, rien ne sera changé pour toi, et tu pourras suivre tes études commencées à Bergerac. Je pourvoirai de mon mieux à tout le nécessaire.

« Que la petite Rosa examine devant le Bon Dieu ce qu'elle pourra entreprendre pour rester fidèle aux bonnes leçons de sa mère et aux inspirations de la grâce. Pour l'aider, elle me trouvera toujours disposé à mettre en œuvre tout ce que je pourrai, sous ce rapport. Soyez tous les deux bons à tout le monde, pieux et craignant Dieu, et votre vie sera digne de celle qui vous protège du haut du ciel.

« Mes bien chers enfants, nous prierons ensemble pour le repos de l'âme de celle que j'aimais en vous. Ne vous découragez point. Je m'occuperai avec vos parents de préparer votre avenir. Reposez-vous, priez. Consolez-vous mutuellement. Ecoutez les conseils de votre si respectable curé.

« Après quelques jours, Alphonse viendra me rejoindre. Viens, mon cher enfant, dans le calme de ton âme. Viens, tu trouveras en moi, pour soulager ton cœur si affligé, un ami, un protecteur, qui prendra la place de ceux qui, en quittant la terre pour le ciel, t'ont laissé ici-bas orphelin.

« Et toi, chère petite Rosa, tu me feras savoir les dispositions de ton cœur et comment tu as passé les premiers jours qui ont suivi la cruelle épreuve. Le Bon Dieu te donnera la récompense due à ta piété filiale. Je sais quels soins délicats tu as prodigués à la chère défunte. Pour toi aussi, ma bien chère enfant, mon affection et toute ma bienveillance.

« Je vous embrasse avec toute l'affection de mon cœur. »

En même temps, il annonçait au curé sa prochaine arrivée.

« Je veux, lui disait-il, m'occuper de tout ce qui pourra contribuer à assurer l'avenir de ces deux enfants que je n'abandonnerai jamais. »

Quel était donc ce prêtre au cœur si grand, aux aspirations si élevées, à la foi si intensément vivante, qui allait devenir le père adoptif des deux orphelins ? Au télégramme de l'abbé Peyrille qui lui annonçait la mort de M. Bigneau, Mgr Bougouin, évêque de Périgueux, répondait par une lettre qui était un juste éloge et une belle définition de ce serviteur de Dieu.

« Hier, quand vous me parliez de votre cher oncle, je ne me doutais pas que le mieux accusé dans son mal était, comme il arrive trop souvent hélas ! précurseur de la fin. *Vous perdez la perle de votre famille, moi, celle de mon clergé.*

« J'avais pour le bon M. Bigneau une vénération affectueuse qui grandissait à mesure que je le voyais de plus près, me communiquant ses scrupules édifiants, ses sollicitudes de conscience, ses aspirations à l'intime union avec Notre Seigneur.

« Quel bel héritage d'exemples et de vertus pour vous et votre sœur du Carmel ! »

La perle du clergé périgourdin ! Se pouvait-il trouver un plus beau titre ! M. Bigneau le méritait par toute sa vie de prêtre accompli selon le cœur de Dieu.

Originaire de Villefranche-du-Périgord, il avait fait ses études cléricales d'abord à Bergerac, au petit séminaire, puis à Périgueux, dans la grande maison diocésaine de la rue Victor-Hugo. C'est dans la pieuse chapelle, aujourd'hui désaffectée, qu'il reçut, après tant d'autres saints prêtres, l'onction sacerdotale, le 25 mai 1861. Prêtre ! Il était prêtre ! Quelle grandeur, quel enivrement, quel programme dans ce seul mot pour l'âme apostolique du jeune ecclésiastique ! Toute sa vie n'allait être désormais qu'une ascension continue vers la perfection, un rapprochement de plus en plus intime avec le Maître, divin modèle, une conformité de plus en plus absolue avec sa sainte volonté.

Successivement vicaire d'Eymet et desservant de Rouquette, curé de Castelnau où il résida un peu plus d'un an, il n'eût d'autre ambition que de faire connaître le Bon Dieu aux âmes qui lui étaient confiées et de le leur faire aimer... Un ordre de Mgr Dabert l'arracha bientôt à ses chères ouailles et l'adjoignit à l'abbé Bonnefin pour la fondation de l'école cléricale de Périgueux.

Mais il semble que Dieu se plaisait à déplacer souvent son serviteur afin de buriner son esprit de détachement et de lui donner l'occasion de se sanctifier dans des postes variés. Bientôt en effet, les Basiliens prenaient la direction de la nouvelle maison et M. Bigneau se rendait à Bergerac où l'appelaient d'autres fonctions. Surveillant général au petit séminaire, père spirituel, il devint enfin économe et se vit confier par l'autorité diocésaine l'aumônerie du Carmel. Il lui semblait peut-être alors avoir trouvé sa terre promise et pouvoir y installer définitivement sa tente. Mais Dieu poursuivait son œuvre.

Quand en 1880, par suite de lois iniques, les RR. PP. Jésuites durent se retirer du Grand Séminaire, l'abbé Bigneau s'en alla rue Victor-Hugo, comme directeur. Là, dans le silence et la prière, il revivait les chères années de sa préparation au sacerdoce tout en formant aux fortes études et à la piété la jeunesse qui palpitait autour de lui.

Cependant, Dieu ne s'arrête pas de le vouloir ailleurs. « Ambula coram Me et esto perfectus ! » semble-t-il lui dire comme autrefois au patriarche Abraham... Quelques années après, il quitte le Grand Séminaire et se rend à Mareuil-sur-Belle, dont il vient d'être nommé doyen. Belle paroisse où il passe en faisant le bien et en semant à pleines mains une profonde vie chrétienne. La réputation des bons et pieux curés qui s'y sont succédé depuis n'a pas plongé dans l'ombre le souvenir du saint M. Bigneau. Il relève un pèlerinage très ancien à la Sainte Vierge et, chaque année il organise, le 8 septembre, des fêtes resplendissantes auxquelles toute la population prend part. Il aime son peuple et en est fortement aimé... Il pense bien que sa vie errante est finie et que, dans le vieux cimetière, il trouvera sa dernière demeure et son dernier repos, au milieu de ses enfants... « Ambula coram Me et esto perfectus ! » Le 12 avril 1897, Mgr Dabert lui écrivit :

« J'ai tenu mon conseil épiscopal hier dans l'après-midi. Il n'y a eu parmi nous qu'une voix pour nommer le remplaçant du regretté défunt, et cette voix unanime a prononcé votre nom très aimé... Je vous demande d'accepter... C'est la volonté de Dieu. »

Ce défunt tant regretté n'était autre que l'abbé Bersange, supérieur du Petit Séminaire. L'auteur de « Dom François Régis, fondateur de la Trappe de Staouéli » et de « Marie Dubourg, fondatrice des sœurs du Saint Sauveur » venait d'être ravi à l'affection de ses collègues et de ses élèves par une mort prématurée. M. Bigneau quitta donc Mareuil pour s'en aller recueillir la difficile succession de celui qui avait été son condisciple et son ami.

...Les années passèrent. 1905 !... Un vent de tempête destructive soufflait sur l'Eglise de France. L'enfer semblait déchaîné. C'était la lutte acharnée des ténèbres contre la lumière. Le vieux supérieur sentait peser fort sur ses épaules ses 73 ans. Devant les difficultés qui s'amoncelaient et qu'il prévoyait plus grosses pour l'avenir, il supputa ses forces. Depuis tant d'années, il avait, selon le conseil de Saint Paul, couru sur le stade sans retourner la tête ! Il était fatigué et n'osait soutenir une pareille responsabilité. Il s'ouvrit à son neveu, économe du même séminaire, de son projet de démission, et celui-ci, comprenant les raisons du saint vieillard, n'osa l'en détourner... Et la lettre fut mise à la poste le lendemain.

Après quelques difficultés, Mgr accepta la démission et M. Bigneau fixa son séjour au Grand Séminaire, où il fut bien accueilli par ceux qui en dirigeaient les destinées...

Monsieur le Chanoine Bigneau

« Ambula coram Me et esto perfectus ! »... Le 5 janvier 1907, il fut expulsé *manu militari*, avec tout le personnel du Séminaire. Ce jour-là, il ressentit une des plus grandes douleurs de sa vie. Le collège Saint Joseph, toujours si avenant, lui ouvrit aussitôt ses portes et le supérieur, le chanoine Mathé, qui était son ami après avoir été son élève, se réjouit grandement pour sa maison d'abriter dans ses murs ce vrai serviteur de Dieu.

De la route de Paris, il rayonna dans les diverses communautés de la ville, utilisant ce qui lui restait de jours et de force au perfectionnement des âmes qui se confiaient nombreuses à lui. Ses lettres de direction reflètent sa grande âme sacerdotale. Pleines de conseils judicieux, elles sont pénétrées de la douceur du prince-évêque de Genêve et mériteraient d'être recueillies en un volume, pour la plus grande édification des âmes chrétiennes.

Le 29 octobre 1912, il mourait à Bergerac, à quelques pas du Carmel, qu'il venait visiter de temps à autre, avec le frère de sa si chère Prieure. Sa fin fut ce qu'avait été sa vie, celle d'une grande âme. Chanoine, vicaire général honoraire, il ne voulut sur son cercueil aucun insigne de ces dignités dont l'avait revêtu l'affectueuse confiance de ses évêques. « Je mourrai prêtre, avait-il dit un jour à son neveu ; je désire être revêtu des ornements sacerdotaux ; une vieille chasuble me suffira. Tu veilleras à ce que mes obsèques soient très simples... »

Tel était l'homme à qui Dieu allait, dans ses mystérieux desseins, confier la jeune fille qu'il s'était réservée. Il connaissait le prix de la sainteté chez lui et chez les autres... Rosa ne pouvait tomber entre meilleures mains...

...Au premier appel angoissé des deux orphelins, l'abbé Bigneau quitta Bergerac et s'arrêta chez sa mère, à Villefranche. Ces deux grands cœurs se comprirent tout aussitôt. Quelques heures après, le bon abbé descendait au presbytère de Marminiac. Le sort des deux enfants était réglé. Alphonse devait regagner le Petit Séminaire, tandis que Rosa habiterait à Villefranche, auprès de sa tante Bigneau.

La vieille dame leur prodigua imédiatement toutes les inépuisables tendresses de son cœur et mérita bien le doux nom de « maman » que le frère et la sœur lui donnèrent.

L'abbé s'en réjouissait et disait plaisamment à ses neveux :

« S'il était permis d'être jaloux à mon âge, je ne saurais me défendre de l'être, en voyant pour vous les prévenances de ma mère qui n'en a jamais manifesté de pareilles à mon égard. »

CHAPITRE IV

UNE rue dans le vieux Bergerac, plutôt large et en pente brusque, qui bien vite aboutit aux quais, sur un horizon peu banal : la Dordogne qui étale paresseusement ses eaux profondes entre ses rives éloignées, et au delà du magnifique pont de pierre dont les arches plongent solidement dans l'écume des courants brisés, le bourg de la Madeleine qui apparaît sur un fond de verdure. Sur la gauche, un pâté de vieilles maisons, la plupart lézardées et lépreuses que domine la tour du château du Roy Henri. Sur la droite, une grande bâtisse grise, dont la porte est surmontée d'une croix. Nous sommes dans la rue Saint-Esprit, devant le pensionnat de la Miséricorde.

...C'est là que, le 14 avril de l'année 1878, après les vacances de Pâques, l'abbé Bigneau conduisit sa nièce.

Au cours des retraites que le saint prêtre avait souvent prêchées dans la pieuse maison, il avait pu apprécier la vie, l'esprit et les services des sœurs de Sainte Marthe qui depuis de longues années s'y dévouaient à l'enseignement. Rosa aima toujours ce pensionnat où elle avait passé des années fécondes pour sa vie intellectuelle et morale. « Je rêve très peu dans mon sommeil, disait-elle bien des années après, mais c'est toujours à la Miséricorde. » N'était-ce pas là, en effet, qu'avait grandi ce beau lis destiné à embaumer la sainte Montagne !

A l'occasion de sa prise d'habit, ses jeunes compagnes voulurent aller cueillir elles-mêmes les violettes de sa croix et lui offrir sa ceinture carmélitaine. Toutes chantèrent le pieux cantique :

> *Au Carmel où Jésus m'appelle,*
> *Mère je monte sur tes pas.*

Ce sont là souvenirs qui ne se peuvent oublier...

Dès son arrivée, Rosa se signala par sa bonne volonté et sa fidélité au devoir. Une de ses compagnes n'hésitait pas à porter plus tard ce jugement sur elle : « Rosa était si régulière en toutes choses que nous l'entourions, je dirais presque de vénération. Quand nous voulions faire quelque sottise, nous regardions bien vite si elle n'était pas là, car elle personnifiait pour nous le devoir et la raison... Mais s'il nous arrivait d'être prises en faute et très justement punies, notre charitable compagne venait tout doucement nous faire reconnaître nos torts et demander pardon au Bon Dieu et à nos maîtresses. »

Mais quelle délicatesse, quel tact déjà ! Un jour d'été, les religieuses avaient conduit les élèves en promenade. Il s'agissait de visiter un château des environs. Avant d'en franchir les grilles, défense formelle fut faite de toucher à quoi que ce fût. La maison explorée, les jeunes filles se répandirent joyeusement dans le parc et le verger. Le soleil était brûlant... le château caché par un rideau de verdure... le diable qui rôdait par là fut le plus fort. Bientôt une élève se courba sur une plate-bande et se mit à savourer les belles grosses fraises qui se détachaient comme des fleurs rouges sur leur feuillage vert. Rosa s'en venait par là et aperçut la coupable. Que faire ? Comment l'arrêter dans sa faute sans la blesser ? Un groupe se rapprochait. L'enfant eut une inspiration. Elle se dirigea vers lui, puis se penchant tout à coup sur les fruits tentateurs, elle y porta la main, puis elle la retira brusquement et, se tournant vers ses compagnes, leur lança d'une voix forte : « Oh ! mon Dieu ! qu'allais-je faire ! J'étais prête à cueillir des fraises et on nous l'a tant défendu ! Heureusement je me suis arrêtée à point ! » La leçon était donnée. L'élève rappelée au devoir s'éloigna promptement, ne soupçonnant même pas qu'elle avait été vue.

En récréation, Rosa jouait beaucoup et avec entrain. Une de ses anciennes compagnes se rappelle encore les joyeuses parties d'antan. « Rosa, disait-elle, un jour qu'elle se laissait aller à ses souvenirs, se prêtait à tous nos jeux. C'étaient tantôt de gaies farandoles autour du gros platane, ce grand et puissant platane presque séculaire et aujourd'hui abattu, qui a vu passer tant de générations ; tantôt des jeux plus calmes ; ceux-ci étaient ses préférés... »

Déjà elle se révélait comme une entraîneuse dans la pratique du sacrifice. L'austère voie de la croix lui paraissait le plus sûr chemin pour aller à Jésus et elle aurait voulu y amener toutes ses compagnes.

Un samedi, jour de parloir, une pensionnaire avait reçu de ses parents une longue brochette de petits oiseaux, bien arrangés et cuits à point. Aussitôt ses amies furent convoquées et la dînette s'organisa. Rosa en était. Tout à coup, au milieu du caquet joyeux, sa voix s'éleva timidement : « Mes amies, dit-elle, nous sommes en carême ; voulez-vous, pour plaire au bon Jésus, que nous portions ces oiseaux à la petite orpheline qui est malade ? » Quelques regards s'assombrirent et des lèvres firent la moue. Mais si elle était un peu follette, la bande avait bon cœur. Bientôt toutes partaient pour l'orphelinat et abandonnaient, peut-être avec quelques soupirs mais cependant gaiement, la succulente brochette.

Aussi, au jour des récompenses mensuelles, les rubans d'honneur pleuvaient sur les épaules de la jeune fille, et à la distribution des prix, la couronne de sagesse lui fut souvent décernée à l'unanimité des voix.

Peu de temps après son admission dans la congrégation des Enfants de Marie, on lui conféra successivement les charges de sacristine et de secrétaire, et enfin le titre de présidente que lui attribuèrent tous les suffrages.

...Six ans passèrent. Rosa finissait ses études. Depuis 1880, elle se trouvait loin de son frère et de son oncle. Alphonse avait pris la soutane et faisait ses études théologiques au Grand Séminaire, où l'abbé Bigneau avait été nommé directeur et économe. La séparation avait été pénible, mais Rosa savait comprimer son cœur et le crucifier, quand telle était la volonté de Dieu.

Le 3 mars 1884, elle passa son brevet avec succès. Quelle émotion pour elle pendant les jours d'examen ! Sa timidité fut à bien rude épreuve. Mais elle avait pour elle les âmes du Purgatoire : ne leur avait-elle pas promis en effet vingt-sept chemins de croix et, pendant les quatre jours qui précédèrent l'écrit, n'avait-elle pas égrené sur son chapelet quatre mille Ave Maria ?

Quand elle regagna le pensionnat, ce fut avec le titre de sous-maîtresse et elle se vit confier une classe à l'externat. Elle s'y employa tout entière. Cependant ses forces la trahirent souvent mais, toujours énergique, elle ne s'arrêtait qu'à l'extrême limite de la fatigue, ne voulant pas surcharger la sœur dont elle était l'auxiliaire. L'ascendant qu'elle avait eu jusqu'alors sur ses compagnes, elle l'exerça bien davantage encore sur ses élèves. Celles-ci la respectaient et l'aimaient et aucune, même parmi les plus terribles, n'aurait voulu faire de peine à « Mlle Rosa ».

Le secret de ce rayonnement, de cette douce autorité qui se faisait accepter sans contrainte, de ce zèle qui se faisait chérir, se trouvait tout entier dans une vie intérieure déjà intense. On reste étonné, lorsqu'on parcourt le carnet où elle notait ses états d'âme, de la hauteur de ses vues, de la profondeur de ses méditations. Aussi souvent que la permission lui en était donnée, elle s'approchait de la Sainte Table. Ces jours-là étaient pour elle des journées du Ciel. Elle les passait en un perpétuel colloque avec le Maître, dont chaque jour elle méditait la vie selon la recommandation de l'Apôtre.

Déjà elle ressentait le besoin de se lier à Jésus dans ses mystères douloureux. « Je suis, écrivait-elle, attachée à la croix et je vis en la foi du Christ qui s'est livré à la mort pour moi. Que je porte, ô mon Dieu, sur mon corps, l'impression de la mort de Jésus afin que la vie de Jésus se développe en moi... Vous avez promis que vous ne nous laisseriez pas tenter au-dessus de nos forces, je me fie en vos promesses. J'embrasse la croix que vous m'imposez, je veux la porter jusqu'au bout, donnez-moi le courage de la soutenir. Agréez mes sacrifices, unissez-les aux vôtres qui sont parfaits et infinis. »

Elle n'avait que seize ans lorsqu'elle jetait à la hâte ces réflexions sur le mystère de la mort, où toute son âme transparente se fait jour. « Jésus en subissant la mort a sanctifié la mort ; elle doit me paraître aimable, quelque affreuse qu'elle semble à ma nature. Que la volonté de Dieu s'accomplisse en moi, puisqu'il est le souverain Maître. Quand il lui plaira, j'accepte de rentrer dans la poussière, d'où je suis sortie, et j'accepte déjà avec une parfaite soumission l'heure, le genre et les circonstances de la mort qu'il a prévue pour moi... »

Mais cette mort, elle ne la peut concevoir qu'après une vie passée dans le crucifiement avec la divine Victime. « Je ne lui demande qu'une chose, c'est qu'elle n'arrive qu'après une vie dure, fervente et mortifiée. Aussi je veux employer le reste de mes jours dans l'exercice continuel des plus héroïques vertus, d'une charité brûlante, d'une patience invincible, d'une profonde humilité, d'un détachement parfait de moi-même et de toute créature. »

Peu lui importent les consolations humaines. Elle ne veut pas être de ce monde. Dieu, elle ne veut que Dieu seul comme soutien à son heure dernière. « Que le souvenir de mon Maître mourant m'occupe sans cesse dans ma dernière maladie et me remplisse de force, de consolation, de confiance. Que la pensée de ses souffrances et du sang que mon Dieu a répandu pour mes péchés me fasse repousser courageusement tous les efforts que fera alors l'Enfer pour me perdre.

« Que je remette paisiblement mon âme entre les mains du Père. Si je ne mérite pas de l'obtenir par moi-même, je supplie Marie, la mère de miséricorde, mon bon ange et tous mes autres saints protecteurs que j'ai dans le ciel de parler en ma faveur. Jésus, faites, je vous en conjure, par votre mort, que la mienne soit un passage à une meilleure vie. »

Aimer Dieu de toute la force de son âme, nulle félicité ne lui paraît déjà être comparable à celle-là. Elle désire s'élever de plus en plus dans un élan tout mystique vers la Charité incréée pour s'unir à elle dans un acte d'amour parfait. « Mon âme, écrit-elle, est capable d'aimer Dieu ; Dieu me permet de l'aimer, il me le commande, il me menace d'une grande misère si je ne l'aime pas. Mais la plus grande misère, n'est-ce pas de ne pas l'aimer ? Je vous aimerai Seigneur ! Vous êtes ma force, mon refuge et mon libérateur... »

Elle voudrait crier son amour, tellement son cœur en est oppressé et cependant elle le trouve encore trop faible. « Beauté éternelle, infiniment aimable que je commence tard à vous aimer !... Je ne puis vous aimer comme je le dois, à moins que vous ne me donniez votre cœur et que votre Saint Esprit ne répande en moi votre charité. Donnez-moi votre charité et faites que je vous aime de tout mon cœur, de toute mon âme, de tout mon esprit, de toutes mes forces et mon prochain comme moi-même.

« Donnez-moi cette charité qui vous aime pour vous-même, Donnez-moi cette charité qui vous préfère à tout, qui vous rapporte tout, qui vous envisage en tout ; cette charité qui est patiente, douce, humble, prudente, qui fait le mérite de l'homme juste et qui sera sa récompense... »

Mais elle a compris que pour se rapprocher de Dieu, il faut s'abaisser, s'anéantir selon la rude maxime de l'auteur de l'*Imitation* : « Ama nesciri et pro nihilo reputari ». Humble, elle veut l'être et, au cours de sa vie, plus Dieu se plaira à l'élever, plus elle se fera petite, plus elle ambitionnera de s'effacer et d'être la dernière.

« Le Fils de Dieu, continue-t-elle, s'est anéanti en prenant la nature de l'homme et la forme de son serviteur. Il s'est rendu obéissant jusqu'à la mort de la croix. Apprenez-moi, mon Dieu, cette grande leçon, que je ne suis rien par moi-même. Tout ce que j'ai vient de vous et je dois le rapporter à vous. Faites-moi connaître et sentir mon néant. Que je ne sois pas au nombre de ces filles hypocrites qui, ne recherchant dans leurs bonnes œuvres que la vue et l'estime des hommes, ont déjà reçu leur récompense... que je ne me laisse jamais séduire par les flatteries et les louanges. Que, loin de m'élever, je recherche en tout la dernière place. Que je regarde les autres comme étant au-dessus de moi... Que je cède volontiers à leurs sentiments, que je me réjouisse de les voir préférées ! En un mot, que je sois vraiment humble, consentant à être abaissée aux yeux des autres... »

Jésus est tout amour !... Jésus est l'humilité même !... Il est aussi l'abîme insondable de pureté, l'agneau sans tache que les Vierges suivront pendant l'éternité. Oh ! ce merveilleux cortège, dans la céleste Jérusalem resplendissante de divine clarté, comme Rosa, dans ses méditations, se le représentait souvent. Avec quelle ardeur elle a désiré en faire partie !... Nous en retrouvons l'écho dans ses notes :

« La chasteté ne peut venir que de Dieu, et c'est pour cela que je la lui demande de tout mon cœur... Donnez-moi, mon Dieu, ce que vous me commandez et commandez-moi ce que vous voudrez. Vous me commandez d'être chaste, donnez-moi la chasteté. Donnez-moi des oreilles chastes, une langue pure, un regard modeste. Purifiez mon esprit. Créez en moi un cœur nouveau !... Que je ne perde jamais de vue que mes membres sont les membres de Jésus-Christ, que je suis le temple de l'Esprit Saint, que j'ai été souvent sanctifiée par la présence de l'Agneau sans tache, dans le sacrement qui fait les Vierges... Ne permettez pas que la moindre souillure profane un cœur et un corps qui vous ont été consacrés. Joignez votre grâce à vos promesses et purifiez-moi de toute tache. »

Mais nul ne peut arriver à Jésus s'il ne passe par Marie. Ainsi l'a voulu le Fils du Très-Haut, pour honorer celle qui, avant de devenir sa mère, s'était proclamée l'humble servante du Seigneur. Rosa aimait la Sainte Vierge d'un amour tendrement filial. Au soir de sa réception parmi les enfants de Marie, elle avouait à une de ses amies : « A la mort de maman, quand je me vis seule sur la terre, j'allai me jeter aux genoux de la Sainte Vierge ; et là, tout en larmes, je la pris pour ma mère, la suppliant de m'accepter pour son enfant, de me conduire, de ne m'abandonner jamais. A partir de cette heure, Marie fut ma confidente et mon soutien. »

Un pèlerinage qu'elle fit à Lourdes, le 30 septembre 1884, en compagnie de son oncle et de son frère, donna un nouvel aliment à sa ferveur. Sur cette terre de Massabielle, elle s'était vraiment trouvée chez elle, chez sa mère. Elle en revint toute radieuse, l'esprit plein de rayonnantes visions... Elle affectionnait l'office de la Très Sainte Vierge et, malgré ses occupations de sous-maîtresse, elle le disait en entier chaque jour. Dans ces louanges inspirées, que l'Eglise adresse à la Reine du Ciel, elle aimait à trouver une expression plus parfaite de ses propres sentiments.

Future carmélite et, par là, fille de prédilection de Saint Joseph, Rosa avait aussi une tendre dévotion pour le grand patriarche. Une de ses maîtresses lui ayant prêté le petit office qui lui est consacré, elle en copia la traduction et, chaque mercredi, elle en lisait quelque partie, selon le temps dont elle disposait. Saint Michel et sa sainte patronne, Rose de Lima, la délicieuse fleur de l'Amérique méridionale, avaient ses préférences. Elle les invoquait tous les jours. A son ange gardien, elle adressait cette jolie prière : « Ange gardien, allez, je vous prie, où mon Jésus repose. Dites-lui que je l'adore et que je l'aime de tout mon cœur. Invitez-le à venir en mon âme et à y faire son séjour. »

Mais déjà elle ne pouvait oublier les pauvres pécheurs ; son cœur qui devait s'immoler pour eux pendant tant d'années, se brisait à la pensée de la perdition qui les menaçait et ses bras se levaient vers la miséricorde infinie d'un Dieu justement irrité. « Grâce, grâce, mon Dieu, s'écriait-elle, pour tant d'âmes qui se perdent autour de nous. Sauvez ces âmes, ô mon Sauveur ! Vos plaies et votre couronne d'épines réclament en leur faveur. Je vous le demande pour votre plus grande gloire et par Marie, refuge des pécheurs. »

Que deviendrait cette âme que le Saint Esprit semblait avoir si fortement marquée de sa divine empreinte ? Dans quelle voie dirigerait-elle sa vie pour lui permettre l'ampleur, l'intensité, la plénitude qu'elle désire ? Pendant son séjour à la Miséricorde, la jeune fille étudia longuement et avec une sérieuse attention sa vocation. Souvent elle répétait devant le tabernacle où elle s'agenouillait l'émouvant appel du psaume 142 : « Notam fac mihi, Domine, viam in qua ambulem !... *Seigneur, indiquez-moi donc la route que je dois suivre !* » Ce qu'elle voulait avant tout, c'était faire la volonté de Dieu, et elle pouvait lui dire en toute simplicité, comme l'enfant Samuel dans le Temple : « Loquere, Domine, quia audit servus tuus... *Parlez, Seigneur, votre humble servante est attentive.* »

« J'ai été créée, disait-elle, pour servir Dieu et de la manière qui lui est le plus agréable » ; et dans son carnet elle notait : « Me voici, mon Dieu, entre vos mains, comme l'argile entre les mains du potier. Vous savez ce qui m'est le plus avantageux ; que votre volonté s'accomplisse en moi. Faites de moi ce qui vous sera le plus agréable et ce qui pourra procurer votre plus grande gloire... Votre servante est prête à tout ! Je ne désire vivre que pour vous servir dignement et du mieux que je pourrai. Que votre grâce agisse en moi et avec moi. Que ma volonté soit toujours soumise à la vôtre, que je ne puisse jamais vouloir ni désirer autre chose que ce que vous voudrez et désirerez...

« Que la Sainte Vierge, ma mère, soit mon étoile et dirige mon cœur dans le choix de mon état de vie et me fasse embrasser celui où je pourrai le mieux servir son Fils.

« Et vous, mon ange gardien, soyez mon guide sur cette terre et conduisez-moi au but pour lequel j'ai été créée. »

A son enfant qui l'interroge, le Seigneur va parler par la bouche de l'abbé Bigneau. C'est à son oncle en effet que Rosa a confié son âme et le soin de la diriger dans la voie de la perfection. Le saint prêtre admire l'œuvre merveilleuse que Dieu accomplit en secret dans sa créature, et sous le regard divin, il cherche comment il pourra satisfaire ses envolées vers l'idéal.

Aimer Dieu avec toutes les puissances de son être, contribuer à étendre son règne ici-bas, s'immoler pour les âmes des malheureux pécheurs, tel est le but que Rosa décide d'assigner à sa vie. « Je veux, disait-elle à son frère, me donner à Dieu tout entière. »

C'est donc vers les hauteurs du Carmel que le sage directeur guidera ses pas. Il connaît la vie de ces religieuses qu'une grille sévère a séparées du monde. Il sait qu'elle est une vraie vie d'union à Dieu par la sainteté, une grande prière pour l'avènement du Christ dans les âmes, une perpétuelle immolation pour ceux que le péché retient encore loin de leur Sauveur.

Rosa verra donc comblés tous ses désirs... « Ecce ancilla Domini !... » Dès lors, ses visites au Carmel se firent nombreuses. Souvent on la voyait traverser les jardins de la Miséricorde et de l'Orphelinat, se dirigeant vers la rue Valette, où, à l'abri de leurs hautes murailles, vivaient les Filles de Sainte Thérèse.

Elle y retrouvait une âme fortement trempée, noblement surnaturelle, Mère Anne de Jésus (Mlle Delys), qui, depuis plusieurs années, dirigeait la pieuse communauté. C'est dans le petit parloir, tout près de cette grille qu'elle aspirait à franchir, que Rosa apprit à connaître l'esprit carmélitain. La vénérée prieure encourageait ses saintes aspirations et fortifiait sa volonté... Mais, le 4 octobre 1880, au moment où les sœurs faisaient oraison pour honorer le bienheureux instant où, dans une extase d'amour, leur séraphique mère avait quitté cette vallée de larmes, Mère Anne de Jésus fut atteinte de vives douleurs. Trois jours après, sa belle âme remontait vers son Créateur...

Cette mort si rapide éprouva vivement Rosa. Cependant dans la nouvelle Prieure, Mère Marie des Anges, la jeune fille trouva une seconde mère. Pendant les cinq années qui suivirent, elle multiplia ses entretiens avec elle et son entrée dans le cloître fut fixée au mois d'octobre 1885.

21 mars 1885 !... Dans la chapelle du Grand Séminaire se déroulent les rites solennels de l'ordination. Au premier rang de l'assistance, Mme Bigneau et Rosa prient avec ferveur. L'abbé Alphonse reçoit le sous-diaconat. Quelle émotion dans le cœur de la future carmélite ! Quand sur son frère, prosterné la face contre terre, l'évêque trace solennellement une triple bénédiction, elle renouvelle en son âme la donation totale de tout son être.

Juillet arrive... Bientôt, ce seront les vacances, les dernières pour Rosa. La jeune sous-maîtresse se sent parfois triste. Elle va dire un adieu définitif à cette chère Miséricorde, à ses maîtresses qu'elle aime, à ses élèves. Il est temps aussi d'avertir son frère de la grande séparation. Quel coup pour lui, qui ne se doute de rien. Elle en frémit d'avance et supplie Notre-Seigneur de lui venir en aide... Chère maman Bigneau ! Elle va être bien triste de perdre « son petit rayon de soleil ». Mais l'oncle la consolera, lui qui sait tout.

Il faut se décider. Elle demande au Maître qu'elle a reçu le matin lumière et courage. La voilà devant son bureau. Après trois pages où elle laise déborder ses sentiments fraternels, elle en arrive enfin à la question délicate :

« ... Bien cher frère, les vacances approchent ; je vais te confier un secret que tu ne dévoileras à personne. Il est décidé que j'entrerai au Carmel à la fin des vacances prochaines. Ce seront les dernières que nous passerons ensemble. Après de longues et sérieuses réflexions, après avoir demandé avis à ceux qui ont la responsabilité de mon âme, l'obéissance est un devoir. Quant à ma santé, Dieu jugera en dernier ressort. Si on la juge suffisante après épreuve, je servirai le Bon Dieu dans la vie qu'il m'inspirera, mais ma conscience sera tranquille.

« Je désire formellement qu'il ne soit jamais question entre nous deux de cette affaire durant les vacances que nous allons passer ensemble. »

La réplique qu'elle avait prévue ne se fit pas attendre. Stupéfait de la nouvelle, son frère lui envoya par retour du courrier une longue lettre, affectueuse mais un peu vive. Il lui représentait l'état peu brillant de sa santé, la nécessité du repos, et il finissait en exigeant l'avis du médecin... Rosa prit connaissance de la lettre puis, pour ne pas être tentée de la relire, elle la déchira lentement en petits morceaux, tandis que ses yeux se remplissaient de larmes...

Sa décision en effet était irrévocable : « Si je tente Dieu, disait-elle, il me le dira et alors je le servirai ailleurs de mon mieux. » Les vacances vinrent, et, dans la petite maison de Villefranche, les journées passaient vite, trop vite même. Rose mettait la dernière main à l'aube qu'elle destinait à son frère pour sa première messe. Maman Bigneau regardait longuement et souvent sa fille adoptive, de ses bons yeux tout prêts à pleurer. Le jeune diacre ne disait rien et essayait de cacher son émotion et sa tristesse. La jeune fille lui avait confié ses carnets de notes, ses livres de piété. Voulant se détacher de tout, elle enleva de son cou sa médaille d'enfant de Marie et la tendit à son oncle : Tenez, dit-elle, voici ma médaille ; je vous donne l'objet auquel je tiens le plus. Il sera désormais à vous. Je vous le dois bien. »

L'aube du premier octobre se leva joyeuse et ensoleillée. Bientôt ce fut l'heure du départ. Rosa embrassa sa vieille tante qui, bien vainement, s'efforçait d'être courageuse. Longuement, dans un regard d'adieu définitif, elle contempla la maison dont l'accueil lui avait été si doux, les vertes collines dont les ondulations lui étaient familières, les arbres qui frissonnaient sous le baiser du vent. Puis, courageusement, elle partit. C'était fini !... Adieu !... elle ne reviendrait plus !...

A Bergerac, pour n'être pas reconnue, elle baissa les portières de la voiture qui se dirigeait vers le Carmel. « Je veux, expliqua-t-elle, n'être vue de personne. On m'ignorera, je vivrai solitaire, et si Dieu me fait la grâce de maintenir ma santé, et que la Communauté m'accorde l'insigne honneur de m'admettre définitivement, j'inviterai alors mes maîtresses, mes amies et mes élèves à la cérémonie de ma vêture, en attendant ma prise de voile. »

La voiture s'arrêta... Le Carmel... la porte extérieure du monastère s'ouvrit. Deux religieuses de Sainte Marthe accueillirent la voyageuse dans leurs bras. C'étaient Mère Emilie, la Supérieure de la Miséricorde, et Sœur Eudoxie, « son ange », qui, si souvent, l'accompagna au parloir de la rue Valette.

Les minutes passaient... Il fallait se quitter. Rosa embrassa son oncle encore une fois. La porte s'ouvrit lentement. Sur le seuil, la jeune fille se retourna avec un sourire, puis elle franchit la clôture. Rosa Peyrille n'était plus. Sœur Anne de Jésus venait de commencer sa vie religieuse.

...Cependant, prosterné à la chapelle devant le tabernacle, l'abbé Peyrille prononçait son « Fiat » dans l'amertume de son cœur.....

DEUXIEME PARTIE

La montée...

CHAPITRE PREMIER

LE jeudi 15 avril 1858, vers huit heures du soir, le train de Sète entra bruyamment en gare d'Agen. Neuf religieuses à la robe de bure et au grand voile noir en descendirent. Un prêtre les attendait. Sans précipitation, elles le suivirent vers la sortie, et bientôt se perdirent dans la nuit...

C'étaient neuf carmélites du monastère de Montpellier qui s'en allaient en Périgord fonder une nouvelle maison. Le Père Dominique de St-Joseph, provincial des Carmes Déchaussés, avait eu la première pensée de cet exode. Lors de la visite qu'il faisait à ce Carmel, il parla à la Prieure du vif désir qu'avait Mgr Georges, évêque de Périgueux, de posséder un monastère carmélitain dans son diocèse. Il y avait peut-être là une indication de la Providence. La question était d'importance et méritait étude et réflexion. Les pieuses Filles de Sainte Thérèse multiplièrent les prières et les veilles devant le Saint Sacrement et bientôt ne doutèrent plus de la volonté divine.

De son côté, Mgr de Périgueux accueillait avec joie les

ouvertures qui lui étaient faites et désignait comme résidence de la future communauté, Bergerac, « dans l'espoir, disait-il, que les Carmélites, en dignes filles de Sainte Thérèse, contribueraient, par leurs prières et leurs pénitences, au retour des nombreux protestants de cette cité. »

Mais l'ennemi de tout bien veillait. Des difficultés inattendues s'élevèrent contre la fondation du monastère. Ce projet fut déclaré inopportun, et mille raisons trouvées pour l'anéantir ou du moins en retarder la réalisation en attendant qu'il échouât de lui-même.

L'évêque tint bon dans sa résolution. Les Carmélites, humblement abandonnées au bon vouloir de Dieu et de leurs supérieurs, redoublèrent de ferveur, faisant le vœu de placer le futur Carmel sous le vocable du Sacré-Cœur de Jésus. A leur insu, le prélat faisait le même vœu à Saint Joseph. Le ciel se laissa toucher par tant d'insistance. Bientôt, comme par enchantement, tous les obstacles, déclarés jusque-là invincibles, disparurent et ceux même qui s'étaient montrés les plus contraires à un nouvel établissement furent les plus empressés à en seconder la préparation, à le secourir généreusement dans la suite, et lui furent fidèles jusqu'à la mort.

Mgr confia la jeune communauté à un prêtre distingué par la valeur et la sainteté, l'abbé de Saint-Exupéry, son vicaire général. C'était lui qui attendait, le soir du 15 avril, sur le quai de la gare d'Agen, empressé de donner cette marque de paternelle sollicitude à ses nouvelles Filles. Il les conduisit aussitôt au château de Cardou, chez son frère le Marquis, où elles reçurent le plus noble et le plus gracieux accueil. La marquise raconta dans la suite combien elle avait été impressionnée par les grands voiles noirs qui lui cachaient le visage de ses chères visiteuses. « Oh ! ma sœur, disait-elle à une jeune novice, laissez-moi donc vous voir un peu. J'en serai si heureuse ! Décidément, je ne puis me faire à ces voiles ! »

Le vendredi 16 avril, les Carmélites arrivaient dans la bonne ville de Bergerac. Elles reçurent l'hospitalité chez les Religieuses du Sauveur. La vénérée Mère Emmanuel, supérieure de la Communauté, eut l'aimable attention de leur céder une partie de son couvent, ce qui permit aux Moniales de reprendre aussitôt leurs exercices réguliers.

Le dimanche matin, dès 8 heures, tout le clergé de la ville était réuni dans la Chapelle du Sauveur. On allait procéder à l'installation des Carmélites dans leur nouvelle demeure. Lentement on se mit en marche vers l'église paroissiale. Le curé, M. Macerouze, célébra la grand'messe dans l'émotion générale ; les élèves du Petit Séminaire assuraient les chants liturgiques, commençant ainsi à former une chaîne de rapports affectueux avec le Carmel, qui n'a jamais été interrompue. A l'Evangile, M. de Saint-Exupéry monta en chaire. Il proclama la joie profonde qui remplissait tous les cœurs ; « La ville de Bergerac, s'écria-t-il, a désormais son paratonnerre, bien plus puissant pour détourner les vengeances divines, que les paratonnerres métalliques ne le sont pour préserver des feux du ciel. » Aussi invitait-il instamment tous les affligés et les meurtris de la vie à venir frapper à la porte du Carmel où des mains pures s'élèveraient pour obtenir de la miséricorde divine la cessation de leurs épreuves ou les grâces dont ils avaient besoin.

La messe finie, une procession s'organisa. Sous le dais, M. de Saint-Exupéry prit place avec le Saint Sacrement. Foule immense. Les magistrats étaient là ; toutes les Congrégations religieuses de la ville avaient envoyé des délégations. Les Carmélites s'avançaient derrière le dais, un cierge à la main, fantômes blancs voilés de noir. On les regardait avec une sympathique curiosité. Des femmes faisaient furtivement toucher leur chapelet au rosaire des Filles de Sainte Thérèse ou à leurs vêtements. Une audacieuse sans scrupule alla même jusyqu'à couper un morceau du voile d'une des sœurs ! Les réflexions se croisaient, édifiantes, quelquefois amusantes, toujours favorables. « Oh ! voyez celle-ci, dit une femme en montrant la jeune novice, elle n'est pas comme les autres, elle a un voile blanc ! C'est peut-être la mère abbesse ! » — Mais non, affirmait péremptoirement sa voisine, je vous dis que c'est la cuisinière !

Le bon M. Macerouze vivait en plein ciel. Il allait et venait au milieu de son peuple. Souvent il s'arrêtait et, joignant les mains, il murmurait, tandis que des larmes coulaient sur son visage : « Mon Dieu, que de monde ! que de monde ! »

Enfin on arriva rue de Clairac, devant le couvent des Cordeliers. Les rangs s'entr'ouvrirent et le Saint Sacrement passa... Le Carmel du Sacré-Cœur était fondé, sous la très haute et très puissante protection de Saint-Joseph.

Tout aussitôt, les travaux commencèrent pour la construction d'un monastère régulier, rue Valette, et une belle chapelle de style gothique lançait ses arceaux dans les airs.

La première installation des Carmélites à Bergerac ayant

été si solennelle, elles jugèrent à propos de se transporter secrètement au nouveau monastère.

Le trajet se fit en voitures fermées, le 18 mars 1861, veille de la fête de Saint-Joseph, dont elles chantèrent les premières vêpres dès leur arrivée.

Le lendemain, leur Supérieur, M. de Saint-Exupéry, offrait en action de grâces le Saint Sacrifice, faisant par là descendre la Sainte Victime sur l'autel dont il avait lui-même tracé le plan.

Ce bon père exhorta ensuite ses filles à répondre par une exquise fidélité à tout ce que Dieu avait fait pour elles.

Le premier octobre 1885, les portes du Carmel du Sacré-Cœur de Jésus se refermaient donc sur Rosa Peyrille. La transition fut plutôt dure pour un cœur sensible comme le sien. « Le lendemain de son entrée, disait bien des années après une bonne Mère, je la considérai attentivement. C'était la statue de la douleur. Premiers moments pénibles. On vient de tout abandonner sur la terre ; la barrière infranchissable, qui dès maintenant nous sépare des êtres si fortement et si légitimement aimés, pèse de tout son poids sur le cœur meurtri. On ne connaît pas encore sa nouvelle famille religieuse, on ignore les détails de la vie claustrale, on est désemparée. On porte toute la douleur de la séparation et on ne jouit point encore de ce qu'on est venu chercher. »

Cet accablement des premiers jours dura peu et bientôt la jeune postulante s'épanouit dans la joyeuse atmosphère du noviciat. Elle y trouvait neuf jeunes compagnes, pleines de ferveur et atteintes d'une affection spéciale, dit-on, aux postulants et aux novices de tous les ordres : « la maladie du rire ». Le moindre incident suffisait pour provoquer sur l'heure, dans le groupe, un accès de fou-rire irrésistible. Rosa céda vite à la contagion. On riait, on riait beaucoup ! La Révérende Prieure faisait des admonestations ; la Mère Maîtresse sévissait ; plusieurs novices même furent renvoyées de la salle de communauté. Tout était vain.

Mère Marie des Ages raconta le fait à Mgr Dabert, lors d'une visite que celui-ci faisait à la Communauté. Le prélat sourit malicieusement et laissa tomber cet arrêt plutôt inattendu: « Qu'elles rient! qu'elles rient! » Et aussitôt il se mit à raconter qu'à Saint-Sulpice, lui-même s'était trouvé en pareil cas. De vénérables prêtres portèrent plainte au Supérieur, mais celui-ci, peu ému, les laissa dire et n'en tint aucun compte...

Cependant, Sœur Anne de Jésus s'appliquait de son mieux aux exigences de sa vocation. Dès les premiers jours, elle avait compris ce que Dieu réclame d'une parfaite carmélite, et elle avait décidé en son cœur de ne lui rien refuser.

« O Cœur de Jésus, écrivait-elle, soleil de mon âme, mon amour, mon atmosphère très pure, je veux être l'hostie de ma Mère, la Sainte Eglise, toujours immolée pour les pasteurs et les enfants de cette Mère affligée... Abnégation !... Amour de la Croix, de l'humiliation, du mépris !... Mort à la nature !

« Mon âme n'est plus occupée que de cette pensée, qu'elle est victime continuellement offerte sur l'Autel... C'est le sang de nos cœurs qui y doit couler et s'y mêler à celui de Jésus dans le calice du prêtre. »

Le premier avril 1886, ce fut une grande fête pour la jeune postulante. Elle allait revêtir les saintes livrées de l'Ordre du Carmel. Son cœur bondissait d'allégresse et de reconnaissance, car c'était un pas de plus vers les cimes qu'habite le Divin Epoux.

La petite chapelle était remplie d'une foule recueillie de parents et d'amis. Dans le chœur, se trouvait l'abbé Bigneau, son neveu près de lui. Tous les deux étaient attristés mais pleins d'amour pour la croix qui leur était imposée. La bonne vieille maman Bigneau avait quitté Villefranche pour embrasser encore une fois sa petite Rosa, et elle regardait, douloureusement émue, tous ces prêtres si nombreux, ces religieuses aux cornettes si variées, qui étaient venus pour faire honneur à sa chère aimée... Soudain la Miséricorde au grand complet entonna un chant triomphal. L'ancienne sous-maîtresse apparut. Tout de blanc vêtue, ainsi qu'il convient aux jeunes épousées du Christ, elle gravit lentement les marches de la chapelle, un cierge à la main. A côté d'elle, venaient son parrain et sa marraine, son cousin Coste et Mme Lepage, sœur de la vénérée Mère Anne de Jésus, dont la jeune novice avait reçu le nom très cher.

La cérémonie se déroula avec l'éclat habituel. Le chanoine Platet, supérieur du Petit Séminaire, monta en chaire et, en termes élevés, exalta l'éminente dignité de l'appel carmélitain. La messe achevée, le cortège reprit sa marche à travers les jardins. Une dernière fois, Rosa embrassa les siens qui ne pouvaient retenir leurs larmes. Un dernier salut à la foule qui l'entourait et un dernier sourire ; la porte de clôture s'entr'ouvrit. La jeune fille se proterna au pied de la croix que ses compagnes de l'intérieur lui présentaient... Puis la gracieuse apparition blanche disparut, tandis que dans le cloître retentissait l'hymne nuptial des Vierges « O gloriosa Virginum ». Rosa Peyrille quittait à jamais les vêtements du monde pour la rugueuse tunique de bure.

Trois mois après, son frère, nommé professeur au Petit Séminaire, célébrait au Carmel sa première messe. Ce fut pour la novice l'occasion d'un très gros sacrifice qu'elle révéla plus tard dans un exercice de noviciat. Elle venait d'insister fortement sur le détachement qu'une Carmélite doit pratiquer en toutes circonstances et sur la nécessité qui lui incombe de répondre aux moindres insinuations de la grâce. « C'est là, affirmait-elle, chose toujours possible avec le secours divin... Il arrive parfois que Dieu demande des riens qui immolent en nous le meilleur de notre pauvre cœur. C'est précisément ce qu'il désire !

« Tenez, mes enfants, nous sommes ici en famille, en tout petit comité. Je vais vous confier un petit renoncement pratiqué par une sœur au début de sa vie religieuse, lors de la première messe de son frère. Il est entendu que vous garderez ceci pour vous et n'en direz rien à personne. Ce serait inutile et sans profit pour d'autres que vous.

« Cette religieuse s'était réjouie longtemps à l'avance de cette première messe qui devait lui apporter tant de légitime bonheur. Les jours qui précédèrent, elle mit tout son plaisir à entendre parler des préparatifs de cette cérémonie. Pensez donc : Voir son frère à l'autel, revêtu de l'aube blanche qu'elle lui avait brodée, communier de sa main ! Elle nageait dans l'action de grâces !... Le matin même, se trouvant au chœur peu avant le saint sacrifice, elle comprit que Dieu lui demandait d'embellir encore son grand bonheur par le mérite d'un sacrifice, celui de ne pas regarder son frère. Elle sentit que cette privation lui coûterait énormément, mais elle eût la grâce d'être fidèle et ne leva pas une seule fois les yeux pour voir le jeune prêtre... Et qui sait, mes enfants, combien de grâces ce renoncement valut à ce frère et à cette sœur ! Nous le saurons au ciel. En attendant, conclut-elle, tâchez d'être bien fidèles à ces petites choses. »

La santé de Sœur Anne de Jésus, qui avait toujours été précaire, commença bientôt à décliner sérieusement et il lui fallut faire connaissance avec les adoucissements, effroi des aspirantes à la vie du Carmel. Aurait-elle assez de force pour fournir aux exigences d'une règle austère ? Cruelle question que se posait la novice aussi bien que ses Supérieures.

Elle fit preuve dans ces pénibles circonstances d'une énergie tenace, s'efforçant par tous les moyens d'échapper aux soulagements qu'on lui voulait imposer. Soupçonnant un soir qu'on voulait la dispenser de Matines, elle n'hésita pas. Dès que les Complies furent dites, elle alla se cacher dans la salle capitulaire. La Maîtresse des Novices la chercha, mais en vain. Sœur Anne de Jésus resta introuvable jusqu'au moment où la cloche se mit à sonner, convoquant la Communauté au chant de l'Office.

Son noviciat se poursuivit péniblement. Mais elle, acceptant courageusement le fardeau que son Sauveur lui donnait, elle persévérait dans la vaillance et la fidélité. D'ailleurs, sa

Maîtresse des Novices, l'austère Mère Madeleine de Jésus, veillait de près sur cette âme. Elle stimulait sa générosité, l'humiliant, la reprenant, ne lui passant rien. Elle lui témoignait sa vraie et profonde affection par une sorte d'acharnement à la faire croître en vertu, pour qu'elle donnât à Dieu et à notre Seigneur tout ce qu'ils étaient en droit d'attendre de ce sujet, admirablement doué pour la vie du cloître.

Souvent, dans la journée, quand elle en avait fini avec ses offices, Sœur Anne de Jésus raccommodait des manches d'habit. L'étoffe était dure et la grosse aiguille à repriser résistait. Bien vite fatiguée, elle s'appuyait contre sa paillasse, tournant ainsi le dos à la chapelle. La Maîtresse des Novices s'en étant aperçue, résolut tout aussitôt de faire cesser ce qu'elle regardait comme une petite immortification. Aussi, entrant un jour à l'improviste dans sa cellule et la trouvant ainsi appuyée, elle lui dit avec un aimable sourire : « Oh ! ma sœur Anne de Jésus, que vois-je ? Vous tournez le dos à votre divin voisin ! » « C'est vrai, ma mère », répondit la novice toute confuse et peinée, et elle changea immédiatement de position.

Maîtresse des Novices elle-même, elle rappelait ces petites humiliations de sa jeunesse religieuse, et elle ajoutait doucement : « Comme elle avait raison, la Bonne mère Madeleine, dans son austère pénitence. Si nous, Carmélites, nous ne faisons pas ces légers sacrifices qui ne nuisent en rien à la santé, que ferons-nous donc ? Il faut s'habituer à faire ces petites mortifications pour avoir ensuite la force d'en pratiquer de plus grandes. »

A ce régime des âmes fortes, Sœur Anne de Jésus progressait singulièrement, mais le démon, prévoyant tout le bien qu'elle était destinée à opérer, jeta le trouble en son cœur. Un découragement profond s'empara d'elle et elle fut assaillie de fortes tentations de quitter le Monastère. Journées bien douloureuses, où Dieu la jetait dans le creuset des tribulations intérieures et où la nuit obscure devint son partage. Ni son cœur ni son esprit ne pouvaient plus s'élever vers Dieu et elle gémissait dans l'amertume de son âme brisée. Après bien des luttes, elle résolut d'en finir. Elle partirait. Déjà elle avait été acceptée par les Ursulines de Périgueux, heureuses de la recevoir en leur maison, et le bon M. Bigneau était venu la chercher. Ce furent pour elle des heures de mortelle angoisse. « Il m'en coûtait de rester, avouait-elle plus tard, et il m'en coûtait de partir ! » Que faire ? Enfin, après une lutte crucifiante, elle se décida à rester au Carmel, et cette victoire sur elle-même et sur l'esprit des ténèbres lui valut des grâces exceptionnelles.

Avec ferveur, mais toujours dans la souffrance, elle continua son année de probation. Celle-ci touchait à sa fin et il était visible pour les Capitulantes que Sœur Anne de Jésus ne pourrait pas soutenir les rigueurs de l'Observance. Cependant son désir de prononcer les vœux était si ardent que la Maîtresse des Novices lui posa catégoriquement la question : « Sœur Anne de Jésus, aurez-vous le courage de pratiquer notre genre de vie ? »

— Ma Mère, répondit-elle, je ne redoute qu'une chose, c'est d'être renvoyée.

Mais Dieu qui avait des vues particulières sur cette âme, mit fin à toutes les hésitations. Le samedi 2 avril 1887, veille des Rameaux, dans toute la pleine joie de son cœur, Sœur Anne de Jésus fit sa profession.

Petite fleur de la Passion, elle ne devait pas tarder à voir s'appesantir sur elle, pour de longues années, la croix de son divin Sauveur. En attendant, la Sainte Eglise posait sur elle le sceau des Vierges. Sa consécration par la prise du Voile noir eut lieu le premier mai, en la fête du Patronage de Saint Joseph...

Du haut du Ciel, la glorieuse Reine du Carmel souriait à son enfant et laissait tomber sur elle une pluie de grâces et de bénédictions, puissant viatique dans la pénible montée de la Sainte Montagne.

Sœur Anne de Jésus fut bientôt obligée d'aller à l'infirmerie. Depuis une année, sa pauvre santé donnait des inquiétudes. Maintenant, il ne lui était plus possible d'assister aux exercices de Communauté et ce lui était grand sujet de peine. La croix qu'elle avait tant désirée s'était abattue sur ses épaules et elle en était toute meurtrie... Aidée d'une sœur, elle allait péniblement de son lit à son fauteuil où elle passait la plus grande partie de la journée. Devant elle, une table de travail. Elle avait tant peur d'être inutile à la communauté ! Aussi, surmontant sa faiblesse, elle peignait sans relâche de délicieuses gravures. Avec bonté, sa marraine, Mme Lepage, lui avait procuré des commandes assez considérables. Aussi, au travail ! Celui-ci d'ailleurs ne lui manquait pas. Chaque sœur lui en trouvait. Croyant que la chère malade avait de longues heures de loisir, toutes pensaient qu'il était charitable de la distraire en l'occupant. Et les petits travaux à exécuter affluaient. Et tel était l'accueil que la jeune Professe faisait à ses sœurs,

plein de gracieuse amabilité et de dévouement, que chacune
partait convaincue qu'elle lui avait été très agréable. Elle fit
si bien que les jours s'écoulèrent sans que les peintures
commandées fussent faites. Mme Lepage s'étonna puis en fit
la remarque. Enfin, après plusieurs réclamations, Sœur Anne
de Jésus dut avouer que son temps avait été complètement pris
par les menus ouvrages que lui avaient confiés les sœurs.

Mais que cette impuissance où elle était réduite lui était
pénible ! Obligée de tout attendre de ses infirmières, elle se
désolait de causer un tel dérangement dans la maison, de n'être
qu'un embarras, et souvent il lui arriva, par délicatesse, de ne
point sonner et de se priver ainsi de l'aide dont elle avait
besoin. Souvent en remarquait chez elle une lutte à outrance
contre la maladie. Son énergie eût voulu, envers et contre
tout, marcher et agir. Mais Dieu tenait à la réduire en cet
état d'infériorité, afin de la vaincre et de l'instruire. Il fallait
qu'elle expérimentât l'humaine faiblesse et qu'elle se formât
un fondement solide de profonde humilité.

En même temps, il la plongeait à nouveau dans les tribulations ; mais, déjà assez maîtresse d'elle-même, elle ne laissait
rien voir au-dehors de ses tristesses intimes. Avec Saint Bernard
elle aurait pu s'écrier justement :

« Comment mon cœur est-il devenu sec comme une terre
sans eau ? Il est si dur que je ne puis trouver la componction
des larmes ; les psaumes n'ont pas de saveur, la lecture a
perdu ses attraits, la prière est sans charmes, je cherche en
vain mes méditations accoutumées. Où sont maintenant cet
enivrement de l'âme, la sérénité du cœur, la paix et la joie du

Saint Esprit ? » (1). Elle aurait pu également faire siennes ces paroles de Saint Alphonse de Liguori : « J'éprouve une telle sécheresse, une si grande désolation spirituelle, que je ne trouve plus Dieu, ni dans l'oraison, ni dans la Sainte Communion. La Passion de Notre Seigneur, la divine Eucharistie, rien ne me touche. Je suis devenue insensible à toute dévotion. Il me semble que je suis une âme sans amour, sans espérance, sans foi ; en un mot, abandonnée de Dieu. »

Epreuve terrible entre toutes, mais que Dieu se plaît à imposer quand il désire faire sortir une âme de la région inférieure de l'amour pour l'élever aux degrés supérieurs. Il l'introduit dans la nuit obscure, amère et douloureuse à la partie sensible.

Il veut la délivrer du bas exercice des sens et du raisonnement qui lui fait chercher Dieu d'une manière étroite et pleine d'inconvénients. Il a dessein de l'établir dans la vie de l'esprit, où, libre d'une foule d'imperfections, elle pourra recevoir des grâces plus abondantes et s'entretenir plus intimement avec lui.

« A l'heureux temps des joies et des consolations célestes, quand le soleil des douceurs éternelles paraît, selon elle, l'éclairer et l'embraser davantage, Dieu suspend tout à coup ces splendeurs et tarit cette source d'où coulaient les eaux spirituelles dont elle savourait à longs traits l'excellence. Il l'environne de ténèbres si épaisses qu'elle ne sait plus de quel côté s'orienter, malgré les efforts de son imagination et de ses raisonnements.

---

1. *Le Saint abandon,* Dom Vital Lehodey, ch. xi. (S. Bernard, *Serm. in Cant.* liv-8).

« Non seulement elle ne trouve plus de jouissance ni de
saveur dans les exercices et les œuvres de piété, mais en outre
elle est plongée dans des torrents d'amertume, elle n'éprouve
ni goût, ni consolation dans les choses de Dieu et n'en peut
pas trouver davantage dans les créatures. Le Seigneur lui refuse
toute satisfaction et ne la laisse s'attacher à rien. Il semble lier
ses puissances intérieures, il ôte à l'entendement tout appui,
il soustrait à la volonté toute douceur et il interdit tout raisonnement à la mémoire. » (1)

« Comme un esclave soupire après l'ombre, comme un
mercenaire attend la fin de son labeur, ainsi j'ai eu des mois
vides et j'ai compté des nuits pleines d'angoisse. Si je m'endors,
je dis aussitôt : Quand me lèverai-je ?... et de nouveau je
soupire après le soir. Je suis rempli de douleur jusqu'à la
nuit. » (2)

Les ténèbres spirituelles dont l'âme de Sœur Anne de Jésus
est enveloppée, l'accablent de crainte et de doute pénible. Dieu
l'avait donc abandonnée !... Mais, n'était-ce pas sa faute ?
Elle ne cessait d'interroger son âme et de s'examiner, tant elle
voulait savoir d'où pouvait provenir cette soustraction de
grâce. En vain, sa Prieure, l'excellente Mère Marie des Anges,
s'efforce de la rassurer et veut la faire entrer dans la voie du
saint abandon. L'âme aimante de la jeune Carmélite ne peut
s'habituer à cette sensation continuelle de l'absence de son
Jésus. Elle le sait tout bon, tout aimable. Pourquoi donc s'est-il

---

1. *Nuit obscure*, L. I, ch. vii.

2. Job, vii. 2, 3, 4.

ainsi éloigné de sa petite servante ? Elle veut le savoir !... et, un jour où plus accablée encore sous le double poids de son état physique et de ses peines intérieures, elle s'en plaint : « Pourquoi donc, mon Dieu, mais pourquoi ? », une voix intérieure lui répond : « Tu seras Prieure ».

L'étrange réponse pour l'humble enfant ! Mais Dieu en avait ainsi décidé. « Celui qui n'a point d'expérience connaît peu de choses », dit l'Ecclésiaste. Aussi, pour la rendre compatissante aux souffrances du prochain et lui permettre de conduire avec sûreté les âmes dans les voies secrètes et ardues de l'union divine, il brise sa petite fleur d'amour, sans souci de ses plaintes et de ses gémissements. Il veut qu'elle renonce à toute joie, à toute consolation, si tel est son bon vouloir. Il faut qu'elle puisse, comme sa petite sœur de Lisieux, s'abandonner en tout amour et pleine confiance. « Je remercie mon Jésus, écrit l'aimable Thérèse de l'Enfant Jésus, de me faire marcher dans les ténèbres ; j'y suis dans une paix profonde. Volontiers je consens à rester toute ma vie religieuse dans ce souterrain obscur où il m'a fait entrer ; je désire seulement que mes ténèbres obtiennent la lumière aux pécheurs. Je suis heureuse, oui, bien heureuse, de n'avoir aucune consolation. »

Il plut enfin à Dieu de soulever la main qu'il avait appesantie sur sa petite épouse. D'ailleurs, peu importent à présent à Sœur Anne de Jésus les sécheresses et les aridités, les ténèbres ou l'insensibilité. Seule la volonté divine compte pour cette âme désormais pleinement abandonnée. Elle ne se plaint plus au Seigneur, et point ne lui demande : « Pourquoi, mon Dieu, pourquoi ? » Mais, de toutes les puissances de son être, elle essaie de se conformer aux désirs du Maître : « Avec vous, dit-elle, et comme vous, toujours ! » Maintenant, elle peut s'approprier la belle prière de l'âme abandonnée :

« Mon Dieu, je ne veux au monde que vous et votre très sainte volonté. J'ai le plus grand désir de croître en votre amour et dans toutes les vertus ; et, pour cela, je veux accomplir fidèlement votre volonté signifiée. Mais, pour toutes les choses qui dépendent de vous et non pas de moi, je me remets avec confiance entre vos mains, et je me tiendrai prêt à tout ce que vous voudrez, dans une simple et filiale attente. Je ne désire rien, je ne demande rien, je ne refuse rien, je ne crains pas la souffrance, parce que vous la proportionnerez à ma faiblesse. La seule chose que je veux, c'est de vous laisser me conduire à votre gré et d'acquiescer avec amour à votre bon plaisir. » (1)

L'épreuve a été suffisante. Cette âme qu'il vient de si fortement tremper, Dieu se plaît maintenant à l'inonder d'une surabondance de bien-être supérieur. L'inquiétude, le trouble, l'agitation disparaissent et font place à une paix ineffable, cette paix, qu'après la Résurrection, le Maître souhaitait aux Apôtres, comme le plus beau trésor qu'il leur pût laisser.

Dans la Communauté, les neuvaines se multipliaient pour demander la guérison de la jeune religieuse. Le bienheureux Jean-Gabriel Perboyre, son compatriote, venait d'être élevé à l'honneur des autels. Sœur Anne de Jésus montrait une grande dévotion pour ce prêtre de la Mission qui avait fécondé l'Eglise de Chine par un long et glorieux martyre. On s'adressa à lui.

---

1. *Le Saint abandon.*

Dès la fin de la neuvaine, elle pouvait marcher et se rendre au chœur pour y assister à la Sainte Messe.

Peu à peu les forces lui revinrent et elle quitta enfin cette infirmerie où elle avait beaucoup souffert sans doute, mais où son âme avait fait des pas décisifs en compagnie du divin Crucifié.

CHAPITRE II

ŒUR Anne de Jésus reprit, avec une vive reconnaissance envers Dieu et un grand contentement intime, la vie de Communauté. Désormais, la petite rose de Jésus va s'épanouir au souffle de la divine charité, dans la régularité et l'obéissance. Mère Marie des Anges la nomma deuxième sacristine. C'était un office bien minime, bien humble, mais qui ravissait l'âme si pieuse de la carmélite. De préparer les ornements sacrés, de toucher aux objets du culte, il lui semblait être plus proche encore de son Jésus. Elle se montra exacte, dévouée, pleine d'attentions pour la première sacristine. Elle eut alors fréquemment l'occasion de mettre en lumière ses qualités les plus essentielles d'ordre et d'organisation, arrivant par là à satisfaire pleinement son officière.

Et ce n'était pas chose aussi facile qu'on le pense ! Parfaite religieuse, la première sacristine était si scrupuleusement régulière et méthodique en tout, que jusque-là elle n'avait été que médiocrement contente des services rendus par ses aides. Sœur Anne de Jésus réussit pourtant à conquérir toute l'estime et l'affection de sa compagne, estime et affection qui ne firent que croître avec les années.

L'office des Tuniques lui avait été également confié. Elle succédait à une sœur ancienne dont les forces n'étaient plus à la hauteur de la bonne volonté. Aussi l'ouvrage abondait-il. Mais l'énergie ne lui faisait pas défaut et la seule pensée qu'elle se rendait ainsi utile à ses sœurs suffisait à exciter son activité. Elle se mit donc à l'œuvre de grand cœur et avec joyeux entrain. Elle se donnait chaque jour une grosse tâche à accomplir et, pour se la mieux tracer, elle commençait par enfiler toute une longue série d'aiguilles qu'elle alignait sur sa paillasse. Alors, reprisant sans relâche, elle ne levait les yeux de dessus son ouvrage que pour jeter de temps à autre un regard d'amour sur son crucifix.

Elle garda toujours un bon souvenir de ce temps de sa vie religieuse et, dans ses dernières années, il lui arrivait parfois d'offrir ses services à la sœur qui se trouvait chargée du même emploi. « Si votre charité est trop pressée, disait-elle avec un sourire, ne craignez pas de me donner quelque tunique à racommoder. J'ai fait cela pendant des années et je m'y connais un peu. Mais d'ailleurs, ajoutait-elle humblement, si je m'y prends mal, et que je gâche l'ouvrage, vous me le direz bien vite et m'indiquerez comment vous désirez que je m'y prenne. »

...Un matin, l'abbé Peyrille rentra au Séminaire, l'air soucieux, le cœur un peu gros. En son esprit, il reconstituait la scène qui l'avait si douloureusement ému, et il n'arrivait point à comprendre cette rigueur dont il venait d'être l'objet. Sa messe dite, en effet, comme chaque matin, dans la chapelle du Carmel dont il était aumônier, il allait se retirer quand il se souvint d'un message qu'il devait faire à la Communauté. Il se rendit donc au Tour et attendit. Bientôt arriva la grande Tourière. C'était Sœur Anne de Jésus. Depuis quelques jours, elle remplissait cet office important et cela avec une exactitude, un tact et une charité extrême. Que se passa-t-il en elle-même ? Elle crut sans doute que son frère allait profiter de cette nouvelle fonction qui faisait d'elle le trait d'union entre l'intérieur et le dehors, pour souvent communiquer avec elle, et dès le premier jour elle voulut le décourager. L'accueil fut plus que froid, et aussitôt la commission reçue, elle se retira, non sans lui avoir fait entendre un peu rudement qu'elle désirait ne le revoir qu'autant que la nécessité l'exigerait.

Arrivé au Séminaire, le pauvre abbé, tout abasourdi de l'aventure, raconta la chose à son supérieur, M. Platet, qui se trouvait être le confesseur des Carmélites. Celui-ci jugea que si la régularité avait été scrupuleusement observée, la charité peut-être n'y trouvait pas son compte. Il résolut d'en dire un mot à la Prieure. Mère Marie des Anges, bien que fort édifiée du renoncement qu'entendait pratiquer cette âme, pourtant si aimante, fut de son avis. On obligea Sœur Anne de Jésus à faire des excuses à son frère. On lui imposa même une pénitence. Mais elle ne put cependant pas s'empêcher, en le revoyant, de lui faire de discrètes rcommandations pour l'avenir.

Dans ce contact journalier avec les sœurs tourières, elle

s'appliqua à faciliter d'abord leurs devoirs de piété. « Qu'en toutes choses, Dieu soit le premier servi ! » aimait-elle à leur répéter, après la Bienheureuse Françoise d'Amboise. Une vie religieuse sans une vie intérieure intense ne se pouvait en effet concevoir pour elle. Elle veillait également à ce qu'elles s'appliquassent parfaitement à leur tâche de dévouement, « le service de Dieu ne pouvait, ajoutait-elle, nuire à celui de la Communauté, mais au contraire devait alléger l'obéissance et faciliter la charité. »

Elle apprit ainsi à connaître tout ce qu'il y avait d'admirable dans l'humble vocation des sœurs tourières, et elle conçut dès lors pour elles un vif attachement qui ne devait jamais se démentir.

Durant ses priorats, elle regarda toujours avec prédilection cette chère portion de son troupeau. Elle prit à cœur leur sanctification et se consacra à cette œuvre avec toute l'ardeur de son cœur maternel.

« Elle voulait nous voir souvent, disait l'une d'entre elles, et malgré ses multiples occupations, elle nous donnait bien régulièrement, tous les mois, une heure à chacune, pour s'assurer par elle-même des besoins de nos âmes. Cette chère Mère nous encourageait et nous donnait de l'élan dans la voie où le Bon Dieu nous avait appelées. Chaque semaine, elle venait au parloir faire le Chapitre, et il faisait bon l'écouter nous parler de Notre Seigneur et des devoirs de notre vie religieuse. »

Mais ce n'était point encore assez à son gré et elle pressait vivement les Tourières de recourir aux Portières pour tous leurs besoins, en leurs peines et leurs difficultés. « Il faut, leur répétait-elle, parler avec elles du Bon Dieu afin de prendre contact avec le dedans, car votre esprit et votre cœur doivent vivre en dedans. » Pour ce faire, elle recommandait souvent qu'on leur rapportât les petits traits et les paroles édifiantes remarqués en récréation, comme aussi les instructions du Chapitre, voulant par là les soutenir, les encourager et les exciter par une sainte émulation à pratiquer au Tour ce qui se faisait à l'intérieur.

« Dans nos rapports inévitables avec le monde, disait une autre sœur, notre bien-aimée Mère désirait nous voir réservées, bien que très accueillantes et affables. Dans nos sorties, il fallait nous presser, ne jamais nous attarder et avoir toujours un maintien grave et modeste. Soyez, nous disait notre bonne Mère, comme la colombe de Noé, qui, ne trouvant pas où se poser, revint bien vite dans l'arche. Revenez vite vous aussi dans le cher abri que vous a ménagé le Seigneur et gardez la clôture autant qu'il vous sera possible. »

Même pendant sa dernière maladie et malgré son abattement, Mère Anne de Jésus tenait à voir ses chères Filles du Tour, à leur parler, à les bénir. Rassemblant alors toutes ses forces, elle se levait péniblement et arrivait au parloir, appuyée sur sa charitable infirmière. Mais un jour vint où ses forces trahirent son cœur maternel. Elle ne put se rendre à la grille. Dès lors elle leur envoya de bons petits billets qu'elle rédigeait sans souci de sa faiblesse et de la fatigue.

A une sœur affligée, elle envoyait ce véritable mot d'ordre : « Unissons notre sacrifice à celui de Jésus, victime et Hostie ;

soyons fortes et généreuses pour ne reculer devant rien, en face de la volonté de Dieu. Tout ce qu'il veut est le meilleur ! »

Une autre fois, elle écrivait : « Mon enfant, je vous bénis et je prie Jésus de vous bénir lui-même afin que toutes vos infidélités soient effacées et que son amour entre bien avant dans votre cœur... Oui, vivez dans l'abandon et la confiance, c'est la voie la meilleure. »

« Ma chère enfant, courage ! le chemin est rude, mais le Ciel en sera le terme pour nous et les pauvres pécheurs !... Heureuse victime à qui Dieu donne des répugnances pour doubler votre mérite ; remerciez ce doux Maître de vous faire suivre la voie qu'il a suivie lui-même. »

Souvent le ton s'élevait et de merveilleuses considérations naissaient sous sa plume. Tel ce billet qu'elle fit un jour passer à une Tourière pour recommander la pratique de l'humilité : « J'aime beaucoup à m'unir aux anéantissements de la Très Sainte Humanité de Notre Seigneur, en présence de sa divinité. Oh ! comme elle dut s'abîmer devant le Verbe de Dieu, cette Très Sainte Humanité qui, étant créée dans l'état de grâce parfait, comprenait si bien la profondeur des abaissements divins ! Que ses adorations devaient être profondes et ardentes! Prenez cette pratique, elle est très bonne, vous en retirerez de grands fruits. »

Quelques jours à peine avant sa mort, une sœur exprima le désir d'avoir un mot de la vénérable Mère sur un point qui la préoccupait. « Mais, ajouta-t-elle bien vite, ce n'est peut-être plus possible. Notre Mère est trop malade. » La sœur Portière transmit néanmoins la demande à la Prieure. « Oh ! la pauvre petite... fit celle-ci, oui, bien sûr !...» Et, comme on essayait de s'y opposer : « Mais si, mais si !... » affirma-t-elle, et, de sa main mourante, elle traça les lignes attendues.

... La grande Tourière avait bien vite remarqué que, pour ordonner leur vie, les sœurs du Tour avaient peu de données stables. Aussi s'empressa-t-elle de leur fixer par écrit une sorte de petit règlement approprié aux nécessités courantes. Ce n'était sans doute encore que quelques notes éparses, mais déjà en son esprit germait l'idée de règles fixes, d'un directoire définitif. Cependant bien du temps devait s'écouler avant qu'elle eût pu réaliser entièrement ce projet. Ce devait être seulement l'œuvre de ses dernières années.

L'année 1891 trouva Sœur Anne de Jésus infirmière. Elle aima beaucoup ce nouvel office où il lui était enfin possible de rendre à ses Sœurs les soins dévoués que pendant tant de mois de souffrances elle en avait reçus. Elle s'y montra d'une activité débordante, tenant sa petite pharmacie dans un ordre parfait ; recueillant dans le jardin précieusement toutes sortes de plantes médicinales qu'elle enfermait dans des boîtes dûment étiquetées. D'une grande douceur avec les malades, elle se montrait prévoyante, attentive, toujours aimable et souriante, mais elle gardait le souci constant de concilier les devoirs de sa charge avec les exigences du silence. Elle évitait toute parole inutile, se gardant ainsi dans la régularité et préservant les Sœurs qu'elle secourait du moindre manquement.

Une épidémie d'influenza se déclara dans Bergerac dès le début de novembre. Tous les quartiers de la ville furent contaminés et ce n'étaient tous les jours que glas et convois funèbres. En un après-midi, la plus grande partie de la Communauté fut obligée de s'aliter. Sœur Anne de Jésus tint bon. Elle parcourait les cellules, un pot de tisane à la main, se forçant à sourire afin d'encourager. Mais ces fatigues trop fortes eurent tôt fait d'épuiser la résistance d'un corps demeuré débile. Elle tomba à son tour malade et il ne resta bientôt plus que trois Sœurs un peu valides qui se traînaient pour soigner leurs compagnes.

Un voile funèbre semblait étendu sur le Monastère. L'angoisse étreignait les cœurs, car la mort semblait prête à faire des victimes. Quatre religieuses donnaient les plus vives inquiétudes et Mère Marie des Anges, la Prieure, se mit à délirer. Un mois se passa ainsi. Alors les portes des différentes salles de Communauté restèrent fermées, les tables du réfectoire se couvrirent de moisissure et nulle sœur n'avait plus ni le temps, ni la force d'entretenir les cloîtres et les couloirs. Le boulanger ne venait plus et tout le pain que contenait la maison fut envoyé à l'Orphelinat.

L'office divin cependant ne fut pas interrompu. Le soir venu, deux Sœurs, après avoir visité une dernière fois les malades, s'agenouillaient dans le chœur, et, à la lueur pâle d'une lampe, elles psalmodiaient Matines et Laudes.

Dieu se contenta d'une seule victime. La Mère Prieure ne put assister sa Fille bien-aimée et quelques sœurs, à grand'peine suivirent son enterrement. Peu à peu, l'épidémie disparut et les Carmélites reprirent leur vie accoutumée.

Mais tant de souffrances et tant de fidélité dans l'épreuve allaient valoir à la Communauté une grâce signalée. En effet, le 4 septembre 1892, le Carmel du Sacré-Cœur de Jésus abandonnait l'observance Bérullienne ou française pour se ranger définitivement et par actes officiels sous les Constitutions régissant la grande majorité des Monastères de carmélites dans le monde entier.

Pour comprendre l'importance de ce changement et ses motifs, il n'est peut-être pas mauvais de jeter un rapide coup d'œil en arrière.

En France, au siècle dernier, les Monastères étaient divisés en deux branches distinctes, bien que relevant tous également et en vérité de la juridiction des Ordinaires. Les uns, soumis aux Constitutions telles qu'elles avaient été approuvées par le Chapitre d'Alcala, en mars 1581 — constitutions ayant été données comme règle aux Carmélites françaises par le cardinal de Bérulle. Les autres monastères suivaient aussi ces Constitutions de 1581, mais avec les légères modifications apportées en quelques points par les Souverains Pontifes Sixte-Quint, Grégoire XIV et Urbain VIII.

Le Carmel de Bergerac suivait l'Observance Bérullienne comme celui de Montpellier dont il était issu.

Vers 1860, plusieurs Prieures françaises s'étant éclairées à Rome sur des difficultés d'observance, comprirent quel était le plus sage parti à prendre. Après autorisation de la Sacrée Congrégation des Religieux et de leurs Evêques respectifs, elles se rangèrent sous les Constitutions revêtues de l'approbation des Souverains Pontifes. Ces changements excitèrent dans les Carmels des dissensions et des troubles qui essayèrent de franchir l'enceinte de celui de Bergerac. Mère Marie des Anges y mit bon ordre, veillant à ce qu'aucun bruit du dehors ne pénétrât dans son jardin fermé.

D'autres incidents survinrent, qui préoccupèrent davantage encore les filles de Sainte Thérèse. A la suite de nouvelles démarches la Sacrée Congrégation des Religieux étudia à fond la question. Un décret parut le 27 août 1887, par lequel Sa Sainteté Léon XIII refusait tout changement dans les Constitutions données par le cardinal de Bérulle ; en outre, il divisait en quelque sorte les Carmélites françaises en deux catégories : celles qui sont régies par les Constitutions approuvées du Saint Siège et celles qui pratiquent l'Observance Bérullienne.

En recevant le précieux document, l'âme de Mère Marie des Anges en fut comme toute illuminée. Comprenant dès lors le désir du Saint-Père, en vraie fille de la Sainte Eglise et de Sainte Thérèse, elle n'eut qu'un désir, celui de rapprocher davantage sa famille religieuse du Siège de Pierre et de la rattacher à l'antique et vénéré tronc du Saint Ordre du Carmel en embrassant les Constitutions approuvées.

Considérant alors de son devoir de découvrir à ses Sœurs tout l'état de cette grave question, elle reçut d'elles l'unanime réponse : « Puisque nous nous disons filles de l'Eglise, montrons que nous le sommes sans réserve, et adoptons ce qu'elle a revêtu de son autorité. »

Le moment opportun à une transformation ne semblait cependant pas être venu encore. On attendit. Par la suite, deux demandes adressées à Mgr l'Evêque du diocèse ne reçurent pas un accueil favorable. La Communauté ne se rebuta point et continua à faire monter vers le Ciel ses plus ferventes prières, intéressant à sa cause ses saints Protecteurs. On arriva ainsi jusqu'en octobre 1891 sans que rien vint apporter le plus petit espoir. Mais le 12 au soir, tandis que toutes les sœurs se trouvaient en oraison, la Mère Marie des Anges sentit en elle un vif mouvement intérieur qui la pressait de faire une troisième démarche. Se souvenant de l'échec des précédentes tentatives et craignant un nouveau refus, elle repoussa énergiquement cette inspiration comme ne venant pas de Dieu. Elle dut bientôt céder, vaincue par l'assurance de la présence sensible de la grande Sainte Thérèse qui l'invitait à réitérer sa demande, lui promettant plein succès.

Aussitôt elle écrivit à son Supérieur afin d'obéir au céleste avertissement.

Deux jours après, tandis qu'à l'Office de Prime, la lectrice du Martyrologe annonçait la fête de la séraphique Mère, la Prieure reçut, dans la surprise et la joie, une lettre de Mgr de Périgueux, bienveillante et affectueuse, accordant à ses chères Filles, avec sa meilleure bénédiction, liberté entière d'embrasser les Constitutions approuvées, ainsi que le Cérémonial et les Usages Réguliers. Réunies immédiatement dans la salle du Chapitre, les Moniales entendirent la lecture si paternellement bonne à laquelle personne ne s'attendait. L'intervention divine était par trop visible !... L'action de grâces débordait de tous les cœurs tandis que l'émotion mouillait bien des yeux. Un cantique d'allégresse fut entonné spontanément et toutes se rendirent à l'ermitage de leur Mère Sainte Thérèse pour lui exprimer leur tendre reconnaissance.

Nous ne tairons pas qu'en 1892, la réalisation du changement voulu exigea de la part de la Communauté bien des actes et des renoncements. Ce n'est pas en vain que depuis quinze, trente et quarante ans on a vécu dans l'habitude de certains usages dont on s'est fait comme une seconde nature...

Mais à l'âme de sincère bonne volonté la grâce divine est départie en abondance. Il y eut donc matière à nombreux sacrifices, mais ils furent accomplis par toutes avec vaillance, générosité, et nulle ne consentit à rester en arrière dans ce mouvement de ferveur par lequel Dieu ne put qu'être grandement glorifié.

Sœur Anne de Jésus accueillit avec bonheur les nouvelles Constitutions. Son âme en reçut comme une impulsion plus vigoureuse dans l'exercice des vertus carmélitaines. Puis, à mesure qu'on avançait dans la pratique de cette observance, l'esprit attentif de la jeune religieuse aperçut clairement les avantages inappréciables qui en résultaient pour les âmes. Avec le silence, l'esprit de solitude et d'oraison accroissaient singulièrement l'union des cœurs. Alors, un grand désir s'empara d'elle pour ne plus jamais la quitter : celui de procurer à tous les Carmels français semblables bienfaits. Dès cette époque, elle multiplia les prières et sacrifices pour l'union de tous les Monastères sous les mêmes lois et dans le même esprit fraternel, car dans son cœur aimant le suprême désir de Jésus avait trouvé un écho profond : « Sint unum ! *Qu'ils soient un* ».

De l'accomplissement de ce souhait divin elle augurait une si grande fécondité et une telle abondance de grâces, qu'au soir de ses noces d'argent elle promit à Notre-Seigneur de travailler de toutes ses forces à cette cause qui lui était si chère.

Plus tard, poussée par la grâce et par son zèle ardent pour

le bien commun, elle offrit sa vie pour l'Union, offrande qu'elle renouvela avec un incroyable amour en 1926, sur la table d'opération... Et pendant les derniers mois où la maladie la tenaillait sur sa pauvre couche, rien ne lui parut trop douloureux ni trop crucifiant, tellement elle se sentait heureuse de s'immoler pour son Ordre et pour l'Eglise.

C'est dans les fonctions d'infirmière et de Grande Tourière que les élections de 1893 vinrent chercher Sœur Anne de Jésus pour l'élever à la charge de sous-prieure. Elle avait 29 ans ! Mais son âme, forgée dans le sacrifice et le saint abandon, était prête et la Communauté n'eut qu'à se féliciter de ce choix. La jeune sous-prieure brilla constamment par un parfait esprit religieux. Toujours simple et bonne, elle seconda ses Mères Prieures avec une abnégation et un dévouement complet. Trois ans plus tard, elle put craindre d'être appelée à porter le fardeau du Priorat, mais cette fois encore Dieu écouta ses supplications et, un jour qu'elle se répandait en adoration devant lui, il lui sembla entendre une voix qui lui disait : « Ne crains rien ! »

Dix ans devaient encore se passer avant qu'elle reçut la direction du Monastère. Dix ans pendant lesquels Notre Seigneur se plaira à mûrir cette âme de choix par l'abondance de son amour et de ses croix, afin que, l'heure venue, elle put assumer vaillamment la conduite des âmes.

Elle fut aussi chargée du Noviciat. C'est avec un sentiment très développé de sa responsabilité et une confiance invincible en la force de l'obéissance qu'elle prit en mains la formation religieuse de celles qui représentaient l'espoir et l'avenir du

Monastère. Déjà on remarquait en elle cette sûreté dans la doctrine et cette douce fermeté qui trouveront leur épanouissement plus tard, lorsque, malgré la charge du Priorat, elle s'occupera à nouveau de celles qu'elle appelait aimablement « les agneaux de sa bergerie ».

« Mes enfants, leur répétait-elle souvent avec Saint Jean de la Croix, fortifiez-vous dans la loi, car par elle vous serez glorifiées. Je veux que vous soyez des âmes de conscience et de confiance ; qu'on puisse vous employer utilement dans tous les offices de la maison. »

Elle sentait toute la grandeur de la vocation claustrale et elle n'épargnait rien pour rendre ses enfants plus dignes d'être les épouses du Roi Jésus.

« A quoi, leur disait-elle un jour, auraient servi tant de larmes, tant de souffrances, tant de sacrifices imposés à vos familles, si vous ne persévériez pas ? Du courage !... C'est du Seigneur que vous avez reçu la vocation religieuse, gardez-en donc l'esprit. Votre vocation perdue, vous retourneriez au siècle et ne risqueriez peut-être que votre propre salut ; mais l'esprit de votre vocation perdu, vous occuperiez inutilement au cloître la place d'une âme fervente, vous nuiriez à ce Saint Ordre de qui vous avez tant reçu et aux compagnes qui vous entourent, et les âmes qui auraient pu profiter de votre fidélité se perdraient. » A ce moment-là, ses yeux se levèrent vers le ciel comme pour le prendre à témoin, et sa voix se fit frémissante : « Sachez-le, je ne le pourrai souffrir ; et, malgré la tendresse que je vous porte et à cause même de cette tendresse, j'aurais le courage de vous prendre et de vous jeter par delà les murs de clôture ! »

« Il faut, continuait-elle, que notre Seigneur soit sur la croix jusqu'à la fin du monde, dans la personne de ses épouses ou des âmes consacrées et qu'il continue en elles le grand sacrifice du Calvaire. Heureuses celles qui sont appelées à partager le sort du Maître !... Dieu a des desseins sur toute âme. Le propre de Dieu est la constance ; lorsqu'il veut faire atteindre un but, il donne les moyens. A nous de les utiliser !... Le propre de l'homme est l'inconstance. Mais la miséricorde de Dieu y supplée. Puisque cette dernière est infinie, le temps perdu peut être rattrapé. La première heure est aux habiles, la deuxième est aux sages et la troisième est aux saints...

« ...L'âme remplie de défauts est comme un encensoir rempli de charbons dont le feu promet d'être un foyer incandescent et ardent. Il faut nous prendre comme nous sommes, ne rien désirer de plus que ce que nous avons... Tout ce que nous sommes, nous le sommes par la volonté du Bon Dieu. Or, il est l'éternelle sagesse. Quelle est donc la sagesse humaine qui s'y peut comparer ?

« Ce qui importe, c'est que nous ne cessions pas de monter l'échelle de la perfection, dont les échelons sont nos efforts constants. Au bout est le succès, c'est certain, mais son heure appartient à Dieu. Lui seul sait ce qui nous est bon ; notre petite sagesse humaine le voudrait sur le champ ; si Dieu nous exauçait, nous n'échapperions pas à l'orgueil. Au contraire, un long labeur, le plus souvent doublé d'humiliations, nous prépare la vie éternelle. Bien moins que nos parents, Dieu ne nous donnera pas de scorpion, lorsque nous demanderons du pain. Bénissons-le donc de nos défauts et de ce qui lui déplaît le plus en nous. »

Quelques fois elle renfermait sa pensée dans une formule brève, précise, nette et incisive qui la gravait fortement dans l'esprit de ses auditrices.

« On donne volontiers sa vie pour sa famille et sa patrie. Et pour Dieu ?... Est-ce donc une moindre chose, une moindre gloire ? Disons-lui plutôt : Cœur pour cœur, vie pour vie ! »

« La pusillanimité, c'est l'orgueil qui rentre ; la présomption, c'est l'orgueil qui sort. »

« Faites-vous une volonté, c'est possible, par le renoncement perpétuel. »

« Ne faites jamais rien en dehors de l'autorité, car il est très difficile, pour ne pas dire impossible, d'agir ainsi sans faire quelques petites brèches à nos devoirs religieux, cas toujours très grave pour une épouse de Jésus. »

« Il ne faut pas d'étroitesse d'esprit pour envisager une vraie dévotion. Il suffit pour être une personne d'oraison d'être sincère dans la volonté constante de servir le Maître. La contemplation ne consiste pas à être en prières si le devoir nous appelle ailleurs. Une âme ne se dispose jamais tant à devenir ou à être âme contemplative, qu'en faisant la volonté divine quelle qu'elle soit. Le Bon Dieu n'est que là où il nous appelle et nous le cherchons vainement où notre propre volonté nous conduit. Or, pour nous unir à lui, il faut que nous le trouvions. Qu'importe alors le lieu où il nous donne rendez-vous ? »

La sous-prieure donnait d'ailleurs vaillamment l'exemple à ses novices et dans tous les offices qu'elle assurait, elle se livrait entièrement. Parfois il lui en coûtait beaucoup, mais elle essayait de ne le point faire paraître et gardait un visage souriant.

Chargée pendant quelque temps de la bibliothèque, elle voyait arriver chaque dimanche matin une sœur du Voile blanc, religieuse d'une rare bonté et d'un dévouement éprouvé, mais un tantinet originale. Mère Anne de Jésus comprenait aussitôt. Il fallait aller à la bibliothèque. Là, en face des rangées de livres, la bonne sœur entrait en une admirative contemplation. Elle les désirait tous et ne savait jamais se décider. Un ouvrage lui était-il remis, elle le regardait, l'ouvrait, le fermait, le feuilletait... puis elle en demandait bientôt un autre, sans cesse à la recherche « du meilleur auteur, de celui qui ferait le plus de bien à sa pauvre âme. »

Ainsi tout doucettement s'écoulait la matinée du dimanche, sans que jamais la Sous-Prieure eût montré la moindre impatience pour le temps précieux qu'elle perdait, sans grand profit d'ailleurs pour la sœur converse, si ce n'est la joie profonde de se trouver au milieu de ses chers auteurs. Néanmoins, quand elle la voyait arriver, Mère Anne de Jésus tirait bien vite un grain de son défi. Le défi, il le faut dire, est une sorte de chapelet qui sert à compter les mortifications de la journée. Et le sacrifice était si gros pour elle de quitter sa chère solitude ! Mais un jour la sœur s'en aperçut et désormais lorsqu'elle venait, elle lui disait finement : « Ma Mère, je viens vous faire tirer un grain ! » Et Mère Anne souriait.

L'année 1906 arriva. Son horizon était plutôt sombre, car la persécution battait son plein. De tous côtés, on ne voyait que des Religieux prenant tristement le dur chemin de l'exil. Chaque semaine, par un simple décret ministériel, une longue liste d'établissements d'enseignement libre étaient fermés. Il n'en restait déjà presque plus, et les derniers survivants ne se faisaient point illusion sur le sort qui les attendait.

De cette immense croix qui pesait si lourdement sur l'Église de France, les Ordres Contemplatifs eurent une glorieuse part. Leurs Monastères devaient être soumis à une surveillance sévère et à toutes les tracasseries qu'il plairait aux impies de leur imposer. Beaucoup s'exilèrent, préférant l'amertume de la terre étrangère à des vexations qui souvent violaient leurs saintes lois. Volontiers le Carmel du Sacré-Cœur eut émigré lui aussi, mais les nouvelles fondations sont coûteuses, et mince était son budget. Contre tant de craintes et d'alarmes une seule ressource restait aux Religieuses : la prière.

Les supplications se firent plus ardentes, les sacrifices plus nombreux. Mère Marie des Anges fit même le vœu, au nom de son Carmel, d'une procession solennelle pendant dix ans, si Dieu leur gardait leur saint asile... Avec confiance, on attendit.

Mais en avril, alors que déjà dans le jardin du monastère les arbres se couvraient de feuilles et de fleurs, la vaillante Prieure ressentit les premières atteintes de la maladie de foie qui la devait emporter.

Pendant six mois, elle supporta avec une merveilleuse résignation des souffrances atroces. Mère Anne de Jésus, reprenant alors sa tâche d'infirmière, s'installa à son chevet. Jour et nuit, elle veilla tendrement sur la vénérée malade, la disputant à la mort et de mille façons s'ingéniant à la soulager.

Cour d'entrée du Monastère

Malgré cette absorbante préoccupation, elle n'oublia point qu'elle était sous-Prieure et que la bonne marche de la Communauté reposait désormais sur elle. Dans ces circonstances particulièrement difficiles, elle se montra pleine de tact et d'un délicat savoir-faire. Elle savait être bonne pour toutes les sœurs, patiente, attentive et prévenante ; et, malgré tous les soins à prodiguer à la bonne Mère, elle se trouvait partout avec la Communauté pour y maintenir la régularité, le bon esprit et le courage. Car il en fallait à toutes pour voir souffrir leur Prieure avec tant d'acuité, sans pouvoir, ni par leurs prières, ni par des sacrifices volontaires, rendre un peu de santé à celle dont la couronne au ciel était achevée.

Bientôt tout espoir fut perdu. Mère Marie des Anges fit généreusement le sacrifice de sa vie et, le 5 août, reçut avec des sentiments de piété admirable les derniers sacrements. Deux mois encore elle souffrit, associée de plus en plus à la croix de son Sauveur. Puis, le 29 septembre, au milieu des larmes et des prières de toutes ses Filles, elle s'éteignit doucement, l'âme débordante de confiance en ses destinées éternelles.

CHAPITRE III

L E 24 octobre suivant, Mère Anne de Jésus était élue Prieure du Carmel du Sacré-Cœur. C'était pour l'humble carmélite une période toute nouvelle qui s'ouvrait dans sa vie religieuse et où elle devait donner toute sa mesure. Se donner ! Ç'avait été le but de toute sa vie et jusqu'ici elle l'avait fait sans compter. Mais son élection au Priorat semble avoir agrandi son cœur. Il lui paraît que jusque-là elle n'a rien fait et volontiers elle répèterait qu'elle est une servante inutile ! Se donner ! Elle veut le faire avec un complet abandon et un oubli parfait d'elle-même pour l'Eglise et pour son Carmel. Qu'elle soit « la victime, l'immolée, l'hostie d'amour » et ses vœux seront comblés. Aussi est-ce sous le signe de la croix que Dieu veut qu'elle entre en charge. Il sait qu'elle en est digne. Il ne lui ménagera pas les épreuves. C'est là sa spéciale marque d'amour, comment la lui refuserait-il ?

L'horizon s'est à nouveau assombri. « Nous espérions, dit la Chronique du Monastère, que les ennemis de Dieu et du bien nous oublieraient dans l'ombre de notre solitude, lorsque, dans le courant de 1908, nous crûmes le moment venu de chercher un asile en cas d'expulsion. » Mère Anne de Jésus ne se laissa pas abattre par la perspective d'une prochaine catastrophe. Elle se sentit devant Dieu responsable de sa Maison et surtout de l'âme de ses chères Filles. Elle voulut lutter avec toute son énergie de Prieure et de Mère, et tout ce qui était humainement possible, elle décida de le tenter pour sauver du désastre définitif la Communauté qui lui était confiée. Dès septembre 1908, elle chercha des appuis pour la conseiller et l'aider dans cette montée d'un nouveau calvaire. Elle se tourna tout naturellement vers la famille qui s'était toujours montrée la protectrice-née du Carmel de Bergerac et qui semblait avoir fait de ce dévouement jamais démenti comme une de ses plus glorieuses traditions. Elle écrivit en effet au comte Joseph de Saint-Exupéry et lui exposa ses craintes.

« Monastère du Carmel de Bergerac, 13-7-1908.

« Monsieur le Comte,

« Je voudrais vous communiquer quelque chose de très sérieux.

« Ma Sœur X... me dit que vous venez de temps en temps à Bergerac. Si votre première visite n'était pas trop éloignée et s'il n'était pas indiscret de vous prier de passer, je serais bien heureuse de vous voir.

« Vous allez penser que j'ai beaucoup d'audace ; je le reconnais moi-même et j'en suis déjà toute confuse, mais je

connais aussi votre bon cœur qui sait s'oublier pour la bonne
cause quoi qu'il puisse lui en coûter... »

Mère Anne de Jésus ne s'était pas trompée, et c'est avec
élan qu'elle se hâte de remercier celui qui vient de lui affirmer
à nouveau son attachement illimité à la cause du Carmel.

D'ailleurs le danger se précise ; l'expulsion ne fait plus de
doute. Il faut agir.

« Bergerac, 17 septembre 1908.

« Je suis profondément touchée de votre généreux dévouement. Je n'attendais pas moins de votre grand cœur. Il fallait
bien que je le connusse pour m'adresser à vous avec tant de
liberté. Merci, mille et mille fois...

« Laissez-moi maintenant vous faire une communication qui
nous a été transmise de bonne source... Nous sommes menacées
d'expulsion pour ces vacances. Vous savez qu'une liste a déjà
paru dimanche dernier, fermant immédiatement vingt-sept
maisons religieuses. C'est épouvantable... Si encore on avait un
délai, mais être jetées à la porte dès qu'on a connaissance du
décret, c'est inouï !...

« Dans tous les cas, nous ne sortirons que par la force !
Nous voulons protester selon nos faibles moyens contre l'ini-
quité de la spoliation ! Si vous étiez à Cardou au moment
de la débâcle et si nous étions sûres du jour, je vous inviterais
à venir nous défendre et à protester avec nous : il me semble
que votre place serait bien marquée à cette heure auprès des
Carmélites que votre chère famille a toujours si bien protégées
et secourues... »

Il faut assurer cependant un logement à la Communauté menacée. Les yeux de Mère Anne de Jésus se tournent vers l'hospitalière Belgique où déjà se sont retirées tant de maisons religieuses. Un voyage au-delà des frontières paraît nécessaire. L'évêque de Périgueux désire, autant que faire se peut, éviter toute déception à son cher Carmel. Il faut que la Prieure parte afin de voir sur les lieux les possibilités d'installation. C'est pour elle un grand sacrifice, mais le service de Dieu avant tout ! Courageusement elle se résigne à quitter sa chère clôture et, le 12 octobre, elle mande la nouvelle au Comte de Saint Exupéry :

« Monseigneur notre Evêque vient de me faire savoir qu'il tient absolument à ce que j'aille voir le Carmel de X... dès maintenant, afin de bien examiner si la fusion proposée peut se faire sans aucun détriment pour la ferveur et la régularité.

« Puis, s'il y a lieu, nous nous rendrons à F... ou à M..., petite ville de la frontière, pour y arrêter un des immeubles qu'on nous y propose et qu'on pense pouvoir nous convenir.

« Il me faudrait là quelqu'un d'intelligent, de dévoué et d'entendu pour m'aider à négocier bien des choses délicates, soit à X..., soit ailleurs. Je me suis rappelé qu'à votre première visite, vous m'aviez proposé de m'accompagner dans ces recherches. Pourrais-je espérer, Monsieur le Comte, que vous consentiriez à me rendre ce même charitable office que le bon Ange Raphaël rendit à Tobie ?

Dans ce cas, nous pourrions modifier le premier projet, c'est-à-dire passer voir les immeubles sans nous arrêter avant d'aller à X... ; puis, pour ne pas vous faire perdre de temps et vous retenir trop loin de votre chère famille, vous me conduiriez voir la Prieure de N... et, après un court séjour, vous regagneriez la France.

« Je m'arrangerais pour le retour comme je le pourrais ; il me semble que j'aurais alors moins de répugnance pour voyager seule que pour l'aller.

« Voudriez-vous être assez bon, Monsieur le Comte, pour me dire sans trop tarder ce que vous pensez de ces projets et s'il vous est possible de m'aider à les réaliser. Je ne doute pas de votre bonne volonté, mais je sais aussi que des devoirs impérieux ne permettent pas toujours de faire tout ce qu'on désirerait... J'oubliais de dire que Monseigneur veut absolument que je sois en séculière pour le voyage et Sa Grandeur désire que je parte le plus tôt possible à cause du décret et de la mauvaise saison qui va commencer. »

C'est chose décidée. A la grâce de Dieu ! Mère Anne de Jésus se confie à la Providence et au grand ami du Carmel à qui elle écrit encore le 15 octobre :

« J'ai reçu votre bonne lettre... Bien volontiers nous attendrons que vous soyez libre pour entreprendre notre voyage. Je vais écrire à mon frère pour savoir s'il pourrait disposer de quelques jours pour nous accompagner. Je ne pense pas qu'il puisse le faire.

« Je vais tout préparer pour le mieux. La Mère Prieure de X... est avertie, une dépêche de Paris lui annoncera la date et l'heure de l'arrivée... Nos sœurs sont très occupées, elles font un triage de nos affaires. Nous ne gardons que le strict nécessaire ; nous nous habituerons ainsi à une plus rigoureuse pauvreté. La persécution est une excellente chose puisqu'elle détache de tout. Nos Sœurs sont admirables d'élan et de générosité pour tous les sacrifices ; je ne puis assez louer Dieu de leurs parfaites dispositions. »

Ce fut le 3 novembre, vers 9 heures du soir, que Mère Anne de Jésus, accompagnée d'une Sœur tourière, quitta le Carmel de la rue Valette pour s'en aller au loin préparer un refuge à sa Communauté. Son cœur était bien gros en franchissant la clôture où ses Filles l'avaient accompagnée, mais son âme restait forte dans la séparation, confiante en Celui qui est le soutien de toute faiblesse. Fidèle à sa promesse, le Comte Joseph de Saint-Exupéry l'attendait à la porte.

La première étape était Paris. Voulant être agréable à ses compagnes de voyage, le gentilhomme leur fit traverser la ville en landau découvert afin de leur permettre d'admirer les beautés de la Capitale. Il leur proposa aussi de les conduire à Montmartre où s'élevait le merveilleux monument dédié au Sacré-Cœur par la France catholique. Mais la Prieure, cachée sous un long voile de crêpe, ne désirait rien du monde qu'elle avait quitté. Pas une fois ses yeux ne s'ouvrirent sur les édifices célèbres qu'elle rencontrait sur la route et, pendant tout son voyage, elle observa si bien l'esprit de clôture, que jamais elle n'entra dans une église qui ne fût celle de la Communauté où elle mettait pied à terre.

On arriva enfin rue de Vaugirard, au Monastère de la Visitation, où nos voyageuses étaient attendues. Les religieuses se trouvaient à la chapelle où, après la Sainte Messe, une parente de Sainte Jeanne de Chantal allait prononcer ses vœux. Les Carmélites s'y rendirent et communièrent. On se sent toujours plus fort avec Jésus dans le cœur !... Après la cérémonie, elles reçurent de la Supérieure l'accueil le plus empressé et, après une nuit de repos, elles prenaient le train de Belgique.

On descendit à Marches, petite ville du Luxembourg belge. En 1901, les Révérends Pères Carmes, expulsés de France, y avaient établi un couvent régulier et une école apostolique. Mère Anne de Jésus devait trouver auprès de ces bons Religieux, à qui les difficultés de leur installation avaient fait explorer la Belgique, les indications nécessaires et les meilleurs conseils.

A X..., où elle demeura deux jours, elle rencontra une Prieure française qui avait dû s'exiler en 1901. Elle s'empressa dès son arivée de quitter ses vêtements séculiers et reprit son habit religieux avec un simple voile de tourière. Chaque matin, M. de Saint-Exupéry venait la prendre et, avec elle, visitait les immeubles en vente dans la ville ou dans les environs. Mais rien de ce qu'on voyait ne pouvait convenir. Le Père Joachim, prieur du Couvent de Marches, fut d'avis qu'il serait moins onéreux de bâtir un Monastère régulier que d'aménager des bâtiments déjà existants. Il chargea donc un de ses religieux, expert dans la partie, le Père Paul de Jésus, de faire un devis approximatif et, désormais, tout en visitant plusieurs domaines, on se mit à la recherche d'un terrain.

Cependant le Comte, rappelé par ses affaires, était rentré en France. Malgré sa fatigue, Mère Anne de Jésus lui envoie de longs billets où elle le tient au courant des démarches accomplies. La plupart sont datés de Védrin. Dans cette localité, les Sœurs de Montpellier avaient élu domicile. Elle s'y sent chez elle et s'y réfugie avec bonheur dès que ses courses sont achevées.

Elle écrit le 8 novembre, d'une plume rapide, mais avec tout son cœur :

« Le temps nous a paru bien long depuis votre départ ; hier et aujourd'hui, je ne cesse de vous envoyer nos bons Anges gardiens pour vous préserver de tout accident. Une toute petite carte de vous me ferait bien plaisir et me rassurerait sur votre voyage.

« Nous sommes encore au Carmel de X... jusqu'à demain matin lundi ; nous partirons par le train de 9 heures. La Révérende Mère Prieure a bien voulu me prêter son indicateur de sorte que j'ai pu faire notre itinéraire. Hier, nous avons encore reçu deux lettres nous proposant des immeubles ayant été habités par des religieuses ; l'un d'eux se trouve près de Rochefort en allant à Marches ; le second est à Namur ou tout près. Une Communauté de religieux Prémontrés pourrait nous donner les secours spirituels. J'ai écrit pour demander tous les détails possible sur le local, la propreté, le voisinage, la facilité de l'accès ; il me semble n'avoir rien omis pour me fixer avant de voir et aussi pour m'éviter une course si la chose ne pouvait réussir.

« Je sens que vous m'avez laissé votre bon ange et j'offre toutes les répugnances, toutes les fatigues, en un mot tous les sacrifices de ce voyage à Notre Seigneur, afin qu'il répande sur vous et sur tous les vôtres ses bénédictions spirituelles et matérielles ; ce bon Maître ne peut manquer de vous bénir puisqu'il doit acquitter lui-même les dettes de reconnaissance contractées par ses épouses.

« J'ai écrit hier à Bergerac... J'ai annoncé votre visite à la Mère sous-Prieure. Vous direz que je ferai l'impossible pour rentrer bientôt ; mais il faut que tout soit fini avant mon départ et il me semble imprudent d'avoir l'air trop pressée de conclure l'achat : avec un peu plus de temps, il me sera facile d'obtenir quelques réductions... Je suis heureuse de pouvoir vous redire, Monsieur le Comte, notre cher bienfaiteur, combien je vous suis reconnaissante. Je ne trouve aucune expression qui puisse rendre mes sentiments pour votre si délicate, si simple et si attentionnée protection pendant notre voyage. Un ange n'aurait pas mieux fait ! Aussi comme je me sentais à l'aise et comme maintenant je me trouve seule. Je ne puis assez louer Dieu des dons si particuliers qu'il vous a départis avec tant d'abondance et que vous employez si bien pour la bonne cause... »

Trois jours plus tard, nouvelle longue lettre où elle détaille à son correspondant ses incessantes démarches, ses déceptions et ses espérances.

« Nous sommes chez nos sœurs de M... jusqu'à midi. Nous les quitterons ensuite pour nous rendre à Namur ; nous nous arrêterons au passage à Corrioule pour voir le Monastère bâti dans cette ville par nos Sœurs de M... ; cela me donnera une idée. Nous sommes allées à Poulières. Les bâtiments sont deux fois plus grands qu'il ne faudrait et il serait très difficile et très coûteux de les aménager ; on nous demande 2.000 francs de loyer et il y aurait pour 15.000 francs de dépense à réaliser pour n'arriver qu'à un résultat ne répondant pas à tous nos besoins.

« J'étais après cette visite un peu découragée. Je me sentais pressée de bâtir dès les premiers jours du mois ; il me semblait en effet que si nous louions ou si nous achetions, nous engloutirions le peu que nous espérons trouver sans avoir rien de satisfaisant ; je craignais en même temps d'être téméraire...

« Je veux faire l'impossible pour rentrer la semaine prochaine. Comme il me tarde !... Ma Sœur X... se porte très bien ; elle était ravie, hier, du voyage en auto ; j'étais moi-même très satisfaite de ce mode de transport. J'aime si peu monter et descendre dans les gares ! Enfin, tout est bien pour ceux qui aiment Dieu et tous nos sacrifices pèsent dans la balance pour notre cher bienfaiteur et sa chère famille. »

La plume de Mère Anne de Jésus ne s'arrête pas ; elle court à bride abattue. Entre deux voyages, elle écrit à M. Bigneau, son oncle vénéré :

« Hier je vous disais que nous partions pour Namur. Notre R.P. Provincial étant à Corioule, pour inaugurer la clôture de nos Sœurs de F..., nous y sommes descendues.

Un de nos Pères qui assistait à la fête et qui remplit les fonctions d'aumônier auprès de nos Sœurs de F..., a voulu nous conduire ici, nous promettant de nous mener ce matin à Namur chez les Victimes, 25, rue de Bonnel. Nous avons rencontré partout beaucoup de sympathie ; le R.P. Provincial, à qui j'ai communiqué mes pensées, m'a confirmé dans mes projets de bâtir ; il dit que c'est l'unique moyen de réaliser des économies tout en obtenant une régularité parfaite... Il a promis d'aider cette entreprise par ses conseils. Le bon R.P. est allé plus loin, il s'est engagé à nous donner 1.000 francs dès l'instant où l'on commencerait les travaux...

« ...Il m'a recommandé d'aller voir Mgr l'Evêque de Namur, de lui exposer mes projets, de solliciter son assistance matérielle et spirituelle. Sa Révérence dira un mot en ma faveur.

« Je me hâte de terminer, je voudrais tant que ma lettre vous arrive avant la visite de Monsieur le Comte. Vous la lui montrerez ; vous pourrez ensuite l'envoyer à la Mère sous-Prieure avec un petit mot de vous, bien paternel ; elle m'a adressé hier un long courrier complété par plusieurs autres lettres de nos Sœurs qui sont toutes animées des meilleures dispositions : cette épreuve nous sera très profitable... Il faut que je trouve 40.000 francs (pour achat et construction) y compris le peu que nous avons ; mais la Providence ne nous manquera pas. N'est-ce pas pour la gloire du Maître que je travaille ? Ma confiance est illimitée et je me sens baignée dans le surnaturel, tellement Dieu m'assiste !... »

Le choix fut enfin fixé. Le futur Carmel s'élèverait sur une des collines qui dominent la ville de Namur et qui portait le nom gracieux de « Beau-Vallon ». Mais, avant de prendre aucun engagement définitif, Mère Anne de Jésus voulut demander l'assentiment de son évêque et l'adhésion de son conseil. En même temps, elle sollicita une audience de Mgr Heylen, évêque de Namur, qui, dans une première entrevue et sur les renseignements fournis par Mgr Bougouin sur la Communauté de Bergerac, s'était montré très favorable à une installation dans son diocèse. Sa Grandeur fixa le jour et l'heure de cette dernière réception. Mais, ce matin-là, le Père Paul de Jésus ne se pressa pas et, quand on arriva à la gare, le train filait déjà dans la campagne. Que faire ? L'évêque attendait ! Le bon Père n'hésita pas. Il prit aussitôt la course, entraînant du geste les deux voyageuses. Favorisé de grandes jambes, il gagnait du terrain. La Sœur tourière, alerte et vive, le suivait d'assez près, mais la pauvre Mère Anne de Jésus, cloîtrée depuis vingt-ans, ayant perdu l'habitude de la marche, avait beau faire, elle restait désespérément en arrière.

De temps à autre, le Père Paul se retournait et faisait appel à son courage. Ce fut à cette allure forcée que furent franchis les cinq kilomètres qui séparaient le Monastère de V... de la vieille cité. Quand elle arriva dans l'antichambre de l'évêché, la bonne Prieure était rendue. Elle s'effondra sur un fauteuil, incapable de faire un pas de plus, prête à s'évanouir. Le Père Paul de Jésus souriait ; il était content, on avait quelques minutes d'avance ! Bientôt la porte du cabinet épiscopal s'ouvrit et Mère Anne de Jésus se trouva en présence du Prélat. L'évêque avait une figure rayonnante de bonté. Religieux Prémontré lui-même, il comprenait les angoisses que peut faire éprouver une menace d'expulsion. Avec douceur il s'informa du résultat des recherches et, apprenant le choix de Beau-Vallon, il se montra satisfait. La chère Prieure se sentit encouragée par tant de souriante attention. « Monseigneur, lui dit-elle, notre Communauté est des plus modestes ; il nous faut très peu de place, car nous sommes toutes petites... Votre Grandeur le voit du reste par ma petite personne ! » Le bon évêque fut tout ému et c'est avec joie que spontanément il se chargea des frais d'achat.

Bien vite, Mère Anne de Jésus écrivit cette chance inespérée au Comte de Saint-Exupéry et lui annonça son retour :

« J'ai reçu votre si bonne lettre qui me donne une nouvelle preuve de votre dévouement et j'ai hâte de vous en remercier.

J'étais vraiment dans l'inquiétude et je ne cessais de prier nos bons anges de vous préserver de tout malheur... Nous pensons rentrer demain ; nous partirons de Namur à midi 28 ; à six heures nous serons à Paris. Nous passerons la nuit à la Visitation et le lendemain matin nous reprendrons notre route de façon à pouvoir être à Périgueux le soir, afin de visiter Mgr Bougouin et de lui raconter le résultat de notre voyage.

« Puisque vous me dites devoir venir en Périgord avant peu, je me réjouis d'avoir le temps de rentrer et d'espérer ainsi la satisfaction de vous revoir. Il me tarde beaucoup de reprendre le cours de notre petite vie de recueillement et de prière : j'ai tant souffert loin de mes Sœurs et de ma chère clôture !

« Nos affaires marchent sur des roulettes ; le Divin Pilote dirige admirablement notre barque : j'ai souffert des angoisses inexprimables et presque le découragement, tant j'ai eu de déceptions ! Depuis mercredi, tout arrive à souhait ; je ne puis tout dire dans une lettre, mais comme il me tarde de vous raconter les merveilles dont nous sommes l'objet...

« Je ne sais ce que je vous dis, tant je suis pressée par les derniers préparatifs du retour. Je reviens de l'évêché ; Mgr est gagné entièrement à notre cause. Je lui ai fait trois visites ; les deux dernières ont été encore meilleures. Je me sentais appuyée par Mgr Bougouin qui, paraît-il, nous a chaudement recommandées... »

Ce fut au soir de la fête de Saint Jean de la Croix, le 24 novembre, qu'après un long et fatigant voyage de trois semaines, Mère Anne de Jésus rentra dans la silencieuse clôture de son Monastère. Avec quel attendrissement elle revoyait ces hautes murailles qui, depuis plus de vingt ans, abritaient sa vie religieuse ! L'agitation des dernières semaines, cette vie du monde qu'elle avait dû partager malgré ses répugnances, comme elle allait bien vite tout oublier. Elle se retrouvait enfin dans son Carmel, au milieu de ses chères Filles ; sa vie allait reprendre toute de sacrifice et d'immolation comme auparavant et en son âme elle répétait avec allégresse le cri du psalmiste : « Lætatus sum... in domum Domini ibimus ! » Oh ! oui, sa joie était grande, car de nouveau elle reprenait sa place dans la maison de son Père !

Son frère, l'abbé Peyrille, se trouvait à cette époque dans une propriété située à la campagne, près de Vergt, où, après l'expulsion, le Petit Séminaire avait essayé de se reconstituer. Il eût été facile de prévenir par un télégramme de son retour de Belgique celui qui avait toujours si fraternellement partagé ses joies et ses peines. Mère Anne de Jésus pensa plus conforme au renoncement carmélitain de n'en rien faire et les portes du Monastère se refermèrent sur elle sans qu'elle ait revu ce frère pourtant si aimé.

CHAPITRE IV

E décret tant redouté ne fut pas promulgué et l'année 1909 vit la réélection de Mère Anne de Jésus au Priorat. Courageusement elle reprit le fardeau dont ses Sœurs n'avaient pas voulu la décharger. Mais sa santé, ébranlée par les fatigues et les soucis, donna bientôt des inquiétudes. Elle dut s'aliter. Le Saint Père Pie X informé de sa maladie lui envoya sa bénédiction et presqu'aussitôt elle pouvait reprendre ses multiples occupations. De nouveau elle fut terrassée en 1911 et au début de 1912. Mais son énergie était invincible. Malgré ses souffrances elle continua à tenir haut sa houlette, espérant de Dieu la force de mener à bien l'œuvre qui lui avait été confiée.

Ainsi arriva le 9 avril, amenant pour la Communauté un triple jubilé : Mère Anne de Jésus voyait s'achever la vingt-cinquième année de sa profession religieuse ; son frère, depuis vingt-cinq ans exerçait la charge d'aumônier du Carmel ; enfin, le bon chanoine Bigneau, leur oncle, sucessivement confesseur ordinaire, extraordinaire et supérieur du Monastère, terminait ses cinquante ans de vie sacerdotale. Cette triple fête ne donna lieu à aucune solennité extérieure. Ce fut seulement une fête du cœur. Toutes les Sœurs voulurent s'y associer pour marquer leur attachement à leur Mère et leur reconnaissance à leurs dévoués bienfaiteurs.

Hélas ! le lendemain devait être endeuillé. Le 29 octobre suivant, Dieu rappelait à lui l'âme de M. Bigneau. Ses obsèques furent imposantes. Beaucoup de larmes silencieuses coulèrent quand, à l'église de Notre-Dame, l'archiprêtre monta en chaire et lut le testament spirituel du vénéré défunt :

« Il me semble, avait écrit celui-ci, que je n'ai jamais permis à la haine d'entrer dans mon cœur ; j'ai toujours senti un grand amour pour les âmes qui m'étaient confiées, un grand délice de me dépenser pour leur salut éternel.

« J'ai toujours beaucoup souffert de l'hostilité, de l'indifférence des hommes en matière religieuse, en songeant qu'ils compromettaient ainsi leur salut.

« Qu'à mes funérailles tout se passe avec grande simplicité ; qu'on ne dépose pas de couronnes sur mon cercueil. Si un confrère croit devoir prendre la parole, que ce soit surtout pour me recommander aux prières des fidèles : tout éloge serait une offense à la vérité.

« Je demande à mes amis quels qu'ils soient et à tous les fidèles croyants qui apprendront ma mort de m'accorder les suffrages qu'on ne saurait refuser à une pauvre âme qui tend la main et désire voir la face de son Dieu... »

L'Eglise universelle se préparait déjà à entonner les Premières Vêpres de la Fête de tous les Saints...

Le 9 juin 1913, Mère Anne de Jésus déposa la charge du Priorat et reçut les fonctions de Première Clavière et de Maîtresse des Novices. De nouveau, les menaces d'expulsion se faisaient entendre et la jeune Prieure n'hésita pas à décider Mère Anne de Jésus à un nouveau voyage en Belgique. Le départ était fixé pour le mois d'août 1914. Mais dès le 2, toutes les cloches de France s'étaient agitées dans leurs manteaux de pierre et la guerre, la grande guerre était déclarée.

Nous lisons dans la Chronique du Monastère :

« Le 2 août 1914, l'Allemagne déclarait la guerre à la France, envahissant subitement la Belgique, pour se répandre en flots pressés sur nos départements Nord-Est. Ce soir-là, la musique militaire de Bergerac, plus vibrante et plus guerrière que de coutume, faisait ses adieux à la ville. Malgré l'entrain et l'espoir qu'y mettaient nos braves soldats, ses accents nous déchiraient le cœur...

« Il fut un instant question de nous confier le drapeau du 108ᵉ avant son départ pour la frontière, afin d'y faire les réparations nécessaires. Nous l'attendions ; nous l'aurions pressé sur notre cœur, cet insigne sacré de la Patrie menacée ! Les formalités requises en pareille occurence nous privèrent de cette pariotique jouissance, le drapeau, apporté sous bonne garde, devant rester constamment sous la surveillance du piquet pendant le raccommodage.

« Pendant plus d'un mois, nos parloirs ne désemplirent pas de soldats qui, tous, venaient se recommander aux prières et voulaient recevoir l'image du Sacré-Cœur, la médaille du Scapulaire et celle de la vénérable Thérèse de l'Enfant Jésus. Les Sœurs étaient toute la journée occupées à les joindre à la plaque d'identité... »

C'était encore la guerre quand Mère Anne de Jésus, reprenant la houlette du Monastère, résolut courageusement de tenir elle aussi. Ce n'était pas chose facile, avec les restrictions de toutes sortes qui pesaient sur la population de l'arrière. Mais de quoi a peur une Carmélite ?

Tout d'abord, pour attirer sur sa maison une spéciale protection du ciel, elle renouvela le vœu fait en 1909 au Saint Enfant Jésus et nomma celui-ci « pourvoyeur du Carmel ». On lui suspendit à la main, artistiquement arrangée dans un ruban, une petite croûte de pain ; dans sa pochette, on mit une minuscule pomme de terre et un fragment de houille ; à ses pieds on déposa deux petits sacs, l'un plein de farine, l'autre garni de grain.

L'Econome était trouvé : en avant ! Avec un entrain plein de gaieté, on exploita chaque petit coin de l'enclos. Les fleurs disparurent, laissant la place aux légumes. Ce fut assurément une belle campagne de pauvreté ! Le régime des anachorètes était à l'honneur. Plus d'œufs, plus de poisson ! Des légumes et des racines, cuits avec des mottes faites de sciure de bois, de balayures et de vieux papiers ! Mais de la bonne humeur et de l'amour du sacrifice, plein les cœurs. Le Bon Dieu était content et protégea son Carmel. « C'est un miracle, disait plus tard Mère Anne de Jésus, un véritable miracle que nos Sœurs aient tenu à pareil régime... Et toutes se portent bien ! »

La charité de la sainte Prieure avait franchi les limites de la clôture et s'en était allée bien loin, dans les familles éprouvées, sur les lignes du front. A tout instant, s'échappaient de sa cellule de petits billets, véritables messagers de force, de résignation et de paix. Mère, elle l'était réellement et dans toute la force du terme, et les affligés le sentaient bien.

Sa sollicitude poursuivait surtout ceux dont le caractère sacré était pour elle un perpétuel motif de prière et de renoncement. Les prêtres ! Les religieux !... Qu'il en vint dans le petit parloir chercher lumière et réconfort ! Là, son âme de réparatrice se donnait tout entière. Le sacerdoce, l'offrande totale à Dieu par la vocation religieuse étaient à ses yeux choses si nobles, si saintes, si intangibles ! Et, par les lettres, en digne Fille de la Grande Thérèse, elle ranimait la flamme d'amour dans l'âme de ceux que la tourmente guerrière avait entraînés loin de leurs murs ou de leurs clochers, tandis qu'à l'intérieur du cloître elle excitait le zèle et la mortification, en rappelant à ses Filles l'éminente dignité du Prêtre de Jésus-Christ.

« O Jésus, aimait-elle à répéter chaque jour, par les mains de Marie, prenez et recevez tout mon être, comme une hostie vivante de louange, qui s'offre et s'immole avec vous pour les prêtres. »

Elle y revenait sans cesse — car le sujet lui était à cœur — au Noviciat, dans les exhortations du Chapitre, dans ses directions, ou dans les causeries pieuses des récréations.

« Mes Sœurs, prions pour le Prêtre, immolons-nous, sacrifions-nous : c'est notre vocation. Nous sommes les auxiliaires du Prêtre, ne l'oublions pas. Il compte sur nous. Si nous ne sommes pas généreuses pour l'aider à attirer la grâce dans les âmes, nous serons responsables de ces âmes qui pourront ainsi se perdre par notre faute... »

Un autre pour, elle se laissa emporter par le feu de sa pensée jusqu'aux plus sublimes considérations sur la sainteté du sacerdoce catholique : « Pour obtenir que les prêtres deviennent saints, sanctifions-nous ; offrons nos actes de silence, de régularité ; en un mot, prions avec ferveur pour attirer les grâces et les bénédictions de Dieu sur le sacerdoce... Vous êtes le sel de la terre, dit le Saint Evangile, en parlant des Prêtres. Mais si le sel s'affadit, avec quoi salera-t-on ? C'est nous, mes Sœurs, qui sommes appelées à conserver à ce sel de la terre toute sa force et toute sa saveur... Quelle vocation plus sublime que la nôtre et comme nous devons y être fidèles ! Etant femmes, nous ne pouvons pas être prêtres, mais c'est à nous que revient l'honneur de préparer l'élu du Seigneur, de le former, de le soutenir.

« Marie, au Calvaire, a reçu de son Jésus mourant Jean, qu'il lui donnait comme Fils. Marie est la Mère et la Reine des âmes contemplatives et en particulier des Carmélites, puisque nous sommes ses enfants et que nous appartenons à son ordre.

« Jean, sur le Calvaire, représentait tous les prêtres qui, dans la suite des siècles, seraient appelés après lui à faire connaître et aimer Jésus. Marie devient, de par la volonté de Jésus, la mère de Jean et en sa personne de tous les prêtres... Nous aussi, autres Maries, nous sommes les mères des prêtres par la grâce de notre sublime vocation. Leur sainteté est liée à la nôtre. Plus nous serons saintes, plus le prêtre se sanctifiera...

« Eh ! mes Sœurs, n'aurions-nous procuré, par notre vie entière, que la sanctification d'un seul prêtre, nous devrions nous en estimer bien heureuses, car un seul prêtre vraiment saint procure le salut de tant d'âmes !... Voyez le Curé d'Ars !... S'il y avait seulement un Curé d'Ars dans chaque diocèse, la France serait sauvée ! »

Elle finissait un jour une de ses instructions par cette belle pensée que lui inspirait son vif amour du sacerdoce :

« Comme Marie, si nous ne pouvons pas immoler la divine Victime, nous pouvons l'offrir comme elle offrit son divin Fils au Père, sur le Calvaire, pour le salut du monde.

« Bien mieux, nous avons notre messe à nous et nous pouvons la dire tout le long du jour, en l'unissant au saint sacrifice de nos autels. Ne sommes-nous pas, par vocation, des victimes perpétuellement immolées par la Justice et la Miséricorde de Dieu, pour le salut du monde !... »

Une telle âme devait rayonner. Ceux qui eurent le bonheur d'être en contact avec elle en gardèrent un ineffaçable souvenir et leurs sentiments de vénération et de reconnaissance pour la Mère du Carmel ne peuvent mieux s'exprimer que dans la lettre que, peu de temps après la mort de la vénérée Prieure, un Frères des Ecoles Chrétiennes, à qui sa courageuse conduite et de graves blessures avaient valu citations élogieuses et décorations, écrivait du pensionnat d'Etaimpuis où il s'était réfugié après la guerre.

Il mandait en effet, à la nouvelle Prieure :

« Ma très Révérende Mère,

« J'aurais non seulement mauvaise grâce, mais je trahirais encore les devoirs les plus saints de la reconnaissance, si je me refusais à rendre témoignage, comme vous m'y invitez, à la mémoire de la vénérée Mère Anne de Jésus. Un scrupule seul pourrait retenir ma plume, je veux dire la crainte de m'oublier jusqu'à parler de moi en voulant seulement parler d'elle. Mais puis-je aisément, en évoquant son souvenir, écarter de mon esprit la vision de mes passages à Bergerac, qui me valurent d'entrer avec cette grande religieuse dans une union d'âme toujours croissante ? Puis-je oublier que je fus, comme elle aimait à me le dire, « son petit soldat, son petit frère ».

« Vous savez, me disait-elle, je me considère toujours comme « étant votre mère et je veux en remplir les fonctions au point « de vue spirituel. » Aussi fut-elle, quoique peut-être à son insu, le principal agent, après la grâce de Dieu, qui me donna le courage et la force d'être fidèle à Dieu pendant les longues années de guerre.

« A chacun de mes retours à Bergerac, elle me faisait le grand plaisir de me recevoir au parloir. Chaque fois ma vénération pour elle augmentait, car je découvrais sans cesse chez elle non de nouvelles vertus — elle les avait toutes — mais

des vertus se présentant sous un nouvel aspect, avec un
je ne sais quoi de plus divin. Les vertus, elle les avait toutes,
mais ce que j'admirais le plus pendant nos entretiens, et
plusieurs soldats l'ont éprouvé comme moi, c'était son grand
esprit de foi, sa profonde humilité, son zèle pour la sanctification des âmes, particulièrement des âmes consacrées à Dieu,
son esprit de sacrifice sous la forme de réparation. C'était
son esprit de foi qui lui faisait ramener à Dieu et aux âmes
tous les sujets de conversation et lui donnait le sens surnaturel
des choses et des événements. Ne rien faire, ne rien dire naturellement, par coutume ou par quelque motif humain, mais
« tout par la conduite de Dieu, le mouvement de son esprit
« et en vue de lui plaire », semble bien avoir été la règle de
vie intérieure de cette sainte âme.

« Dans une lettre elle me dit : « Devenons petits, très
« petits, comme notre Thérèse de l'Enfant Jésus. Puis jetons-
« nous à corps perdu dans les bras et sur le cœur du Bon
« Dieu, vous de votre tranchée, moi du Carmel. Ne sentez-
« vous pas qu'il fait bon être petit et que Jésus peut faire
« infiniment plus que nous pour notre sanctification ? »

« Dans un entretien, cette bonne Mère me recommanda
très spécialement un jeune séminariste soldat, dont l'âme était
agitée de douloureuses tentations. « Pour cette, âme, me
« dit-elle, offrons nos journées en union avec les souffrances
« de Jésus. » La victoire a-t-elle été remportée dans la suite ?
Je l'ignore ; mais la Révérende Mère me disait un peu après :
« Ah ! une âme ! Je comprends que le Bon Dieu soit mort
« pour la sauver, mais je voudrais que tous le comprissent ! »

« Attirer les âmes à Jésus-Christ, le faire aimer uniquement par les prêtres et les âmes religieuses semble avoir été une de ses grandes intentions.

« L'impression que je garde de son esprit de sacrifice et de réparation, c'est que son âme était du nombre de celles qui ont vraiment les sentiments de Jésus, souffrant en voyant Dieu si peu aimé, tant méconnu, si grièvement offensé. Pour offrir à la divine Majesté quelque compensation, ces âmes opposent les expiations aux outrages, la fidélité à l'apostasie, le dévouement à l'indifférence. Elles réparent en union avec Jésus, Victime réparatrice, qui veut bien se les adjoindre pour expier avec lui.

« Pour moi, votre Sainte Mère Prieure fut de ce nombre, et l'on peut affirmer que l'esprit de réparation fut l'un des attraits les plus puissants que la grâce ait créés dans son âme. Les attentats publics contre le règne de Jésus-Christ, la haine dont le poursuivent les sociétés secrètes, les profanations cachées ou publiques, l'indifférence qui envahit le monde, les scandales qui séduisent les âmes et particulièrement la jeunesse, les indélicatesses et les fautes des âmes religieuses, tels sont les sujets pour lesquels la bonne Mère livrait sa vie à la réparation et demandait à ses petits soldats de s'unir à elle.

« Encore une chose, charmante dans sa simplicité : c'était son attention délicate à faire plaisir aux soldats, particulièrement à ceux du Nord, parce que loin de chez eux. Comme nous étions heureux quand cette chère Mère faisait son apparition au Parloir ! Avec la parole qui remonte et encourage, elle apportait d'ordinaire quelque nouvelle brochure, des images de la Petite Sœur, des fleurs, les premières du cloître, en un mot, tout ce qu'elle croyait de nature à nous être agréable. N'est-ce pas dans ces riens que se montre le cœur ?...

« Je vous prie, ma Très Révérende Mère, d'agréer ce peu que je vous donne, comme un faible signe de ma vénération pour la grande servante du Seigneur que fut Mère Anne de Jésus. Ah ! qu'ils sont bénis ceux qui répandent autour d'eux un tel parfum de vertu !

« Je reste, ma Très Révérende Mère, votre très humble serviteur, et, si vous le voulez bien, l'enfant du Carmel.

« Frère FLORIMOND-MARIE »

Le 11 novembre 1918, après quatre longues années de souffrances et de tueries, le noir cauchemar prenait fin. Tandis que dans l'univers catholique se célébrait le souvenir du grand et saint guerrier qui, aux portes d'Amiens, abandonna au misérable mendiant la moitié de son manteau, toutes les cloches de France s'agitaient à nouveau. C'était fini ! L'armistice était signé, l'Allemagne vaincue !

Dans la rue Valette, la petite cloche argentine du Carmel fit entendre sa voix elle aussi. Elle y alla de tout son cœur, de si grand cœur même, que dans son enthousiasme elle se retourna, demeurant muette de bonheur.

CHAPITRE V

UNE mosaïque dans une église. Un rayon de soleil, mais d'un soleil du mois d'août, chaud, ardent, lumineux. Le tableau s'anime, l'or irradie, les couleurs châtoient. Le fidèle agenouillé, ou le visiteur pressé qui court d'une église à une autre église, d'un musée à un autre musée, ne peuvent s'empêcher d'arrêter leurs regards admiratifs sur une telle féerie. Souvent ils s'approchent très près. Que voient-ils ? Une infinité de petits cailloux aux couleurs richement variées, enfoncés les uns contre les autres dans le ciment qui les contient.

Telle est la vie intérieure de Mère Anne de Jésus. Sur un fond de régularité et de silence, elle a amassé d'innombrables actes de vertu. Elle pensait, dans son humilité, que ce travail obscur de l'âme resterait ignoré. Mais l'amour divin est un soleil, le plus chaud, le plus ardent, le plus lumineux. La féerie a éclaté. L'âme de son épouse est devenue comme un magnifique tableau où chacun peut retrouver son idéal de beauté, d'amour et de sainteté.

Non, certes, que ce travail intérieur ait été exécuté sans effort. Mère Anne de Jésus, comme chaque disciple de Jésus-Christ, a connu la fameuse lutte décrite par Saint Paul, entre l'homme nouveau et le vieil homme de péché. Sa mosaïque à elle, pourrait-on dire, a deux couleurs dominantes : l'azur et le rouge, un rouge vif, généreux, plein de vie. Azur, couleur du ciel ou trône l'Agneau, amour de l'époux divin qui anime la vie de la vierge carmélitaine et qui en est comme la trame, qui en constitue le fond. Rouge, couleur de sang, pareil à celui qui coula sur la croix du Golgotha, témoignage des infinis sacrifices de l'âme chrétienne, des mille piqûres qu'elle doit supporter ou se donner pour se hausser jusqu'à l'idéal entrevu.

Mosaïque, oui. Mosaïque splendide, c'est vrai. Mais sous cet éclat, sous cette somptuosité, sous cette féerie, quel champ immense de pénitences et de renoncements...

Dans une de ses conférences sur le théâtre, Paul Géraldy raconte une naïve et poétique histoire, qu'on pourrait appeler la légende de la rose bleue.

La voici, tout simplement :

Une jeune Princesse a déclaré qu'elle épouserait celui qui lui apporterait la rose bleue qu'elle a entrevue dans ses rêves.

Le Roi, son père, ordonne qu'on cherche la rose bleue dans tout le royaume. On fait de minutieuses et patientes recherches. La rose bleue demeure introuvable.

Alors, un prétendant prend un très beau saphir, le taille artistement, lui donne la forme d'une rose et va le porter à la Princesse en disant :

— Voici la rose bleue.

La Princesse regarde le saphir et dit :

— Ce n'est pas la rose bleue.

Alors, un autre prétendant prend une rose naturelle, la teint et la présente à la Princesse en disant :

— Voici la rose bleue.

La Princesse regarde la rose teinte et dit :

— Ce n'est pas la rose bleue.

Puis, un jeune homme cueille une rose rose dans son jardin et se dirige vers le Palais. Il demande à être reçu...

Il tend sa rose en tremblant. La Princesse prend la rose et dit :

— C'est la rose bleue.

— Puisque la Princesse dit que c'est la rose bleue, dit son père, c'est la rose bleue !...

Ce miracle de l'amour, Mère Anne de Jésus l'a accompli. Chaque jour, elle a donné quelque chose d'elle-même dans la souffrance, l'humiliation et le renoncement. C'était bien une rose rose, plus que cela, une rose rouge qu'elle cultivait, une rose couleur de sang. Mais l'amour divin veillait. Dans son cœur de vierge et d'épouse, le Christ avait allumé un feu dont les ardeurs ne sont pas comparables aux pauvres flammes humaines... Et le prodige a eu lieu. La rose couleur de sang est devenue une rose couleur d'azur, couleur du ciel, une rose d'immortelle béatitude...

En pénétrant dans l'enceinte bénie où devait s'écouler sa vie religieuse, la pieuse Carmélite s'était représentée au pied d'une montagne. Le sommet en était élevé, les pentes abruptes et broussailleuses, mais le soleil qui éclairait ces cimes brillait d'un surprenant éclat. En son cœur, elle en avait résolu l'ascension et avait choisi la voie la plus directe, la Sainte Règle.

« Qui regula vivit, ex Deo vivit ! » dit l'auteur de l'*Imitation*. Mère Anne de Jésus l'avait entendu. Cette réflexion du moine Thomas a Kempis avait été la force de sa vie carmélitaine, le secret de toute sa sainteté. Aussi, en jetant un regard sur sa vie intérieure, ne nous attendons point à trouver des choses extraordinaires. Celles-ci ne constituent pas la sainteté. Mais un héroïsme de tous les jours, de tous les instants, invisible peut-être dans sa simplicité, mais réel dans son application, telle est la marque de la servante de Dieu. La Règle ! Elle aura toujours ce mot gravé au plus profond de son cœur. Elle l'aura aussi toujours sur les lèvres.

« Mes sœurs, disait-elle un jour, Dieu nous a fait une très grande grâce en nous établissant, par les vœux, sur la Sainte Montagne du Carmel, avec une règle qui a formé tant de saints et de martyrs.

« A cette grâce que nous ne comprendrons bien qu'au Paradis répondons avec un amour généreux, en ne laissant perdre ni une parcelle de notre temps, ni un mouvement de nos facultés, ni une obole de nos ressources physiques ou morales.

« Ne l'oublions pas, Dieu nous a donné avec la vocation des aptitudes toutes particulières pour la pénitence et l'oraison, qui sont les deux ailes pour nous élever jusqu'à lui, dans notre vie carmélitaine. Si nous ne pouvons nous livrer à des austérités telles que celles qui ont distingué certains saints, consolons-nous, le Seigneur a disposé dans notre Règle une dose de pénitence suffisante pour nous élever à un très haut degré d'oraison.

« D'autre part, il a infusé aussi dans la moëlle de notre Règle, pour l'âme qui y est fidèle, l'esprit d'oraison dans une mesure assez large pour que nous y puisions la force de nous vaincre sur toute la ligne.

« La meilleure pénitence consiste donc à triompher de soimême, et la meilleure oraison est celle qui nous communique la force d'opérer ce triomphe. La pénitence et l'oraison, dit notre Mère Sainte Thérèse, sont deux compagnes inséparables : la première en purifiant, en élevant l'âme au-dessus de la matière, illumine l'oraison ; l'oraison, par sa prière, son contact avec le Seigneur, fournit à l'âme les forces nécessaires pour se renier sans cesse.

« Donc, mes Sœurs, pour devenir de vraies Carmélites, vivons notre Règle en esprit et en vérité ; n'usons pas nos forces à poursuivre des chimères. Chimères que nous représentent l'orgueil, la volonté propre, les passions, le moi ; chimères que nous représente le démon pour nous apeurer, nous déprimer, nous faire perdre le temps.

« Rappelons-nous qu'un religieux n'est utile à sa Communauté que dans la mesure où sa santé est bonne — nous parlons, bien entendu, de la santé de l'âme ; — or on n'est saint que dans la mesure où cette Règle passe dans la conduite physique ou morale. On n'est utile, répétons-le, à soi-même, aux autres et à Dieu, que par la fidélité à la Règle qu'on a embrassée...

« Si, avec attention, nous plongeons notre regard dans l'ensemble de notre sainte Règle, nous voyons que son suprême but est de ne laisser aucune des forces de la nature et de la grâce chômer en nous par la paresse ou se perdre dans l'inutilité du plaisir égoïste.

« L'homme n'est pas fait pour lui, mais pour Dieu ; le temps de la vie n'est pas donné pour le repos, mais pour le travail ; *la vie n'est pas une jouissance, mais un devoir.*

« Voilà les grandes pensées qui ont inspiré nos législateurs, mûs par l'Esprit-Saint. Voilà pourquoi notre Règle bénie nous prend dès notre réveil et nous conduit pas à pas dans le détail de nos exercices, dans le travail de nos facultés comme dans celui de nos devoirs matériels, et cela tout le long du jour, sans rien laisser à l'arbitraire, au caprice naturel de la volonté propre.

« Notre Sainte Règle ne se soucie que d'une chose : infuser en nous la vie divine aux dépens de la vie naturelle ; nous rendre des instruments dociles entre les mains de Dieu, pour sa gloire, pour les âmes, par la pénitence et l'oraison. « Qui vit de la Règle, vit de Dieu » ; la Règle veut faire de nous des vivants ! or on n'est vivant que dans la mesure de son élévation, de sa fécondité ; *on n'est vivant que dans la mesure de sa vie en Dieu.*

« Voilà l'œuvre de la Règle ; elle a pour but de nous transformer en de vivants holocaustes à la gloire du Père ; n'allons pas substituer à la Règle nos petites idées, car elles feraient de nous des victimes étriquées et stupides de notre nature ou du démon, sans aucun fruit pour nous, ni pour les autres, ni pour Dieu.

« On peut résumer la vie religieuse en cette parole du P. Ginhac : « Il faut se condamner à mort une bonne fois, puis s'exécuter un peu tous les jours. »

« Par ses vœux, la Carmélite condamne à mort sa nature, sa personnalité, en vouant son esprit à l'obéissance, son cœur au vide, au détachement des créatures et d'elle-même, son corps à la pénitence, à la mortification, au travail... Et puis, tous les jours, à toute heure, à tout instant, la sainte Règle vient donner un petit coup, faire une petite écorchure au moi, à la volonté propre, à tout ce qui est ou voudrait être la nature...

« Heureuse mort qui nous fait vivre en Dieu !... Heureuses écorchures qui font sortir l'humeur de l'orgueil et des passions !

« Nous pouvons donc définir notre vie religieuse vécue dans la pratique fidèle de sa Règle : la vie pour soi, la vie pour les autres, la vie pour Dieu.

« *La vie pour soi :* en se sanctifiant selon la forme et l'esprit de sa Règle, on se purifie, on s'éclaire, on s'agrandit, on se divinise. Quoi de plus beau !

« En se sanctifiant ainsi, *on vit pour les autres ;* on devient, par son contact avec Dieu, un foyer de lumière, de chaleur, de puissance ; on arrête le courroux divin en payant pour autrui à la divine justice ; on soulage les autres par son dévouement, sa charité, on les stimule par l'exemple.

« Oh ! que de saintes choses les hommes doivent au Religieux fidèle ! Quel ascendant il exerce autour de lui ! Encore une fois, ce Religieux est un foyer de lumière, de

chaleur, un centre de puissance, de pureté, un élément d'édification.

« Mais la Règle nous fait aussi *vivre pour Dieu !* Vivre
pour Dieu ! Quelle sublime destinée ! Etre à la disposition
de Dieu ! lui servir d'instrument pour sa gloire en lui permettant d'épancher sa miséricorde sur le monde ; en lui donnant
la joie de déverser sur nous le torrent de son amour ; en faisant
de notre cœur le Paradis où il prend ses délices ; en le laissant
nous infuser sa vie d'amour !... Mais c'est le Ciel sur la
terre !

« Mes Sœurs, voilà encore une fois l'œuvre de la Règle.
Vivons de cette Règle en esprit et en vérité. Que tout dans
notre être physique et moral s'incline devant ses volontés. Que
tout cède à son esprit et nous serons des âmes vivantes, des
Carmélites transformées en holocaustes d'agréable odeur. »

Quels accents et quelle conviction ! Comme on sent l'âme
profondément ancrée dans une pratique de chaque jour, qui
en a reconnu l'éminente valeur sanctificative, la puissance
d'immolation de l'être tout entier comme la force dans la
montée vers Dieu. Aussi la voyons-nous chercher à inculquer
ce respect de la Règle qu'elle regarde comme le fondement
et la pierre angulaire de toute vertu solide, surtout dans la
vie claustrale.

Le 5 juin 1927, à l'occasion de la remise, aux Sœurs de
la Communauté, d'un exemplaire des Constitutions revisées et
de nouveau approuvées par Rome, elle prononça au Chapitre
une ardente allocution. L'Eglise célébrait en ce jour la glorieuse

descente du Saint-Esprit sur les Apôtres. Elle fait entendre
la voix du Paraclet à ses chères Filles du Carmel.

« En cet instant si particulièrement doux, nous éprouvons
le besoin d'épancher le trop-plein de notre cœur dans le vôtre.
Nous nous sentons nous-même si remplie de Dieu ! Mais ne
le sentirions-nous pas, nous n'en sommes pas moins privilégiée,
et nous savons que parfois ses divines opérations sont d'autant
plus profondes et durables qu'elles échappent davantage à
l'analyse des sens.

« Nous voilà donc toutes remplies du Saint-Esprit, nous ne
craignons pas de l'affirmer, puisque toutes nous voulons aimer
Dieu, le lui prouver par nos actes et ne jamais nous décourager
dans nos faiblesses et nos misères.

« Cette année, l'Esprit d'amour se présente à nous avec
une nuance spéciale que nous aimons à souligner tant elle nous
touche. Par nos saintes Constitutions revisées et, pour la
quatrième fois, approuvées par la sainte Eglise, il nous apporte
sa divine parole. Il l'offre à notre générosité, à notre fidélité,
comme le moyen le plus sûr, le plus rapide pour infuser sa
vie en nos âmes, pour nous rendre puissantes et saintes. Ecou-
tons-le : « Celui qui garde ma parole ne mourra jamais. »
Est-ce explicite ?

« Oui, le Saint-Esprit nous fera vivre de sa vie parce que
nous garderons sa parole. Il ne peut nous tromper. Il ne nous
promet rien qu'il ne puisse tenir. Nous osons même ajouter
que si nous gardons sa parole, nous ne connaîtrons jamais la
mort du péché et nous ignorerons encore les malaises et les
fatigues provoquées par l'anémie spirituelle, c'est-à-dire la tiédeur

ou la médiocrité. Cette divine parole nous rendra fortes jusqu'au martyre : « Donnez-moi, disait un des Papes qui ont approuvé « nos saintes Constitutions, donnez-moi une religieuse qui aura « pratiqué tout cela, je la canoniserai sans miracle, tout comme « les martyrs. »

« La fidélité à cette divine parole nous rendra puissantes. Un jour que saint François priait pour apaiser la colère de Dieu, irrité contre les chrétiens à cause de leurs péchés, Notre Seigneur lui dit : « François, fais que tes religieux pratiquent « leur Règle dans toute son observance primitive ; alors leur « prière aura le pouvoir de produire ce bon effet d'apaiser ma « colère et de détourner les fléaux dont je suis sur le point « punir les chrétiens. Alors, par tes religieux et par toi, je « ferai miséricorde à mon peuple. »

« Notre fidélité à cette divine parole assurera notre sainteté. Une autre fois, saint François entendit une voix lui dire : « Recueille cette farine et fais-en une hostie. » Le Saint vit alors à ses pieds de la farine ; il comprit et composa sa Règle, dont tous les détails étaient représentés par cette impalpable farine. Notre Seigneur, achevant de l'instruire, lui dit : « Donne « cette hostie à tous ceux qui en voudront. » Le Saint obéit ; il arriva que certains religieux, en la recevant, devenaient tout lumineux. Mais tous ceux qui la recevaient sans affection, sans dévotion ou qui, l'ayant prise, ne s'en souciaient pas beaucoup, paraissaient aussitôt couverts de lèpre et devenaient tout noirs.

« Symbole des religieux qui observent fidèlement leur Règle et de ceux qui, hélas ! la transgressent ou la négligent.

« Pourquoi ces effets de sainteté, de lumière, de puissance et de pureté ? Oh ! c'est que la parole de la Règle bien comprise et bien pratiquée a pour avantage d'entretenir notre union avec Notre Seigneur : « Sans moi, vous ne pouvez rien « faire... Demeurez en mon amour... Celui qui demeure en « moi et en qui je demeure porte beaucoup de fruits. »

« Or, dans nos saintes Constitutions, tout tend à nous unir à Dieu, à nous faire vivre de sa vie : « Qui vit de la Règle, « vit de Dieu. » La puissance de Dieu habite dans le religieux fidèle à ses engagements ; pourrait-il en être autrement ?

« De même que l'air se précipite dans le vide, l'eau dans les bas-fonds, de même l'Esprit-Saint, l'esprit de Jésus se précipite dans l'âme religieuse qui se vide, se creuse sans cesse par l'abnégation de ses vues, de ses désirs, de sa personnalité, pour vivre en esprit et en vérité la parole de la Règle. Cette âme, alors, réalise le mot de Saint Paul : « Ce n'est plus moi « qui vis, Jésus seul vit en moi. »

« Le vide, la nullité, l'inutilité de notre vie ne viendraient que de l'absence de notre union à l'Esprit-Saint : « Sans moi, « vous ne pouvez rien faire. » La fécondité de la branche est le résultat de son union avec le tronc ; mais si la branche se sépare du tronc, c'en est fini de sa fécondité.

« Un dernier trait nous montrera la sécurité que peut avoir le religieux qui pratique fidèlement ce qu'il a promis par ses vœux :

« Un moine étant sur le point de rendre le dernier soupir, le démon lui livrait de furieux assauts ; le Prieur et ses Frères l'entouraient, priant et jetant de l'eau bénite sur son lit, mais sans résultat. Le pauvre mourant voyait toujours son ennemi le menacer ; il faisait des gestes semblant indiquer un remède, mais on ne le comprenait pas.

« Enfin, le Supérieur eut une lumière et, tirant de dessous l'oreiller du moine le livre des Constitutions, il le montra au démon qui disparut et ne revint plus.

« Mes Sœurs, voilà les assurances, la puissance et la fécondité que nous apporte l'Esprit-Saint ; n'avons-nous pas raison de nous réjouir, d'affermir notre volonté dans la pratique exacte et fidèle de sa divine parole ?

« Invoquons Marie, la Reine du Carmel, et notre séraphique Mère, afin qu'elles bénissent nos résolutions et les rendent efficaces, afin qu'elles fassent fleurir en nos âmes bien fidèles des lis de pureté, des roses d'amour, à la gloire du Père, du Fils et du Saint-Esprit. »

Fille de l'Eglise et du Carmel, Mère Anne de Jésus avait une foi profonde. Elle croyait de toute son âme. Dieu, son Eglise, le Pape, les évêques, représentaient à ses yeux le chemin sûr à suivre et jamais elle ne se permit la moindre hésitation. Mais cette foi qu'elle portait en son cœur, tel un précieux trésor, ce flambeau qu'elle tenait allumé dans toute son âme éclatait surtout en ce qui concernait la Sainte Eucharistie et le culte qui lui est dû. Là, son amour ne connaissait plus de bornes et sa tenue au chœur était une prédication. « Sa révérence, écrit une Sœur, nous était un parfait modèle. A la voir faire seulement l'inclination au Saint Sacrement, on se sentait pénétré de respect, tellement son attitude marquait l'adoration, la soumission de tout l'être en présence du souverain Seigneur de toutes choses. Exerçant, aux grandes fêtes, l'office d'Hebdomadière, elle avait un maintien si religieux, si profondément recueilli, qu'un regard jeté sur cette Mère faisait rentrer l'âme en elle-même, tant on la voyait prise par Dieu, unie à Jésus-Eucharistie et dominée par les réalités divines. »

Une religieuse qui fut portière durant de longues années affirmait plus tard, elle aussi, avoir toujours été fortement impressionnée par la façon dont la Vénérée Prieure quittait le chœur. Souvent, pendant l'office divin ou durant l'oraison, elle vint la chercher pour le parloir. Mère Anne de Jésus ne se hâtait pas. Calmement, posément, elle quittait sa stalle et, avec une respectueuse gravité, prenait congé de l'Hôte divin. Puis elle gagnait le parloir où le devoir l'attendait...

Aussi ne tolérait-elle aucune défaillance, aucune imper-fection. Une fête allait-elle avoir lieu, prise d'Habit ou de Voile ? Elle devenait Maîtresse des Cérémonies. Avec une fidèle précision, elle faisait des répétitions, veillant avec un soin jaloux à l'observance des rubriques prescrites et au religieux ensemble des mouvements. Ne s'agissait-il pas du service à la cour du Roi tout-puissant et très aimé ?

Elle surveillait aussi attentivement la bonne psalmodie de l'Office divin. Dire le saint Bréviaire, en union avec tous les saints religieux et tous les bons prêtres, participer à cette symphonie immense qui monte incessamment du cœur de l'Eglise universelle vers l'Agneau, quel honneur pour de pauvres Carmélites ! Avec quel soin, quelle dévotion, quel respect ne faut-il pas prononcer cette grande prière officielle ! Toute pleine de ces pensées, Mère Anne de Jésus ne tolérait aucun relâchement. Au moindre manquement, elle rappelait les règles violées et, par dessus tout, exigeait l'accord complet des voix, « symbole, disait-elle, de l'union des cœurs ».

Jésus premier servi ! Jésus bien servi ! tel doit être le mot d'ordre de la Communauté. Quand il est réalisé pleinement, que peut-on désirer de plus ? Les âmes sont prêtes à recevoir de la libéralité divine tout ce qui leur manque, car Jésus leur a fait la grande promesse : « Si quelqu'un a soif, qu'il vienne et qu'il boive. Je lui donnerai de l'eau vive qui jaillit de la vie éternelle. »

Et Mère Anne de Jésus de commenter avec son cœur de feu ces belles paroles de l'Epoux divin :

« Voilà, mes Sœurs, l'invitation que le divin Cœur de Jésus nous adresse avec une insistante tendresse. Quelle est celle d'entre nous qui n'a pas soif, soif de vérité, soif de lumière, soif de force, soif de vertu, en un mot, soif de sainteté ? Quelle est celle qui se trouve assez patiente, assez douce, assez humble, assez généreuse, assez soumise, assez au-dessus d'elle-même et des créatures ?... Quelle est celle qui est contente de ce qu'elle est, de ce qu'elle a fait, de ce qu'elle donne à Dieu en fait de mérites et de vertus ? Si, par extraordinaire, il y en avait une, elle pourrait se qualifier de très misérable, de très présomptueuse. Nous sommes toutes contentes de Dieu, et c'est justice, car il nous donne toujours plus de grâces, plus de lumières, plus de forces, plus de secours que nous n'en méritons, que nous n'en exploitons. Notre conscience nous reproche nettement que nous n'avons pas répondu à tous ses appels vers une sainteté plus haute, que nous n'avons pas su lui offrir toujours tout ce qu'il nous demandait.

« Donc nous avons soif, soif de forces, de lumières, de

généreux amour, de paix, et notre Jésus nous invite, nous presse d'aller à lui, d'aller boire au torrent de grâces qui sort de son cœur.

« Pourquoi resterions-nous altérées, desséchées, pauvres, misérables, agitées, ayant toute liberté de mettre notre bouche à l'ouverture de ce canal par où découlent tous les secours, tous les héroïsmes ?... Nous serions bien insensées, bien coupables de ne pas boire et de ne pas boire beaucoup, puisqu'il n'y aura d'autres limites aux générosités divines que celles que nous y apporterons nous-mêmes. « Beaucoup de grâces, dit « M. Sauvé, chôment et chômeront toujours dans le cœur de « Dieu parce qu'on ne les demande pas, parce qu'on ne les « demandera pas... Que de saintetés avortent, que d'œuvres « périclitent, que de saluts ne s'accomplissent pas, parce qu'on « ne prie pas assez pour avoir cette sainteté, pour assurer ce « salut, pour faire cette œuvre. » Voilà la clef du succès pour soi-même ou pour les œuvres divines ; elle est toute renfermée dans notre ferveur, dans cette ferveur qui nous fait sans cesse solliciter l'eau de la grâce pour nous et les autres.

« Une sainte religieuse carmélite d'une ville du midi de la France voyait un jour son âme sous la forme d'un immense réservoir contenant le sang de Jésus dont ce doux Maître l'établissait dispensatrice. Voilà notre histoire. Notre âme de Carmélite est une vallée féconde où les eaux de la grâce doivent s'accumuler pour tout arroser, tout féconder, tout vivifier. Nous serions tout à la fois terrifiées et soulevées s'il nous était donné de comprendre jusqu'où peut aller notre puissance en fait de surnaturel, en fait de prières. Notre Séraphique Mère veut nous l'insinuer quand elle dit cette grande parole : « La confiance

« arrache du cœur de Dieu ce qu'il ne voudrait pas nous
« donner. »

« Et qu'est-ce que Dieu si bon ne veut pas nous donner
en fait de vertus et de sainteté ?... Oh ! demandons, demandons
pour nous, pour la Sainte Eglise, pour la France, pour la
Communauté, pour les pécheurs, demandons que le règne de
Dieu s'étende, demandons que le péché soit détruit, qu'il y ait
beaucoup de saints.

« Mais que veulent dire ces autres paroles du divin Maître :
« Je vous donnerai de l'eau qui jaillit jusqu'à la vie éter-
« nelle » ? Quelle est cette eau qui jaillit jusqu'à la vie éternelle ? N'est-ce pas l'eau du mérite qui, ici-bas, reste à l'état
de source, mais qui, au ciel, rejaillira en gloire, en félicité
pour diviniser tout notre être ? Telle souffrance, telle épreuve
que nous subissons, tel acte de vertu que nous accomplissons
chaque jour ajoute, sous l'influence de la grâce et de notre
volonté coopérant à la grâce, un peu plus de cette eau vive
que Jésus nous donne à boire et qui rejaillira en gloire jusque
dans les profondeurs de la vie éternelle.

« N'y a-t-il pas là de quoi nous rendre saintement jalouses
de tout accepter, de tout vouloir en fait de souffrances, de tout
rechercher en fait de vertus, puisque c'est là la semence de
notre félicité éternelle, de la félicité de certaines âmes qui, sans
nous, sans nos souffrances, sans nos actes, ne seraient pas
sauvées ?...

« Courage ! la vie est courte, la souffrance passagère. Nous
courons vers le Paradis, laissons-nous entraîner par ce divin
courant de la grâce qui, tout en apaisant notre soif, adoucit

le chemin et qui, lorsque nous serons arrivées au terme, nous pénétrera, nous environnera de félicité... »

Mais, ne nous y trompons pas. Cet amour de Dieu, cette ferveur que la sainte religieuse prêche à ses Filles, c'est celui qu'elle porte dans son cœur, non pas un amour de sentiment qui, comme un feu de paille, s'évanouit après avoir jeté un vif mais éphémère éclat, mais un amour solide, plus profond, qui n'est pas de l'enthousiasme mais de la fidélité à la grâce. Elle s'en explique avec sa clarté ordinaire :

« La ferveur est une vertu qui a pour racine la foi et pour tige la bonne volonté. Faut-il s'étonner si elle résiste à tout avec cette sève si vivifiante et ce moteur si puissant que le Saint-Esprit aiguillonne sans cesse ?...

« Faut-il s'étonner, d'autre part, si les âmes qui dans leur piété s'appuient sur les émotions, les facilités créées par les événements, les cérémonies, se découragent et perdent tout leur élan quand la sensibilité ou les circonstances, ou les volontés de Dieu les servent moins !

« Nous avons vu à l'œuvre le Père Ginhac, la petite Thérèse de l'Enfant-Jésus et Sœur Elisabeth de la Trinité. La première a-t-elle souffert des tentations contre la Foi !... La seconde avoue que pendant son oraison, où elle se tenait immobile comme totalement absorbée en Dieu, elle avait la tentation de fuir !...

« Et, cependant, quelle ferveur dans l'une et dans l'autre, quelle admirable fidélité, quelle sainteté ! Elles avaient la vraie ferveur, celle qui jaillit de la foi et qui se tient sous l'influence d'une bonne volonté profonde. Le Saint-Esprit ne demande pas autre chose ; mais quand il trouve dans une religieuse l'esprit de foi, la bonne volonté, il en fait une âme fervente, il en fait une sainte !... »

En une autre occasion, elle précise la nature de cette bonne volonté que Dieu aime à trouver dans les âmes et le rôle essentiel qu'elle joue dans leur sanctification.

« Soyez fidèles, recommande-t-elle à ses Filles, n'omettez rien de ce qui vous est dit ; souvenez-vous que c'est par la volonté secondée de la grâce que vous opérez votre sanctification. « Paix aux hommes de bonne volonté », chantaient les Anges à la crèche du Sauveur ; les anges du Carmel le chantent toujours et ne chantent pas d'autre cantique. Ils ne disent pas : Paix à la joie, à la dévotion sensible, à la fidélité qui jamais ne se dément ! Non ! leur refrain est celui-ci : « Paix aux âmes de bonne volonté ! C'est qu'ils savent très bien que la dévotion sensible, la joie sentie, une fidélité sans tache ne dépendent pas de nous. Dieu nous soustrait parfois, même et surtout au Carmel, le sentiment de sa présence. Il traverse souvent par la souffrance, par des répugnances très vives, notre joie d'être à Lui... Il nous est salutaire de faire quelques chutes afin de ne pas perdre le souvenir de notre profonde misère. Mais ayons bonne volonté pour accepter avec paix la soustraction de la dévotion sensible, les répugnances qui s'attachent à nos luttes, à nos souffrances, à nos devoirs ; pour supporter sans nous troubler nos faiblesses, car voilà ce que Jésus, le divin Roi, veut de nous.

« Il veut que notre volonté ne périclite pas, et il nous

fournit mille moyens pour la maintenir à cette hauteur qu'exige notre vocation : oraisons, lectures, coulpes, chapitres, directions, examens, confessions, messes, communions, toutes ces grâces ont pour but d'accroître en nous l'esprit de foi, l'esprit surnaturel qui est comme le moteur, l'excitant de la volonté.

« L'esprit surnaturel s'appuie toujours sur Dieu, quels que soient les obstacles, les répugnances, les faiblesses, dès lors la confiance demeure et soutient la bonne volonté. Ce que je ne puis faire, Dieu le fera. Il suffit que je le lui demande avec humilité et confiance et que ma volonté s'efforce de faire des actes. Ces actes, Il les fécondera, pour que notre volonté cherche sa gloire et qu'elle reste vigilante pour saisir sa volonté divine, celle de la Règle et des Supérieurs.

« Rappelons que le meilleur des toniques pour la volonté, ce sont des actes ; elle s'acquiert et se développe, de même que la force physique, par les actes.

« On a vu des volontés nulles, tant elles étaient molles, devenir des phénomènes d'énergie, d'héroïsme. Elles ont commencé par de petits actes que Dieu a bénis et elles sont devenues héroïques. Faisons-nous une volonté magnanime qui va de l'avant, sans calcul, sans tergiversation et notre sainteté sera assurée car Dieu se met toujours du côté de la bonne volonté pour la soutenir ; elle est comme un instrument dont il se sert pour réaliser ses desseins. »

Et, en tout, confiance absolue, abandon complet au bon vouloir divin. Celui qui nourrit les oiseaux du ciel et qui revêt les lis des champs de si brillantes couleurs ne peut avoir un cœur de fer pour ses Filles du Carmel. Cette confiance en Dieu,

Mère Anne de Jésus en est pétrie. Elle a passé par bien des épreuves ; bien des difficultés se sont amassées sur sa route. Elle n'a jamais buté ! Sursum corda ! Son regard était toujours plus haut ! Elle savait que Dieu ne la pouvait abandonner ! C'est là une pensée qu'à tout moment on retrouve sous sa plume, dans les petits billets qu'elle adressait à ses Sœurs. Ils sont savoureux, pleins de cette confiance qui fait les forts, de cet abandon qui fait les héroïques :

« Ma chère enfant, écrit-elle à Sœur X..., ce que je pense de votre billet d'hier soir, mais j'en bénis le Seigneur, je sens son œuvre dans votre âme et, malgré tous les cris de votre nature, sans cesse vous renouvelez votre Fiat.

« Répétez le de plus en plus et priez tant que vous pourrez ; mais, de le redire ce Fiat, est déjà la prière la plus pratique qui puisse sortir de votre cœur et cette prière honore Dieu bien plus que vous ne le pensez.

« Donc, ma chère petite, arrière toutes ces pensées déprimantes que le démon voudrait fixer dans votre âme pour lui enlever tout son mérite ou le diminuer. Vous êtes à Dieu, Dieu est au fond de votre âme ; votre état est très sanctifiant, sanctifiez-le de plus en plus par votre amour filial... »

Elle écrit encore à une de ses Filles dans l'épreuve :

« Que voulez-vous, les cyclones renouvellent l'air ; ils peuvent sans doute causer bien du dégât, mais on le répare vite et tout reprend avec plus d'intensité que jamais... Je connais vos états, ils se clôturent toujours bien et à votre avantage ; il y a même des progrès sensibles que je constate avec un maternel plaisir ;

au temps de bourrasque, on ne les perçoit pas autant... sauf moi.

« J'espère que tout ira bien. Cependant, si Marie voulait marquer cette fête par une tempête terrifiante, ne nous en plaignons pas, mais restons douce, humble, souriante, si possible, dans ce tourbillon...

« Dieu vous aime... Vous vous êtes donnée à Lui. Il vous a prise au mot : devez-vous, maintenant, murmurer ou douter ? Ce serait un blasphème !... »

Enfin le grand mot est prononcé :

« A tout, ma chère enfant, je réponds : *Abandonnez-vous ;* jetez-vous dans l'abîme de l'abandon... Pourquoi vouloir interroger Dieu pour vos luttes ? Il vous aime. Il poursuit son but et Il ne vous laissera que quand Il aura fini. Courage, Il vous aime !... »

« ...Ma chère petite, courage et confiance ! Tout cela passera, mais c'est dur ! Dieu a tout voulu, tout permis. Il prend tout comme vous le lui avez donné si souvent, redonné hier et aujourd'hui... Ne demandez rien, mais *livrez-vous* à Dieu pour faire sa volonté ; c'est plus parfait, plus humble, plus confiant. J'ai connu des âmes qui ont exprimé à Dieu des désirs de maladie, de croix, et qui l'ont ensuite vivement regretté.

« L'abandon est la meilleure voie parce qu'il est composé d'amour, d'humilité et de confiance... »

Et, toujours, elle revient sur le même thème, sachant bien qu'elle est dans la vérité.

« Après tant de grâces, écrit-elle, ce serait en effet être bien ingrate de ne pas vous livrer corps et âme à la sainte volonté de Dieu par un acte de *complet abandon*. C'est vous dire que j'approuve votre acte, sans toutefois demander pour vous la souffrance ; je ne veux que l'abandon et cela suffit, puisque, même dans la santé et le dévouement, il vous donne le mérite de l'infirmité et de l'impuissance, ces choses étant acceptées d'avance.

« Courage ! souriez toujours et quand même ! c'est le vrai moyen de faire faire la grimace au diable qui voudrait vous dérober tout votre mérite en vous saturant de tristesse. Vous luttez, tant mieux : autant de pris pour les âmes, autant de moins pour le démon. Soyez un bon soldat, un bon zouave, puisque le zouave est un soldat d'élite... »

Cependant, il lui arrivait d'être dans le trouble, plus que cela, d'entrer même dans une véritable agonie. C'était surtout à la veille des élections, lorsque son triennat était sur le point de finir. Avec quelle ardeur elle souhaitait déposer ce fardeau de l'autorité qu'elle portait par obéissance, et, se plongeant dans les eaux d'un nouveau Léthé, oublier qu'elle avait été quelque chose ! Ah ! rentrer dans le rang, être une toute petite Carmélite qui n'a qu'à obéir, « avoir un peu de temps pour s'occuper de son âme », quelles délices depuis longtemps perdues et si souvent désirées ! Mais, à chaque fois, ses espérances avaient été cruellement déçues. ! Le vote de ses Filles la ramenait dans sa stalle de Prieure. De nouveau, elle devait être l'hostie immolée à Jésus pour la Communauté, celle qui ne s'appartient pas, mais qui, tel « le pélican lassé d'un long voyage », se donne complètement, se donne toujours !

Aussi son humilité était-elle soumise à très dure épreuve. Se croyant sincèrement incapable et impuissante à bien diriger les âmes, elle se figurait qu'elle trompait l'attente de tous et ne savait employer les vrais moyens propres à procurer l'avancement de chaque Sœur ; elle pensait qu'elle était un obstacle au bien réel, persuadée qu'elle était que d'autres réaliseraient mieux le but en usant de méthodes différentes.

Dès lors, elle ne pouvait, sans une souffrance indicible, s'abandonner à l'avance à la volonté divine qui serait manifestée : « Si je pensais, disait-elle, que, vraiment, il me faudra encore être Prieure, je succomberais d'avance à ma peine. Alors je me jette en Dieu pour oublier tout ce qui n'est pas Lui à la minute présente. »

Une autre fois, une Sœur la surprit à genoux dans sa cellule, les yeux ruisselants de larmes. « Ah ! ma pauvre enfant, avoua-t-elle devant le regard douloureusement interrogatif de sa Fille, ce que j'ai, je vais vous le dire, je me plains à Dieu. Il est si bon et Il me brise de plus en plus. J'ai peur de ce qu'Il peut permettre. Oh ! priez pour moi, j'en ai tant besoin ! Si on savait ce que c'est que cette charge et combien je l'ai en horreur, on aurait pitié de moi. La seule pensée de la subir à nouveau me révolte, même physiquement... J'en ai le dégoût ! Que Dieu ait pitié et que l'on me mette enfin de côté !... Mais, pardon, je vous scandalise peut-être. Je ne suis pas assez abandonnée. Et moi qui prêche aux autres le saint abandon ! Je dis quand même le Fiat et je ne veux que faire la sainte volonté de Dieu. Le Bon Dieu est si bon ! N'est-ce pas qu'il est bon ! Oh ! dites-le avec moi : Mon Dieu, vous êtes bon et je vous aime ! »

Et, pour mieux se rassurer, pour éviter le moindre attachement à son sens propre, la bonne Mère s'ouvrait de ses craintes à de hautes personnalités ecclésiastiques et religieuses, désirant avant tout suivre la voie de Dieu, si épineuse et dure fût-elle. Il lui arriva même d'épancher son cœur angoissé dans celui d'une autre Prieure, âme d'expérience, d'autorité et pleine de jugement. Le 5 juin 1922, elle en reçut ces lignes : « Laissez-vous donc renommer, ma si bonne Mère. Qu'est-ce que cela fait ? L'essentiel est que nous soyons là où le Bon Dieu nous veut. C'est là où est la grâce et le vrai bien pour nous et pour ceux qui nous entourent. »

Peut-être, en face de ces déchirements et de ces larmes, de ces angoisses et de cette agonie, pensera-t-on que la cause en était la faiblesse. Erreur profonde ! Quand l'élection était faite et que le vouloir divin était connu ; quand, une fois de plus, l'Eglise l'avait confirmée dans sa charge et lui avait remis en main la houlette de la Bergère, Mère Anne de Jésus reprenait vaillamment le fardeau du Seigneur, s'appuyant, dans sa foi profonde, sur la force de l'obéissance, sur la grâce divine toujours abondamment prodiguée à qui ne compte que sur le secours d'en haut. Dès ce moment, elle était toute paix, tout sourire, toute joie. Elle embrassait de nouveau ses Filles dans un amour maternel croissant, et nul ne se pouvait douter de la mesure du sacrifice si saintement accepté... Faiblesse ? Non. Découragement ? Loin de là. Mais humilité, humilité propre aux grandes âmes, et qui leur communique la force et l'audace dans le service de Dieu. Humilité qui éclatait dans tous les actes de Mère Anne de Jésus et que ses Filles n'ont pas oubliée.

« J'ai été frappée, disait l'une d'elles, de l'humilité de notre Mère Anne de Jésus, pendant les récréations. Que de fois ne l'ai-je pas admirée quand, après avoir exprimé sa pensée ou donné son sentiment, je la voyais sans effort, comme tout naturellement, se ranger tout de suite à l'opinion opposée que pouvait émettre l'une des Sœurs. Elle abandonnait son avis pour adopter celui d'autrui avec tant de douceur, de simplicité et d'humilité, que je restais confondue. Rien ne me touchait comme un tel exemple. » Et la bonne religieuse, faisant toujours appel à ses souvenirs, ajoutait : « Soit au Noviciat, soit ailleurs, si une Sœur avait prévenu notre Mère de quelque manquement commis par moi, cette bonne mère, en me reprenant, avait bien soin de s'exprimer de telle sorte que ma mauvaise humeur ou mon froissement, s'il m'en survenait, tournât contre elle et non contre la Sœur qui « m'avait zélée ». Je sentais qu'elle faisait tout son possible pour ne mettre qu'elle-même en cause, afin de me permettre de rester charitable en pensées et en paroles pour toutes nos Sœurs, surtout pour celle qui avait, par vraie dilection fraternelle, fait connaître mes faiblesses ou mes fautes, pour qu'on m'aidât à les corriger... »

L'humilité, vertu fondamentale mais difficile à acquérir. Tous les saints l'ont louée, tous l'ont désirée. Mère Anne de Jésus, qui reste dans la ligne, ne cesse d'en recommander la pratique à ses chères Filles. Quelques billets d'elle, adressés à des Novices, nous montreront l'importance qu'elle attachait à la floraison de cette vertu dans l'âme des futures Carmélites :

« Je prie pour vous afin que vous deveniez une humble violette ; mieux encore, un bâton muet qu'on tourne et retourne, qu'on laisse ici ou là, au chœur ou à la cuisine, sans qu'il ait le droit de se remuer, ni la pensée de le faire. Oh ! alors, quelle paix, quelle ferveur, quelle immolation. C'est la vie de l'épouse répondant à celle de l'Epoux divin sur la croix... »

A une Novice dans le trouble et l'inquiétude, elle écrit :

« Pourquoi vous troubler ? Votre état n'a rien d'inquiétant. Il ne faut pas confondre la tentation ou la sensibilité avec le péché ; vous souffrez, vous voudriez bien faire, vous luttez. Que désirez-vous de plus ? Je préfère mille fois mieux et je préférerais que vous fassiez tout de travers, si vous en deveniez plus humble. Ne vous attristez pas de ne pas réaliser tout ce que vous voudriez, tout ce que les autres voudraient, et de ne pas le faire aussi bien que votre amour-propre ou votre cœur le désireraient : c'est une grâce que Dieu donne aux âmes qu'il aime d'un amour de choix afin de les faire rentrer en elles-mêmes, et pour leur faire éviter les pièges de l'orgueil et de la recherche de soi-même ou de la louange.

« Chaque fois que vous avez mal fait, je vais plus loin, chaque fois que vous êtes tombée, remerciez votre Epoux ; pourvu que vous ayez bonne volonté, Lui est content et moi aussi.

« Oh ! non, mon enfant, je ne vous ménage pas, car je vous aime trop et je désire trop seconder les desseins de Dieu sur votre âme pour avoir très grande pitié pour votre amour-propre ; et puis, vous n'auriez plus en moi la même confiance et je tiens à la garder. Pauvre petite, courage ! Ne pleurez pas ainsi, ne vous découragez pas, mais humiliez-vous et offrez à votre bien-aimé votre petitesse, vos impuissances, votre désir de devenir humble et aimante et, ainsi, vous le glorifierez plus que les autres peut-être... »

Nous lisons encore : « Vous voyez, comme je vous l'ai dit souvent, tous vos troubles viennent de votre amour-propre, la source en est bien connue de vous. Eh ! bien, alors, partez de là pour la lutte et la fidélité. Qu'est-ce donc qu'une parole, un blâme, un procédé désobligeant ? Rien du tout, n'est-ce pas ? C'est une mouche qui nous pique mais que nous pouvons chasser avec la main et même écraser ; voilà ce que nous avons à faire avec ces troubles. Il dépend de votre volonté de les laisser à la porte, comme une mouche derrière une vitre ; ils peuvent bourdonner, faire du tapage, mais l'âme veille, ils restent là et s'en vont petit à petit. Si on les laisse tant soit peu pénétrer, c'est un vacarme, ce sont des malaises à n'en plus finir et, tandis que nous nous en occupons, l'amour de Notre-Seigneur chôme, notre devoir chôme, notre recueillement chôme. Cela rend-il plus heureuse ? Non.

« Eh ! bien, mon enfant, avec l'affection profonde que je vous porte et qui me fait avoir de grandes ambitions de sainteté à votre endroit, je forme le vœu que le Bon Dieu vous envoie bien des occasions pour vite réduire ce monstre qui contrecarre votre perfection. Maintenant, vous êtes toute à Jésus ; rien ne doit plus arrêter votre élan ; les fiançailles sont faites et vous vous préparez aux noces ; quelle sottise ce serait de vous amuser à des bagatelles au lieu de tisser l'or de l'humilité pour rehausser votre parure d'épouse.

« Allons, mon enfant, je vous bénis, et, avec cette bénédiction, je veux que vous commenciez une vie nouvelle, une vie toute d'oubli de vous-même et des créatures pour ne penser qu'à votre Jésus : Il est assez beau pour capter votre cœur.

« Faites vite un bon acte de contrition et d'amour, et puis en avant !... »

Que de belles choses on trouverait encore s'il ne fallait se borner ! Et, à les dire, elles sont si douces à l'âme qu'on les voudrait toutes dire. Que devaient être les sentiments de celles qui les recevaient et qui, à genoux dans la petite cellule toute blanche, les lisaient avec une sorte de ferveur !... Dans une corbeille de fleurs magnifiques et embaumées, on peut choisir difficilement. Chacune d'elles avec ses couleurs et ses douces senteurs attire le regard et l'envie. Mais on ne peut tout cueillir... Déjà, le soir arrive et la marche n'est pas terminée. Vite, quelques lignes encore, de ces lignes qui respirent l'humilité, comme l'air silencieux du soir respire le thym et la marjolaine, et nous nous résignerons à l'abandon de ce que nous laissons, tant notre cœur en sera rempli.

« Ma chère enfant... je sens si bien tout ce qui se passe en vous au physique et au moral, cette difficulté que vous avez de vaincre l'orgueil, la lâcheté !... Mais c'est là la grande vie ! Il faut que toute âme lutte pour avoir le droit de cueillir la palme du martyre réservée aux Carmélites... C'est humiliant, c'est vrai, de sentir qu'on manque d'énergie tandis que nous voyons les autres supporter de perpétuelles souffrances avec générosité ; tirons profit de cette bonne lumière, pour descendre plus encore dans notre néant et puis pour nous détester et nous fuir !.. Une fois la chose constatée, ne restons pas en cette mauvaise compagnie qui est notre misère, cela nous déprimerait ; jetons-nous en Dieu, en Marie, pour voir du plus beau, du plus confiant... »

.... « Le Bon Dieu vous conduit, ma pauvre enfant, par la voie de l'humiliation puisque l'amour n'a pas assez d'empire sur votre cœur. Demandez à Marie cet amour qui vous délivrera, qui vous fera passer par dessus votre amour-propre. En attendant, acceptez amoureusement cette humiliation qui vous purifie.

« Oh ! oui, je demande au Bon Dieu de vous faire trouver le mépris ou la peine chaque fois que votre amour-propre s'excuse et se réhabilite. Cela vous est nécessaire en attendant mieux. Mais, pas d'inquiétude, et encore moins de l'irritation ; ce serait un autre genre d'orgueil ; seulement une prière plus assidue, plus ardente, pour demander la force de vous vaincre et l'amour qui allège en purifiant... »

« Ma bien chère enfant, vos petits billets m'ont fait plaisir parce qu'ils me redisent que vous luttez ; avec cela vous n'avez rien à craindre, même de votre orgueil ; serait-il gros comme une montagne ! Montez sur cette montagne et, de là, sondez la profondeur de votre misère ; puis mettez-vous en demeure de descendre *petit à petit, par l'humilité*, le simple aveu de vos fautes, de ces petitesses qui font rougir de honte.

« Comme dans cette descente vous serez heureuse en foulant aux pieds toutes ces niaiseries puériles qui n'ont d'autre valeur que celle que votre orgueil leur donne ! Je suis bien contente de vous voir lutter ainsi ; vous voyez que Notre Seigneur vous donne ses lumières : Il vous a tant aimée. Il vous aime tant...

« Petite brebis du Bon Dieu, vous devriez vous fondre de reconnaissance, non par des sentiments, cela n'est pas nécessaire (ils sont même trop doux !) mais par vos œuvres.

« Quand vous avez réparé, tout est gagné, tout est retrouvé, mais réparez bien et réparez toujours. Priez bien pour moi. Oh ! comme je le fais pour vous ! Je vous veux si généreuse, si vraiment Carmélite ! Vous n'avez qu'une pénitence fructueuse et purifiante à faire après vos chutes : vous humilier intérieurement et extérieurement. A cette pratique, rien ne résiste : c'est le vrai remède... »

CHAPITRE VI

I N silentio et quieto proficit anima devota ! Ainsi parle le grave auteur de l'*Imitation* et ainsi pensait Mère Anne de Jésus. Le silence ! vertu par excellence des cloîtres ! Les vains bruits du monde s'arrêtent à la porte de clôture. Dans l'intérieur, ce ne doit être que paix, que recueillement, car l'Esprit-Saint fuit l'agitation et le trouble et sa voix ne se fait point entendre dans la tempête.

Or, la vocation carmélitaine n'est-elle pas justement ce désir d'union parfaite avec la divinité, cette docilité amoureuse qui vibre aux moindres touches du vouloir divin comme la harpe chante au plus léger contact de l'artiste ? Aussi, gardienne, de par sa charge de Prieure, de l'intégrité de la vie carmélitaine en son Monastère, soucieuse avant tout de la très grande perfection de ses chères Filles, Mère Anne de Jésus veut à tout prix leur procurer cette atmosphère de silence et de recueillement. Elle y revient sans cesse dans ses causeries ; elle institue des concours avec récompenses spirituelles. Un matin, elle accroche un écriteau rappelant de façon saisissante à quelques âmes distraites ou absorbées, la grande prescription ; un autre jour, elle donne connaissance à la Communauté d'une naïve et spirituelle composition d'une Sœur : les Dix Commandements du silence et les six autres pour aider à la pratique des dix premiers.

Le saint silence tu devras
Bien observer joyeusement
Vertu que tu pratiqueras
Pour aimer Dieu parfaitement... etc...

Parfois, à l'époque des fêtes, Mère Anne de Jésus faisait afficher un message à l'avant-chœur ou dans un dortoir. Il était écrit en très grosses lettres noires, bien visibles... même de loin. Dieu y parlait à ses Filles et leur rappelait ses désirs les plus chers. En voici deux exemples :

« Message du Cœur de Jésus (année 1917)

« Je demande à mes chères Filles du Carmel de mon Cœur *Silence d'action*, autant que possible, durant les grands balayages du Monastère... *Silence de paroles et du jugement* sur les mille petits désirs, sur les mille petites appréciations de chacune.

« Moyennant cela je promets à mes Filles bien-aimées la victoire sur elles-mêmes, sur le démon et sur les ennemis de la frontière.

« Ce sont ces vertus qui font les *thaumaturges !*

« Message du Saint-Esprit

à ses Filles très aimées du Carmel du Cœur de Jésus :

« Mes Filles, je suis une timide Colombe que le bruit fait fuir ; veillez sur vos pieds et imposez-leur de marcher *très, très doucement.*

« C'est le dernier effort que je demande pour me donner à vous dans la plénitude de mes dons. »

Et le bienheureux silence régnait dans la pieuse Maison.... La sainte Colombe y habitait.

Mais la chère Prieure ne s'arrête pas en si beau chemin ; c'est une véritable croisade qu'elle a entreprise. Elle veut un succès complet, absolu. Ecoutons-la dans ses allocutions. Quelle assurance, quelle profondeur, quelle suave énergie ! Elle laisse parler son cœur de contemplative et c'est un régal que de l'entendre s'expliquer avec des images et des comparaisons d'un gracieux pittoresque :

« La voix de l'Ange troubla Marie ! Que cette parole est profonde et dénote en la Très Sainte Vierge une abnégation totale d'elle-même et des créatures. Abnégation qui ne doit parler qu'à Dieu et n'entendre que Lui. Nous ne savons qu'admirer le plus en cette divine Mère, ou de son humilité qui rougit et qui s'étonne quand le Messager céleste lui annonce ses divines prérogatives, ou de son esprit de silence qui se trouble et s'alarme en entendant la voix de l'Ange.

« Arrêtons-nous à ce silence, puisque nous avons résolu de l'imiter afin de devenir de vraies contemplatives comme Marie, et parce que, sans la vertu du silence, il ne peut guère y avoir une vraie contemplation, au moins d'une manière habituelle.

Rien n'est délicat comme une contemplative : une parole, un signe, un rien interrompent ces colloques affectueux avec Dieu, entravent son union avec Lui. Il faudra ensuite beaucoup d'efforts à cette âme pour être assez calme, assez paisible pour jouir de nouveau de cette voix divine et retrouver cette union. Nous aimons, vous le savez, les comparaisons ; elles permettent de mieux saisir la pensée.

« Eh ! bien, nous comparons les dispositions d'une âme contemplative à un parfum très exquis, mais très subtil. Pour conserver ce genre de parfum, on l'introduit dans un flacon que l'on ferme hermétiquement, presque toujours à l'émeri. Ce flacon, on le renferme ordinairement dans un étui de cuir ; on ne l'ouvre que rarement, seulement en cas de besoin et pour très peu de temps ; de cette façon, le parfum se conserve indéfiniment. Voilà l'image d'une âme contemplative. Elle sait que le calme et la paix dont elle jouit, que son union avec le Bien-Aimé est chose très précieuse qu'elle peut perdre en ouvrant la porte à ses sens ; aussi ne permet-elle à sa bouche de s'ouvrir que rarement, en cas de nécessité et juste pour ce qui est nécessaire ; elle veille sur ses mains, sur ses pieds, afin de ne pas troubler par le bruit les bonnes dispositions des autres ; elle est attentive sur ses yeux, ses oreilles, afin que ces sens n'apportent pas à l'âme des images ou des paroles qui la troubleraient : en un mot, cette âme, ainsi vigilante pour l'observation du silence, garde son union avec le Seigneur, garde ses vertus.

« Mais supposons que ce parfum précieux et subtil dont nous venons de parler, soit confié à une âme légère, tapageuse, c'est-à-dire à une âme qui ouvre à tout instant le flacon contenant ce parfum, qui ne le refermera pas vite et le laissera même toujours ouvert ; il est évident que ce parfum sera vite évaporé ; l'air pénétrant dans le flacon entraîne le parfum à l'extérieur et il se répandra aux quatre coins du ciel ; bientôt, le flacon lui-même n'en gardera aucun souvenir.

« Symbole frappant de l'âme bruyante qui parle, écoute, regarde et s'agite ; elle sera bientôt vide de Dieu, pauvre de vertus. Ce qu'elle aura amassé à la Communion, à l'oraison, sera promptement dissipé. Cette âme ne gardera de la vie religieuse que l'habit, ou tout au plus un extérieur plus ou moins correct. Mais ne lui demandez pas d'avoir une vie intérieure, une vraie piété, encore moins une vraie contemplation : si elle croit avoir cela, elle se trompe ; elle pourra bien parler de Dieu, des mystères, des états élevés, mais sa mémoire seule fournira ces beaux discours, l'expérience n'y sera pour rien.

« Voilà pour les dispositions vis à vis de nous-mêmes, par rapport au silence. Voyons maintenant les rapports qui existent entre cette vertu pratiquée par nous et nos Sœurs.

« Prenons un autre exemple : Supposons qu'un bras vigoureux vient chaque jour, plusieurs fois par jour, jeter un coup de massue à la cloison de notre cellule ; il est évident qu'elle ne tardera pas à s'écrouler ; mais si ce même bras, au lieu de donner le coup de massue à cette cloison, la double d'une couche, même très mince, de mortier ou de ciment, cette cloison deviendra tout à fait résistante : voilà ce que nous faisons quand nous gardons le silence ou que nous y manquons. Nous détruisons cette enceinte de silence qui servait d'abri à notre union avec Dieu, nous renversons cette forteresse de la Règle où nos âmes sont venues se réfugier pour être vraiment contemplatives, pour échapper au tapage et au tourbillon du monde. Et notons bien que ces ruines, nous ne sommes pas les seules à les subir ; nous les imposons aux autres, nous détruisons dans les âmes les merveilles que le Saint-Esprit y opérait.

« Quand, au contraire, nous gardons le silence, nous coopérons avec le Saint-Esprit, nous l'aidons à édifier la sainteté de nos Sœurs par l'esprit d'oraison qui est l'essence de notre vie, nous nous fortifions dans notre vocation de contemplatives. Oh ! la grande merveille ! Il n'y en a pas de plus belle au monde. Jésus a plus fait dans ses trente années de silence et de contemplation à Nazareth que dans les trois années de sa vie publique : il a formé Marie et Joseph, les deux âmes contemplatives par excellence, qui ont été la plus parfaite copie de lui-même... »

Ah ! être la copie de Jésus, une copie fidèle, merveilleuse de ressemblance ! Peut-on imaginer pour une Carmélite, un but plus désirable ? Aussi Mère Anne de Jésus pour encourager ses Filles dans la pratique du silence cherche à élever leurs yeux vers le grand Silencieux, Jésus, le divin modèle. Ecoutons bien simplement les paroles qu'elle laissait tomber un soir, dans la salle du Chapitre, tandis que dans les jardins du Monastère, la nuit baignait d'ombre les grands arbres décharnés :

« Nous allons entrer dans le saint temps du Carême ; raison de plus pour revenir à notre belle et sainte vertu du silence, pour nous stimuler à la pratiquer mieux encore.

« Jésus, voulant nous servir de modèle dans l'accomplissement de notre vie religieuse, et nous indiquer la voie la plus sûre en même temps que la plus simple et la plus rapide pour arriver à la sainteté, se sépare de toute créature, même de sa sainte Mère ; il se retire et ne veut parler qu'à son Père, car avec lui seul il doit traiter de la grande affaire de sa gloire et de notre salut. Il inaugure au désert, dans sa solitude, d'une manière tangible, cette pratique absolue du silence déjà commencée à Nazareth avec tant de perfection, silence que la Carmélite doit continuer dans son cloître.

Notre saint Législateur a si bien compris les desseins de Jésus sur nous et pénétré ses intentions qu'il donne au silence dans notre sainte Règle un rang tout à fait à part parmi les autres vertus. Aucun chapitre n'est aussi véhément que celui du silence, aucun n'est rempli de pensées et de textes si propres à exciter notre amour et notre crainte. Au début de ce chapitre nous remarquons ce texte de la Sainte Ecriture : « Le silence est le fruit de la justice », et pour le clôturer, cet autre non moins profond : « Qu'il s'applique avec diligence et circonspection à garder le silence dans lequel se trouve le fruit de la justice ».

« Qu'est-ce que la justice ? C'est l'assemblage, la réunion de toutes les vertus ; nos Saints Livres, parlant de notre Père Saint Joseph, du saint homme Job, de Tobie, disent : C'était un homme juste et craignant Dieu. Cette qualité de juste répond au titre de saint que nous donnons aujourd'hui aux grands serviteurs de Dieu. Etre juste, être saint, c'est posséder toutes les vertus à un degré éminent, et le moyen le plus sûr, le plus direct pour acquérir ces vertus, c'est le silence.

« Plus les âmes sont parvenues haut dans les horizons de la sainteté, plus elles ont été silencieuses ; exemple : Jésus,

Marie, Joseph. A Nazareth, Jésus était le plus silencieux, puis venait Marie et ensuite notre bon Père Saint Joseph.

« Quelle est ici la Religieuse la plus sainte ? C'est celle qui garde le mieux le silence, parce que cette Sœur, en gardant le silence, garde toutes les autres vertus. Et c'est cela qui constitue la justice.

« Saint Bernard, parlant à ses Religieux et voulant les impressionner en leur confiant les remarques qu'il avait faites en lui-même à propos du silence, s'accuse ainsi : « Quand j'ai « obtenu la permission de parler pour les choses nécessaires, « je me suis aussitôt dissipé en plusieurs paroles. Je n'ai pas « seulement dit les choses utiles, mais encore celles qui ne « l'étaient pas, qui ne me regardaient point et auxquelles je « ne devais pas étendre ma permission : au lieu d'édifier mes « Frères, je les ai scandalisés. Mes paroles, qui n'étaient pas « conformes à mon état, l'étaient à mes inclinations. J'ai pro- « fané ma langue par le mensonge et la détraction. Ma « langue, qui se laisse facilement tromper, ne rapporte jamais « les choses comme elles ont été dites, ou comme elles ont « été faites ; elle assure les unes pour les autres ; elle y mêle « tant de mots superflus et exagérés, soit en louant, soit en « blâmant, qu'on peut dire en vérité que je mens presque « toujours quand je parle. »

« Est-il une confession plus humble, plus complète ?... Et c'est celle d'un saint, d'un très grand saint. Oh ! qu'il avait compris qu'il perdait par les paroles ce qu'il gagnait par le silence, et il s'était résolu à le garder avec perfection pour arriver à l'idéal qu'il s'était fait de la sainteté. S'il nous était donné de nous rappeler toutes les paroles que nous avons dites seulement depuis que nous sommes au Carmel, oh ! comme cela nous ferait rougir à cette heure où nous ouvrons le livre du silence pour en voir toute la beauté, toute l'harmonie ! Que de paroles vaines, orgueilleuses ; que de mensonges peut-être ; en tous cas, que de paroles inutiles !

« Faut-il nous étonner si nous ne sommes pas saintes après tant de prières, de sacrements, de coulpes, de moyens de toutes sortes ?... Notre langue, de connivence avec nos passions, a trouvé le triste moyen de tout empoisonner au lieu de concourir à orner notre âme de la justice... elle l'aurait plutôt abîmée, couverte de boue, cette belle justice qui est le reflet de Dieu sur l'homme.

Si saint Bernard veillait attentivement sur sa langue, la trouvant si abominablement coupable, quelle ne serait pas la culpabilité d'une âme qui ne se surveillerait point sous le rapport du silence, qui vivrait sa petite vie matérielle sous la bure, vie dénuée de toute vertu, vie animale, vie de misères et de péchés ? Quel désordre !

« Oh ! ce n'est pas ainsi que nous voulons vivre, que nous vivons ! Nous avons compris et nous comprendrons plus encore par notre propre expérience ce que nous dit notre sainte Règle : « L'abondance des paroles ne va pas sans péché ! » et, plus loin : « Que chacun pèse donc ses paroles et mette un frein « à sa bouche. » Nous serons si pénétrées de la difficulté d'ouvrir les lèvres sans péché que nous préférerons les tenir toujours fermées. Il y a tant de façons de suppléer aux paroles ! Voilà comment nous ornerons notre âme de la justice, premier don que Dieu fit à l'homme en le créant au

Paradis terrestre, don qu'une parole, une discussion avec l'ange des ténèbres fit perdre à l'humanité entière.

« La langue eut la triste puissance de faire commettre à Eve ce premier péché, péché qui la découronna du beau diadème de justice ; ayant été perdu par les paroles, il sera replacé sur notre front par l'œuvre du silence.

« Ah ! comprenons pourquoi saint Albert insiste tant sur le silence ; il voyait que seul le silence peut rétablir les choses dans l'ordre, c'est-à-dire dans la justice ; et il nous exhorte, nous presse de pratiquer cette vertu ; il nous menace même jusqu'à parler du jugement dernier afin que, si l'amour n'était pas assez fort pour nous déterminer à rester silencieuses dans notre solitude, nous le soyons par la crainte des châtiments qui seront le partage des âmes trop parleuses... »

Il est bon d'entendre parler cette vénérable Mère, comme il est doux, les soirs d'été, alors que dans un ciel qui devient silencieux, s'allument les joyeuses étoiles, d'écouter le rossignol commencer sa mélodieuse chanson. Dans nos temps de vitesse, de course folle et de bruits, il importe que de grandes âmes nous rappellent la valeur du silence, de la paix, de la vie intérieure. Ce sont là mots inconnus de la masse, peut-être de nous-mêmes. Un instant du moins arrêtons cet élan qui nous emporte en tourbillonnant ; fermons les oreilles à l'immense clameur qui s'élève d'un monde surmené, et recueillons ces paroles venues d'outre-tombe, comme des gouttes de rosée qui apaiseront notre fièvre. Apprenons donc qu'il est suave de vivre loin de l'agitation qui nous tourmente ; que la vraie vie n'est peut-être pas ce halètement sans fin qui nous oppresse, mais qu'elle se trouve plutôt dans cet anéantissement de tout l'être derrière d'épaisses murailles, dans ce silence enfin que nous méconnaissons et qui est sans doute le seul remède apaisant de notre souffrance.

N'est-ce pas ainsi que pense Mère Anne de Jésus, lorsque, la Règle en main, elle explique à ses Filles ce texte si profond pour l'âme qui le sonde : « Votre force sera dans le silence ». Faisons silence en nous-mêmes ; fermons les yeux. Nous sommes dans la grande salle du Chapitre ; sa voix s'élève doucement et nous pénètre, lente et précise :

« Ce texte puisé dans notre sainte Règle, nous voudrions à cette heure le développer succintement, afin de nous lancer de plus en plus dans cette voie du silence qui, au Carmel, est la voie du recueillement, essence de notre vie. Nos forces, nous l'avons dit, s'échappent par nos paroles, elles se doublent, se centuplent même par le silence. Albert le Grand, dont on ne saurait suspecter la doctrine, nous dit en parlant des âmes silencieuses dans leurs souffrances que « Dieu enverrait un « Ange pour consoler ces âmes qui ne parlent qu'à lui, plutôt « que de les laisser manquer du secours nécessaire dans leur « douleur. »

« Notre saint Législateur entre pleinement dans ces vues lorsque, dans notre sainte Règle, il cite ce passage de la Sainte Écriture : « Votre force sera dans le silence ! » Pourquoi cela ? Parce que le silence gardé pour le Seigneur appelle la force divine. Dieu aime tant qu'on se fie à lui, qu'on s'en rapporte à lui dans ses souffrances, ses luttes, d'où qu'elles viennent, même et surtout quand elles naissent de l'orgueil et

de « nos désirs qui, d'après notre Bienheureux Père Saint Jean
« de la Croix, sont la seule cause de notre souffrance. »

« Si le Seigneur prend soin d'un petit oiseau, si pas un cheveu
de notre tête ne tombe sans sa permission, ne volera-t-il pas à
notre secours dans notre besoin ! Nous ne pouvons douter de
cela ; nos âmes d'épouses ne sont-elles pas plus précieuses à
ses yeux que la vie de ce passereau qu'il surveille avec amour ?
En conséquence, dans nos épreuves, Dieu ne saurait nous faire
défaut, mais il aime ce que les auteurs appellent *la virginité de
la souffrance*, virginité qui ne se garde intacte que par le
silence.

« Prenons une comparaison ; elle fera mieux saisir cette
doctrine. Supposons qu'une de nos amies, une amie très chère,
cueille une fleur pour nous l'offrir ; et voilà qu'en notre présence, cette amie fait circuler de main en main cette fleur,
de façon qu'elle ne nous arrive qu'en dernier lieu, après que
tous ont respiré son parfum. N'est-il pas vrai que nous dirions,
au moins intérieurement, que cette amie est bien peu délicate,
qu'elle nous met au dernier rang dans son affection tandis
que nous pensions occuper dans son cœur la première place.
Voilà ce que fait une âme qui ne sait pas se taire dans ses
difficultés, dans ses souffrances ; qui, à la première piqûre
d'épingle faite à son corps, à son esprit, à son cœur, à son
orgueil, à sa lâcheté, court vite la montrer ou le dire. Cette
âme perd toute sa force ; il ne lui reste plus que celle de
gémir et de pleurer, tandis que sa compagne plus silencieuse
porte des croix plus lourdes sans fléchir.

« Heureux encore si cette pauvre âme finit par se jeter aux
pieds de Notre-Seigneur pour reconnaître le tort qu'elle s'est

fait à elle-même et qu'elle a fait à la gloire de ce bon Maître, en ne lui apportant la fleur de sa souffrance pour lui en faire hommage, que tout à fait en dernier lieu, quand cette fleur n'a plus que quelques pétales, et qu'elle a perdu presque tout son parfum et son éclat.

« Quand Dieu fait éclore dans une âme, surtout dans une âme de ses épouses, la fleur de la souffrance, c'est pour forcer cette âme à se tourner constamment vers lui, et non pour qu'elle montre à tout instant cette souffrance aux créatures. Oh ! s'il nous était donné de comprendre ce que perd une âme qui s'éparpille ainsi dans ses épreuves, nous ne trouverions pas de prière assez longue, ni de sacrifices assez pénibles pour obtenir sa conversion.

« Mais on dira peut-être en nous écoutant : Pourquoi les supérieurs ? Dieu ne les a-t-il pas établis pour aider, consoler, fortifier ?

« Oui, Dieu a établi les Supérieurs, ils sont nécessaires, indispensables même. Ils sont les colonnes qui soutiennent les âmes, les anges qui les consolent, les déversoirs pour soulager, mais il ne faut pas en abuser car alors le Seigneur, qui cependant habite en eux, en serait jaloux. Il ne veux pas l'abus, même et surtout dans les meilleures choses.

« On s'imagine parfois que les supérieurs souffrent si on ne va pas chez eux souvent. Sot raisonnement ; les supérieurs ne sont pas des enfants, ils ne sont pas là pour s'amuser, mais pour faire l'œuvre de Dieu. Ils n'ont de vraies joies que quand ils voient les âmes bien à leur affaire, dans la paix du silence. Ils ne souffriraient que si les âmes se retiraient d'eux par caprice, bouderie, indépendance, ou faux jugements portés par l'orgueil.

Oh ! alors, leur souffrance serait grande à cause du tort que se feraient ces âmes en sortant de l'ordre établi par Dieu et des promesses qu'elles ont faites au jour de leur profession, en promettant à Dieu et aux supérieurs, obéissance, chasteté et pauvreté. Usons des supérieurs ; ce serait sottise, orgueil, présomption de vouloir s'en passer ; nul ne sait se conduire lui-même mais usons-en selon la volonté de Dieu. Ne voyons que Dieu en eux et ne cherchons consolation en ces dieux visibles que quand le Dieu invisible refuse de nous les donner.

« Voilà comment nous réalisons ces paroles de notre sainte Règle : Notre force sera dans le silence. Soyons vraiment vierges, n'enfantons que des actes vierges, réalisés entre Dieu et nous ; n'en parlons même pas à nous-mêmes ; ce serait les déflorer ; et si l'obéissance nous fait un devoir de les révéler, que ce soit purement, sérieusement, uniquement pour nous faire diriger, pour être sûres que nos lumières et nos œuvres sont selon Dieu.

« Rendons-nous fortes, endurantes pour supporter luttes, souffrances, contradictions. Ce sera le fruit de notre bonne volonté et de notre silence... »

C'est fini. Comme une ombre, chaque Religieuse s'éloigne d'un pas feutré vers sa cellule... Sur les arceaux tout blancs du cloître, un mot se détache en grosses lettres noires : Profond silence !...

***

Souvent Mère Anne de Jésus entrait dans la cuisine. Elle déposait près du fourneau un petit fagot fait de brindilles, débris de rames qui avaient servi d'appui aux haricots flexibles, branches sèches détachées des arbres, qu'elle avait ramassés durant sa visite d'inspection au jardin. « Voyez, disait-elle avec son bon sourire à la Sœur qui s'empressait, voyez tout ce que je vous apporte... Faites tout servir. C'est le fagot du Petit Jésus, il vous aidera à allumer le feu ce soir. » Et elle repartait de son pas rapide et silencieux, heureuse d'avoir observé la sainte Pauvreté.

Comme le grand François d'Assise, elle en avait fait son inséparable compagne et celle de son Monastère, selon le vœu des saintes Règles. Le balai dont elle se servait pour nettoyer sa cellule n'avait plus du balai que le manche et le nom ! Depuis longtemps les pailles avaient disparu, ne laissant qu'un gros moignon. Mais la chère Prieure jugeait inutile d'en changer, et sa cellule n'en était pas moins méticuleusement propre... Sa paillasse était elle aussi d'un âge vénérable. Elle lui avait été donnée à son entrée au Carmel, et même à ce moment-là, elle était loin d'être neuve... Les trous s'y étaient multipliés avec les ans, et la toile était devenue une véritable tapisserie tant elle avait été raccommodée ! Les Sœurs voyaient avec peine une si minable couche à l'usage de la Prieure. Elles essayèrent d'abord de timides observations. Sa Révérence demeurait insensible : « Laissez moi, disait-elle, notre paillasse avec sa toile ; elle est excellente et jamais je n'en aurai une meilleure... et puis, elle durera bien autant que moi. »

Un jour, pourtant, il fallut se rendre à l'évidence. La malheureuse toile ne tenait plus. Il était urgent de la renouveler en partie. La Prieure laissa faire. Mais Dieu ! que ce morceau d'étoffe neuve lui pesa longtemps sur le cœur ! Elle ne put ensuite que témoigner son regret : « d'avoir une paillasse à peu près neuve, alors qu'auparavant elle me suffisait si bien ! Pourquoi a-t-on pris ce soin extrême pour la raccommoder si parfaitement ?... C'est beaucoup trop beau pour moi et je ne m'y étends qu'à regret ! »

Un détail, en passant, au sujet de ses alpargates. Les alpargates, il le faut dire, sont ces grossières chaussures qu'ont coutume de porter les Filles de Sainte Thérèse. Un matin qu'elle se trouvait avec la Sœur chargée de leur fabrication, Mère Anne de Jésus aperçut une paire d'alpargates toute neuve, mais énormes. Elles étaient d'un tel poids et partant si incommodes que la malheureuse officière n'osait les donner à personne. Elle se proposait même de les défaire et d'essayer de les ramener à de plus modestes proportions. « Gardez-vous en bien, lui répondit la Prieure ; vous n'en tireriez ensuite aucun parti ; vous n'avez qu'à me les donner, elles me conviendront fort bien. »

Ceci se passait pendant l'Avent de l'année 1927. Mère Anne de Jésus était déjà bien fatiguée. Mais qu'importait cela ? L'amitié de dame Pauvreté vaut bien quelques sacrifices !... Quelques mois avant sa mort, elle fut obligée de revêtir une tunique moins rugueuse, tant les démangeaisons dont elle était dévorée la faisaient souffrir. Ce fut pour elle un vrai et dur sacrifice. Mais elle n'oublia pas de faire ses recommandations à la Sœur chargée des tuniques : « Quand je serai morte, lui dit-elle, vous veillerez à ce qu'on ne m'ensevelisse pas avec cette tunique neuve, trop belle et trop fine pour une Carmélite ; j'en aurais bien de la peine ! Je compte absolument sur vous pour qu'on me mette alors une tunique de notre étoffe, mais la plus vieille et la plus usée. » Et, insistant sur les mots : « Ce n'est pas la peine de mettre sa recherche dans ce qui sera pourriture. Il faut être pauvre jusque dans son cercueil. Vous me comprenez ?... J'y compte. »

Elle portait ce grand amour de la pauvreté dans les plus petits détails. Voyait-elle traîner un bout de fil, un clou, une épingle ? Bien vite elle les ramassait, pour les utiliser à l'occasion. Elle avait ainsi une collection disparate de petits morceaux de papier dont elle se servait pour ses notes ; et tandis qu'elle faisait la direction à ses Filles, elle occupait ses mains à retourner des enveloppes qui déjà portaient une adresse.

Souvent, au cours de ses visites dans le jardin du Monastère, elle constatait des négligences qui lui paraissaient une atteinte à sa chère vertu. Toujours elle les relevait avec une douce fermeté : « Il y a, disait-elle, dans ce carreau, un pied de pommes de terre qui a dû être laissé là par oubli ; arrachez le sans tarder... Voyez aussi sur ces rames, il me semble apercevoir quelques cosses de pois. Il les faut recueillir. Il n'y en a pas beaucoup, sans doute cinq ou six, mais c'est toujours bon à mettre dans la soupe. »

Une autre fois, elle aperçut des outils qui, depuis la veille, trempaient dans le bassin, et une paire de sabots restés en plein soleil. Elle en fit aussitôt la remarque : « Si on n'y met ordre, dit-elle, les manches de ces outils se pourriront dans l'eau, et il faudra remplacer les sabots fendus par la chaleur. Que de démarches et d'argent il faudra, faute d'une minute d'attention !... Et on se dira quand même bonne religieuse ; on croira observer son vœu de pauvreté, tandis que ces menus oublis, ces manquements l'auront fréquemment blessée. N'oubliez pas que tous ces détails intéressent grandement la sainte pauvreté, qu'ils vous fournissent d'excellentes occasions de la pratiquer à tout instant. »

Elle se rendait parfois à la cuisine pour y faire à ce sujet d'expresses recommandations : « Ma Sœur, disait-elle un jour à une jeune cuisinière, votre charité n'a sans doute pas prié la Sainte Vierge en mettant ses légumes, car ils ne sont point cuits, malgré un feu trop ardent... Réglez donc le tirage, la pauvreté y gagnera, les aliments aussi. » Puis, remarquant sur la table un grand plat de laitues :

— Mon enfant, avez-vous mis la mesure exacte d'huile et de vinaigre dans cette salade ?

— J'ai compté trois cuillerées d'huile et deux de vinaigre, notre Mère, cela me paraît à point.

— Servez-vous de la mesure, mon enfant ; elle est établie pour cela. En prenant une cuillère, vous ajoutez un peu de surplus chaque fois, et, ce faisant, voyez quel gaspillage d'huile au bout de l'année, sans aucun profit pour la santé des Sœurs. Et elle ajoutait en souriant : « Ma chère enfant, pendant votre quinzaine de cuisine, répétez-vous sans cesse que vous tenez en vos mains la régularité de l'observance... Cette régularité dépend de vous en grande partie. Si vous ne pratiquez pas la pauvreté dans votre office, la Communauté en pâtira au spirituel et au temporel... Veillez donc à tout ; ne laissez rien perdre ou gâter par incurie, pour vous éviter une course ou un dérangement. Ne plaignez pas votre peine. Utilisez tout. Ramassez soigneusement ce qui peut servir, ne fût-ce qu'un petit haricot ou une lentille. Ainsi vous pratiquerez vraiment votre vœu, vous procurerez bien des avantages à la Religion et vous témoignerez de votre respect pour ce qui nous vient de Dieu ou des cœurs dévoués et charitables. »

Dans les Chapitres ou les entretiens particuliers, en récréation même, elle revenait fréquemment sur ces pensées qui lui étaient habituelles :

« Mes Sœurs, dans notre vie carmélitaine, c'est à tout instant que nous avons à pratiquer la pauvreté et les fautes que nous pouvons commettre contre ce vœu sont innombrables. Nous ne parlons pas de fautes sérieuses, mais de ces légers manquements commis sans doute par inattention, mais qui néanmoins ternissent la pureté de l'âme... Nous connaissons nos devoirs. Soyons vigilantes pour les observer scrupuleusement et devenir des âmes pauvres en esprit et en vérité. Veillons sur tout, ne laissons rien perdre. Rien de ce qui est à notre disposition ne nous appartient. Nous ne sommes même pas propriétaires d'une épingle. Nous n'avons à nous, hélas ! que nos fautes, que nos misères, et de cela on est toujours trop riche ! Tout le reste appartient à la Religion, au Monastère, à la Communauté. C'est le bien de toutes, et si nulle d'entre nous n'a le droit d'en disposer à son gré, nulle non plus n'a la permission de négliger ce bien commun. Nous avons fait vœu de pauvreté stricte, gardons-la réellement. Que chaque Sœur soit très vigilante pour ne rien laisser perdre ou détériorer de ce qui est à son usage ou dans son office. Qu'elle emploie les moindres choses avec intelligence, et qu'elle prie Dieu et notre bienheureuse Mère Sainte Thérèse de lui inspirer comment elle doit tirer parti de tout pour l'utilité des Sœurs... »

CHAPITRE VII

QUELQUES jours seulement après la mort de Mère Anne de Jésus, une personne du monde écrivait à l'une de ses amies : « Pour ma part, j'ai senti avec quelle intuition elle éclairait les âmes qui se confiaient à elle. Je ne crains pas d'avancer que c'est d'elle... que m'est venue la lumière pour éclairer ma voie à un moment où tout encore était bien ténébreux... C'est toujours après avoir prié l'Esprit-Saint qu'elle dictait ses conseils et avec une telle délicatesse et un tel désir de rendre la paix à l'âme que tout naturellement on se laissait conduire... Remercions Dieu de l'avoir connue. C'est une sainte qui, de là-haut, nous continuera sa protection... »

Il semble certain, en effet, que dans la direction des âmes, Mère Anne de Jésus fût une femme supérieure. Vivant de Dieu et pleine uniquement du désir de faire aimer ce grand amour de son cœur, elle montrait dans le maniement si délicat, si difficile des âmes, une sûreté remarquable, un admirable doigté. Bonne comme son Maître, douce dans l'affliction bien que ferme sur les principes, elle allait au pas de Dieu, qui est un pas de miséricordieuse mansuétude : « Autrefois, disait-elle en ses dernières années, je n'avais pas l'expérience présente, et j'aurais été portée peut-être à un peu de sévérité... Maintenant je ne conduis les âmes que par la voie de la confiance et de l'abandon, ne leur laissant guère apercevoir en mon cœur qu'un profond amour pour elles... Dieu me fait comprendre que ce sont là les grandes vertus qu'il faut leur inculquer et la voie sûre et humble qui mène vite à la sainteté réelle. »

Mais c'est surtout comme maîtresse des Novices qu'elle donna libre cours à sa passion de la sainteté chez les autres. Consciente de l'importance de sa fonction, elle cultivait précieusement la vocation carmélitaine dans l'âme de ses chères enfants du Noviciat, les préparant maternellement à être de parfaites épouses du Roi Jésus. Que de prières, que de larmes répandues au pied du Crucifix, dans ce noble but ! Que de sacrifices et d'immolations généreusement voulus et que seul le Cœur de Dieu a connus ! C'est ainsi que dans les cas difficiles elle obtenait les lumières, « afin, disait-elle, de ne pas commettre d'erreur, en favorisant le maintien d'une âme impropre à notre vie ou le renvoi d'un sujet réellement appelé. »

Ces petites exhortations de chaque jour étaient de véritables chefs-d'œuvre de clarté et d'onction. La simplicité en était la marque. Sa parole souriante attirait les cœurs, les dilatait dans une atmosphère d'amour, les pressait de bien faire l'œuvre de Jésus-Christ. Il serait bon de rapporter ici toutes ces instructions sorties de ce grand cœur que brûlait la divine charité. Que du moins il nous soit permis de transcrire quelques-unes des pensées qu'elle aimait à développer à « ses petits agneaux » et qu'une Sœur, alors Novice, avait notées sur son carnet, rapidement, au jour le jour. Nous y lisons :

Lundi, 9 juin 1913, jour où Mère Anne de Jésus, déposée comme Prieure, commence les exercices du Noviciat, dont elle a été nommée Maîtresse :

« Oh ! mes chères enfants, me voici donc revenue sous le joug si aimable de l'obéissance. Obéir, être une âme d'obéissance, je ne désire plus que cela... Ce ne sont pas les larmes versées qui m'ont été au cœur, mais bien les témoignages de respect, de confiance donnés à la nouvelle Prieure. Voyez ce que font nos Sœurs anciennes, elles sont admirables ! Elles vont droit à la Prieure, ne semblent plus me connaître, sauf en récréation où leur cœur trouve le moyen de glisser un mot affectueux.

« Le cœur peut souffrir et il souffre, car Dieu donne un cœur très aimant aux âmes religieuses, mais on l'immole ce pauvre cœur. Il est la dernière réserve, le dernier et suprême holocauste qu'on immole à Dieu... Venez à moi dans vos peines et vos souffrances. Portez vos joies à la Prieure. Il vous faut lui donner de l'affection, des consolations, elle en a besoin. Moi, je lui en donnerais, si je le pouvais, une mesure qui ne se trouve pas sur terre, tant je voudrais la combler !... Je vous aime plus qu'avant, puisque par obéissance à Monseigneur et à notre Révérende Mère, j'ai charge de vos âmes : vous êtes donc plus encore mes enfants... »

18 juin :

« Lutte, courage, prière : voilà le résumé de la vie entière. Prière, surtout à la Messe ; d'une messe bien entendue, on sort pur comme un lis, fort comme un lion ! Que dire alors, quand on communie, que Jésus avec toutes ses grâces est en nous... que nous sommes Jésus ! Il faut sans crainte exposer alors sa misère au Bon Maître, se reposer en lui, lui demander tout... »

13 juin :

« Si votre justice n'est pas plus parfaite que celle des Scribes et des Pharisiens...

« La justice d'une Carmélite doit être pleine et parfaite, par l'amour et la souffrance... Oui, tout pour Dieu, pour Jésus ! Donnons-lui nos souffrances, nos impuissances, nos fautes même. De cette boue, il tirera de l'or pur par l'humiliation... Ne point se décourager ni se laisser déprimer, mais toujours lutter, se reprendre, se relever, en se confiant à Jésus. Il donne de l'air pur en ouvrant la fenêtre des humiliations. Sans l'humiliation, que d'âmes se perdraient !... Et c'est quand tout vous manque que vous ne pouvez plus rien, que Dieu fait en vous son œuvre. Confiance toujours ! Je veux vous établir en cette voie, sur ce fondement d'humilité... »

17 juin :

« Le plaisir de mourir sans peine vaut mieux que la peine de mourir sans plaisir... S'appliquer à aimer Dieu et s'oublier. Ne point s'abîmer dans la contemplation de ses fautes, de ses

misères. Un coup d'œil rapide suffit. « Peu d'âmes religieuses,
« dit le Père Tesnières, atteignent la perfection à laquelle
« Dieu les appelle, parce qu'elles restent fixées sur elles-mêmes,
« considérant soit leurs qualités, soit leurs défauts. » Ces
pauvres âmes restent en bas au lieu de s'élever... Après ses
fautes, il faut faire un acte de contrition, puis se confier à
Jésus et à Marie. »

Elle aimait à répéter souvent aux âmes craintives ces paroles
de la prose du « Dies iræ » :

> *Qui Mariam absolvisti*
> *Et latronem exaudisti*
> *Mihi quoque spem dedisti.*

faisant ressortir la miséricordieuse réponse de Jésus au bon
larron : *Hodie mecum eris en paradiso*, afin que les âmes y
puisent le motif d'une surabondante confiance.

« Prendre désormais la ferme résolution et la renouveler
souvent dans la journée, de ne plus s'occuper de soi ; appeler
Marie à l'aide, puis se reprendre toujours à espérer... « Dormir
« sur les deux oreilles, confiance en Dieu et défiance de soi ».
Ne pas se faire une âme petite, resserrée, s'attachant à des
vétilles. Etre grande et forte par la confiance et espérer toujours
dans le Seigneur. « Quand même Dieu me tuerait, j'espèrerais
« encore en lui... Si j'étais enfoncée dans l'Enfer, n'ayant plus
« que le petit doigt qui dépasse, j'espèrerais encore ! »... Pour
moi, je mets tout, fautes, manquements, sur le compte du
diable ! J'aime mieux une âme violemment tentée et qui tombe
même souvent, tout en luttant, qu'une âme qui ne pense qu'à

elle, qui s'appesantit et se replie sur ses misères. Il y a plus de ressources dans la première... Allons ! humilité, prière, confiance en tout et pour tout !... »

19 juin (Abandon et Confiance) :

« S'abandonner à Dieu est la voie la plus sûre et la plus douce pour atteindre la perfection... Dieu est le meilleur des pères. De toute éternité, il nous a aimées, portées dans son cœur... De toute éternité, il a vu ce Carmel de son Cœur, il nous y a préparé une entrée. Mais si Jésus veut être votre époux, il veut aussi trouver en vous de vraies épouses... Il est le Roi des martyrs. Ses épouses doivent être reines, mais dans la souffrance et par la croix.

« Cependant la paix et la joie se trouvent dans la vie religieuse, où pourtant il faut souffrir, et beaucoup, pour être semblable à Jésus, Roi des martyrs. Il disait à sainte Margue-rite-Marie : « Je t'ôterai tout sentiment de joie, toute conso-« lation, et je doublerai ta sensibilité pour te faire souffrir « davantage... » Il en agit de même avec toute âme religieuse, dans la mesure voulue par son amour. C'est ce qui explique nos peines, nos épreuves, nos humiliations. C'est pourquoi encore il semble parfois nous accabler. Mais c'est pour nous mieux maintenir dans l'humilité, pour nous faire mériter et aimer. Il permet miséricordieusement qu'on nous éprouve, et aussi, hélas! que nous éprouvions les autres. Il se réserve de nous soutenir dans la lutte, quoi que d'une façon souvent insensible. Que nous reste-t-il à faire dans cet état ? Nous plaindre à lui, lui montrer nos plaies, étaler nos misères : « Quelles tristes épouses « vous avez là, mon Jésus ! »...

« Et si tout nous écrase, si nous sentons si profondément notre rien, c'est afin que, voyant mieux nos fautes et notre pauvreté, nous crions à l'aide et allions nous réfugier dans le Cœur de Jésus pour y croître dans la confiance et l'abandon ...Dieu opère dans les âmes de trois manières selon leur coopération à la grâce ; elles se laissent sculpter au ciseau, ou mouler avec de la terre, ce qui est moins douloureux, ou encore, couler dans un moule, et c'est la meilleure et la plus douce façon de se laisser traiter par Dieu. Cette dernière manière se réalise en l'âme qui chemine par la voie de la confiance et de l'abandon... »

Samedi, 21 juin :

« Jésus souffre de la part des pécheurs, mais il ressent des douleurs bien autrement vives causées par les âmes religieuses qui ne l'aiment point en vérité, car elles le font souffrir par leur infidélité dans les petites choses... »

Lundi, 23 juin (Multiplication des pains) :

« Jésus est suivi par la foule. Elle l'accompagne parce qu'elle est ravie, charmée de sa parole. Elle aime cette bonté si surprenante s'exerçant envers tous et dont jusqu'alors ces pauvres gens n'avaient pas eu d'exemple. Ils suivent par amour ce prophète leur disant des choses si belles, si douces... Et beaucoup viennent de loin, c'est-à-dire du péché ! Dès longtemps, Jésus avait prévu leurs besoins, leur faim avide, et il pourvoit à tout miraculeusement... S'il est bon à ce point pour les pécheurs, que n'est-il pas, que ne sera-t-il pas pour l'âme religieuse, pour l'âme fidèle qui le suit de tout près, par amour et en tout ce qu'il demande !

« Faire la volonté de Dieu en tout : fidélité aux plus petites choses. « J'aime mieux lever de terre un fétu de paille par « obéissance que de ramasser un lingot d'or ou de convertir « le monde par ma volonté propre... »

25 juin (Fidélité à la Règle) :

« De toute éternité, Dieu a marqué la mesure des grâces dont une Communauté doit être comblée afin de devenir l'instrument de son amour. Il a fixé aussi la mesure du mérite qu'elle doit atteindre pour sauver les âmes... Si l'une de nous fait moins, si elle reste au-dessous de ce qu'elle devait donner à Jésus, elle ravit des grâces destinées aux pauvres pécheurs, que sa fidélité aurait gagnés... Et l'enfer se peuple, et le Purgatoire se remplit parce qu'une pauvre petite Carmélite a mis son triste moi à la place de la sainte volonté de Dieu, de ce petit rien qu'il lui fallait exécuter et que le Seigneur devait payer si magnifiquement. « Mais, nous dit notre Règle, si « quelqu'une d'entre nous fait davantage, le Seigneur lui-même « l'en récompensera quand il viendra. » Donc il faut de toute nécessité donner son appoint, sa mesure de grâce, ne rien ravir à Dieu, aux âmes, à la Communauté et à soi-même par un sot amour-propre.

« La Carmélite est un réservoir de grâces pour les âmes ; il déborde sur le monde entier quand elle est très fidèle... La Carmélite doit vivre en même temps sur la montagne et dans la vallée : sur la montagne, pour être plus près de Dieu, pour recevoir de son Cœur les flots de miséricorde et d'amour qu'elle répandra ensuite sur la plaine ; dans la vallée basse de l'humilité, pour que toutes les âmes soient abreuvées des largesses divines... »

29 juin

« Les faux prophètes, les loups vêtus en agneaux, ce sont, me semble-t-il, les démons et les tentations. Il ne les faut point écouter, et si on a le malheur de succomber, il faut bien vite recourir à Dieu et se relever. « Les infidélités, Dieu ne les « compte pas, si on s'en relève tout de suite par le repentir « et la confiance. » Jésus-Hostie efface toutes nos fautes légères par la Communion. Quand il est en nous, nous sommes pures de sa pureté...

« En tout, confiance absolue en vos Mères : cherchez Dieu et sa volonté en elles et par elles. Là est le salut et la perfection pour toute âme religieuse... »

30 juin :

« La pensée de l'éternité nous ramène à la vue de nos fautes, de nos misères, ce qui est bon ; mais il ne faut point trop s'y appesantir... Confiance en l'amour de Jésus qui a tant souffert pour nous prouver jusqu'où il nous aimait... Sans péché il n'y aurait point eu nécessité de rédemption. « *Sans moi, mon* « *Jésus, vous ne seriez pas Sauveur !* »... Lui dire cela amoureusement, en se repentant, mais le cœur débordant de confiance.

« Par les Chapitres, par la confession, vos fautes sont effacées et leur place en votre âme est devenue toute pure et lumineuse par le repentir et l'application du sang divin. Restez donc toujours confiantes dans le travail opéré en vous, par l'amour infini, malgré vos fautes et par ces fautes mêmes.

« Appliquez-vous à profiter des grâces du Noviciat. C'est le plus beau temps de la vie religieuse. De son bon emploi dépend votre vie tout entière. Vous serez plus tard en Communauté ce que vous aurez été au Noviciat... Laissez-vous former à la vraie vie religieuse ; laissez-nous vous dire tout ce qu'elle exige de bonne volonté, de sacrifice ; laissez-vous instruire de ce que Dieu attend de l'âme religieuse et sachez ce que doit être une vraie Carmélite. Ceci connu, ne vous laissez pas abattre en entrevoyant la grandeur de vos obligations.

« Moi aussi, autrefois, étant Novice, j'étais parfois écrasée par cette vue. Cela est bon, mais il vous faut tirer de cette vue même un motif d'espérance... Si Dieu m'a appelée à une telle vie, c'est qu'il m'a préparé la grâce nécessaire... En vous défiant de vous, plus que jamais comptez sur lui... »

5 juillet (La présence de Dieu) :

« Il vous faut la cultiver avant tout : « Marche en ma « présence et tu seras parfaite ! »... Cette présence de Dieu n'est point interrompue par des préoccupations de devoir, d'office, mais bien par des retours inutiles sur soi-même, sur les autres... Notre âme alors est comme un réservoir rempli de sable ou de cailloux, et qui ne peut contenir l'eau pure de la grâce. Pour que celle-ci le remplisse jusqu'au bord, il nous est nécessaire de le vider en jetant au loin tous les cailloux et le sable qui sont nos misères, nos désirs inutiles, nos préoccupations vaines et personnelles.

« Voyez une mère et son tout petit enfant. Elle vaque aux

travaux du ménage sans perdre de vue son cher trésor. Au moindre appel, elle court à lui, le prend dans ses bras, le caresse, puis continue sa besogne les yeux fixés sur lui... Ainsi devons-nous revenir à Dieu quand des pensées étrangères nous en ont un instant détournées... »

8 juillet :

« Union à Dieu par la pureté d'intention fréquemment renouvelée. Tout par amour pour l'Amour ! La pureté d'intention enrichit toutes nos œuvres... Le plus petit acte fait par amour vaut le ciel lui-même. L'action n'est peut-être qu'un rien en elle-même, mais elle devient tout par l'intention... »

10 juillet :

« Il faut qu'il croisse et que je diminue... »

« Contemplons la profondeur de l'abnégation de saint Jean-Baptiste qui, au dire de Catherine Emmerich, se privait même d'approcher Jésus. Il se contentait de l'apercevoir de loin !

« Il y aurait un beau parallèle à établir entre saint Jean et la Carmélite. Tous deux quittent leurs parents, leur petite patrie, abandonnent tout pour vivre au désert, dans une solitude complète. Tous deux sont souvent privés de la présence sensible de Jésus, prisonniers pour lui, derrière les rochers ou les grilles...

« Il faut que Jésus croisse dans les âmes !

« Il faut que nos Sœurs croissent et que je diminue. Pour cela, faire ressortir leurs vertus, leurs talents, leur savoir-faire. Il faut qu'elles soient appréciées et aimées, et moi oubliée et méprisée... La plus heureuse est celle qui choisit la dernière place, dans l'estime, l'affection ou les emplois. Cette place ne lui sera peut-être jamais enlevée ici-bas... Mais là-haut, Jésus lui dira : « Monte plus haut, mon aimée, mon épouse, monte jusqu'à mon Cœur où tu auras place éternellement... »

13 juillet :

« Amour du sacrifice, de l'immolation humble, cachée, continuelle.

« Le sacrifice pratique, la mortification à la portée de toutes les santés, qui se fait sans permission spéciale, c'est l'abandon à Dieu, en toutes choses... Etre contente de Dieu et de tout, quoi qu'il arrive ! Se laisser faire par Dieu et les créatures, aveuglément, amoureusement, simplement... L'âme, abandonnée à Dieu totalement, possède le pur amour !... »

14 juillet (Evangile du IXe dimanche après la Pentecôte) :

« C'est celui qui résume le mieux la vie de la Carmélite, son idéal sublime vers lequel elle doit tendre de toutes ses forces. Jérusalem, c'est notre âme qui doit être toujours cité de Dieu, séjour de paix par l'abandon... Voyons la bonté de Jésus pour les habitants de cette ville, mais regardons avec plus de reconnaissance encore celle dont il use envers notre âme...

« Le don qui t'est fait en ce jour... » Et nous, Carmélites, quels dons ne recevons-nous pas ? Mais à tout instant, nous sommes comblées, pour nous-mêmes et pour les âmes que nous adoptons, que nous voulons sauver, sanctifier, conduire à Dieu, pousser plus avant dans la voie des parfaits...

« Ma maison, maison de prières !... » Maison de prière, c'est aussi l'Eglise, c'est le Carmel, c'est surtout notre cœur.

Vivons en nous, dans l'adoration, la prière, l'amour, aux pieds de celui qui règne en nos cœurs par sa grâce... »

18 juillet (Néant des créatures) :

« Tout n'est rien, car tout passe ; Dieu seul demeure !... Ne s'attacher à rien, ni personnes, ni choses... ni surtout à soi-même.

Dieu nous donne la vie, nous la conserve et nous y envoie une foule de tribulations, uniquement pour nous faire gagner le ciel, en nous forçant à regarder plus haut que cette vallée de larmes. Il permet tout, fautes, déceptions, perte d'amis, séparations, douleurs, afin que tout nous élève vers lui, nous en rapproche davantage... »

20 juillet :

« Notre Père et Chef, le saint prophète Elie !... Tout enfant, son père le vit en songe, se nourrissant de flammes, servi par les anges... Il fut le premier qui eut la révélation de la Vierge, en cette petite nuée s'élevant au-dessus de la mer.

« Son zèle, d'abord impétueux, car il était dur à lui-même et aux autres, se transforma sous l'action divine en une pure charité. Mais, tout ardent qu'il fût, il succomba un jour au découragement. Il allait même se laiser mourir de faim au pied d'un genévrier, quand Dieu par une infinie miséricorde le fortifia avec un pain descendu du ciel...

« Il fut un homme d'oraison. Il se retira au désert, cherchant la solitude pour mieux trouver Dieu, buvant de l'eau du torrent de Carith... Demandons à Dieu le double esprit de notre

Père saint Elie : oraison et pénitence, sans quoi le Carmel ne saurait vivre ni remplir sa mission.

« Prions l'Esprit-Saint de nous donner la connaissance de nous-mêmes, de notre misère, de nos fautes et impuissances, de notre néant, et supplions-le de mettre en nous une énergique volonté afin de ne point nous laisser abattre et d'être fidèles à Dieu et à tout ce qu'il attend de nous.

« Vive le Seigneur Dieu en présence de qui je suis !

« Moins je pourrai, plus Dieu fera !... »

22 juillet (Glorifier Dieu) :

« Comment nous, pauvres Carmélites, cachées dans l'obscurité d'un cloître, comment pouvons-nous procurer de la gloire à Dieu ? Nous sommes comme mortes pour le monde et nous ne faisons rien d'éclatant, rien qui soulève la foule et la puisse jeter en Dieu.

« Avant toutes nos actions, il nous suffit de dire en notre cœur : « Je fais ceci pour votre gloire, ô mon Dieu ! »

« Par cette intention si noble, si voulue, nos plus minimes actions revêtent une valeur infinie ; un coup de balai ou de torchon, un seul pas même peut glorifier Dieu, puisqu'il regarde le désir et la bonne volonté... Alors, faisons tout pour sa gloire et que ce motif nous donne force, courage et paix. »

23 juillet :

« Mes enfants, laissez-vous former et guider en tout. N'ayez d'autres pensées et manières de voir que celles de vos Supérieures. Elles ont une grâce toute particulière et l'expérience pour vous conduire. Croyez ce qu'elles disent, croyez en elles.

« Et puis, témoignez à Dieu toute votre gratitude pour la grâce de la vocation religieuse, grâce de choix, plus spéciale encore dans cet appel à la vie du Carmel. A cette vie, nous pouvons dire que beaucoup sont appelées, mais bien peu sont élues... Reconnaissance de tous les instants et abandon à Dieu pour l'avenir. Ne vous découragez pas. Il est là pour vous aider et toutes ses grâces et son amour sont à vous, si vous voulez les accueillir et y répondre généreusement. Soyez fidèles et Dieu ne se laissera pas vaincre en générosité... »

24 juillet (La Sainte Communion) :

« Elle est notre force et notre consolation. Trésor inestimable qu'il nous faut utiliser, dont nous devons tirer grand profit. Ne soyons pas de ces âmes à tiroir qui reçoivent et renferment tout, sans plus s'occuper des dons reçus. Laissons toujours largement ouvert le tiroir de la Communion, afin d'avoir sans cesse sous les yeux le souvenir de la présence corporelle de Jésus venu en nous chaque matin. Et, à notre tour, nous parfumerons ce tiroir, en le remplissant des fleurs de nos petits sacrifices pour le remercier de sa visite et préparer la Communion du lendemain.

« Donnons beaucoup à Jésus, à la Trinité Sainte... « O « petite âme, s'écrie M. Sauvé, si tu connaissais le prix d'un « acte surnaturel, pouvant en faire cent, te bornerais-tu à « quatre-vingt-dix-neuf ? »

« Ne pas mesurer à Jésus nos pauvres actes ; ne pas les lui compter comme dans une sorte de marchandage : être large, donner à plein cœur ! »

3 août (Le bon Samaritain) :

« La Carmélite est un réservoir de grâces, un réservoir d'amour tout rempli du sang de Jésus... On construit un réservoir et on le remplit, non pour lui, mais pour que tous puisent de son contenu. Si donc Dieu établit une âme sur la montagne du Carmel, c'est pour qu'elle serve à d'autres âmes. Etant remplie de grâces et surabondante des dons spirituels, peut-elle oublier les pauvres pécheurs surpris par le diable et dépouillés de tous les biens de la grâce ?...

« Elle doit être un réservoir pour les justes et pour les pécheurs, afin que le saint se sanctifie toujours plus et que le pécheur revienne de sa voie mauvaise...

« Elle doit donner tous ses biens, c'est-à-dire ses actes, ses renoncements, ses immolations, donner à chaque instant, donner avec amour ; avoir pitié de tous, de leur dénuement et de leur grande détresse. Surtout elle doit avoir pitié de Jésus qui a été couvert de blessures et de sang, qui s'est réduit à rien pour notre amour et qui maintenant encore, dans les âmes des méchants, est maltraité et crucifié chaque jour. Soyons pour Jésus de bons Samaritains ; donnons tous nos biens pour qu'il soit connu, servi, aimé et glorifié par tous, surtout par les prêtres et les âmes consacrées... »

4 août (La Pauvreté) :

« Se dépouiller de ses vêtements pour courir dans l'arène, se défaire de tout superflu, garder seulement le strict nécessaire, voilà ce qui est pauvreté extérieure... La pauvreté intérieure consiste dans le renoncement ou mieux le brisement des désirs et des affections. Si Dieu lui-même fait le vide du cœur, c'est afin de le mieux remplir... Il creuse un réservoir d'autant plus profond qu'il se propose d'y verser plus abondamment ses grâces.

« Qu'importe que ce soit un câble ou un fil qui retienne l'oiseau, s'il ne peut voler, dit notre Père saint Jean de la Croix.

« Restons dans la pauvreté de cœur, réservons notre affection pour Dieu seul sans la disperser sur les créatures. Ne chercher que lui... Ne vouloir que lui, n'être aimé que de lui... Bien avare est celui à qui Dieu ne suffit pas !

« Restons aussi dans la pauvreté de l'esprit, ne gardant ni pensées, ni désirs, ni jugements personnels, livrant tout aux Supérieures. Aimons de même à être pauvres des nouvelles du dehors, de nos parents, de nos amis. Pour cela, restreignons notre correspondance... On ne les aime pas moins, on les aime mieux, car l'esprit et le cœur étant plus occupés de Dieu que des nôtres, nous devenons plus puissantes sur son Cœur pour le plus grand bien de ceux que nous aimons. »

8 août :

« Voie étroite, voie de Jésus-Christ !... Voie que doit suivre la Carmélite après son divin époux, mettant ses pieds dans les pas du Maître, par la pratique de l'abnégation, du renoncement et de l'immolation...

« Agere contra ! »... Aller contre soi, sa triste nature et ses mauvaises inclinations... Se dire toujours *non* pour répéter sans cesse *oui* à son Jésus...

« Si le grain de blé ne vient à mourir, il reste seul ! Mourons à chaque instant pour faire vivre beaucoup d'âmes. »

10 août (Les dix lépreux) :

« Evangile de la reconnaissance. Ne point se tenir éloigné de Jésus par la crainte ; le prier avec foi et humilité dans tous nos besoins... L'obéissance prompte à sa voix et à ses ordres mérite aux lépreux leur guérison parfaite.

« Allez, montrez-vous aux Prêtres !... » Allons aux Supérieures pour leur faire connaître nos besoins et obtenir la lumière. Elles sont pour l'âme religieuse Jésus visible. Elles sont encore nos conseillers, nos médecins. Allons à elles avec confiance et nous serons délivrées, libres de toute peine. Parfois même, seulement en y allant et avant même d'avoir parlé, nous serons délivrées, tellement Dieu bénit l'humble et confiante simplicité d'une Fille envers sa Mère en Religion... Le lépreux, le Samaritain, l'étranger rendirent grâces publiquement. Ne pas plaindre sa peine, sa fatigue, pour témoigner sa reconnaissance à la Religion qui nous a adoptées, au Monastère qui nous a reçues...

« Il revint, louant et glorifiant Dieu... », ce que nous ferons nous aussi par la fidélité à tous nos devoirs... »

12 août (Le saint sacrifice de la messe) :

« Avec et par Jésus, continuer l'œuvre de la Rédemption. Avec Marie offrir Jésus pour le ciel, la terre, le purgatoire, pour la rançon de tous, car les mérites du Sauveur sont infinis et il ne faut pas en restreindre l'application.

« Un bon paysan faisait cette prière : « Mon Dieu, je « vous offre les mérites de Jésus, ceux de la Sainte Vierge « et de tous les Saints, pour tout ce que je vous dois... Puis « rendez-moi le reste, car il y en a autant que j'en donne. »

« Notre bon Père Basile, mort de douleur en quittant l'habit religieux, lors de la persécution, nous parlant un jour du saint sacrifice, nous invitait à assembler autour de l'autel trois cercles d'âmes : d'abord la Communauté et notre Saint Ordre ; puis nos familles, nos amis, nos bienfaiteurs, les pécheurs, les malades et les mourants ; enfin le purgatoire tout entier, afin que tous soient baignés dans le sang précieux qui, du Calvaire, coule sur tous les autels.

« Entendre dans cet esprit de réparation et de supplication une messe, est un trésor répandu sur des millions d'âmes. La Carmélite surtout doit continuer en elle l'immolation de Jésus par sa vie de sacrifice et de renoncement. Elle doit rester debout au pied de la croix, entre Marie et Saint Jean, et s'interposer entre le divin Crucifié et ses bourreaux. »

10 septembre (Respect dû à la Prieure) :

« Donnons à la Prieure toutes les marques, tous les témoignages d'un respect à la fois religieux et filial... Ne rien négliger sur ce point, car c'est la foi en action : c'est voir Jésus en celle qui en tient la place. « Le jour des élections, le Saint-« Esprit a changé de tête et il opère dans les âmes d'admi-« rables changements. » A la Prieure donc est dû tout respect, toute soumission, toute vénération... »

19 septembre :

« Otez la volonté propre, nous dit saint Bernard, et il n'y « aura plus d'enfer ! »

« A la place de sa volonté, mettre celle des supérieures. Il faut se faire dompter, immoler par elles, leur demander cette grâce de ne jamais nous ménager, de nous tenir de près.

« L'obéissance est une ligne droite au bout de laquelle on trouve toujours Dieu !... Etre obéissante en tout, qu'il s'agisse de choses graves ou de menus détails : Dieu bénit toujours l'obéissance...

« Obéir en gardant le silence : en parlant, on fait soi-même un manquement et on en provoque un autre chez la Sœur à qui on s'adresse, ce qui produit une double brèche au vœu d'obéissance et à la sainte Règle... Obéir en observant la modestie des yeux : ne pas regarder devant soi plus avant que la longueur de son cercueil ! »

22 septembre (Obéissance) :

« On péche toujours contre l'obéissance quand on n'est pas fidèle à la Règle, à ce qui est écrit...

« Obéir à tout, en tout, sans crainte de blesser, de gêner, de perdre l'estime, de faire de la peine. Si les Gaulois, nos ancêtres, avouaient fièrement qu'ils ne craignaient rien, sinon que le ciel leur tombât sur la tête, une Carmélite ne doit non plus rien redouter, si ce n'est de ne pas accomplir en tout et toujours la pleine volonté de Dieu. La volonté de Dieu est votre sanctification !...

« La volonté de Dieu se manifestant à une âme par les inspirations de la grâce, par des joies, des peines et des souffrances, des tentations, des insuccès et des contrariétés, par le travail, les offices divers, les volontés particulières des supérieures, voilà la forme spéciale de sanctification de cette âme.

« Il ne faut point chercher ailleurs des joies, des satisfactions, des moyens de se sanctifier... Dieu veut cette Règle, ces usages, ces changements, ces détails. Ne rien voir ni désirer que ce qu'il ordonne ou permet... »

11 octobre :

« La sainteté ne s'acquiert que par le sang du cœur et de l'amour-propre.

« Vie de foi ! Si vous aviez de la foi gros comme un grain de sénevé !... Demandons-la à Dieu, à Notre-Seigneur, à Marie : « Seigneur, je crois, mais augmentez ma foi ! »

« Dieu accorde tout à la foi. Et c'est encore la foi de ceux qui l'implorent qui touche Jésus et obtient ses plus grandes faveurs. Madeleine a beaucoup aimé parce qu'elle a cru en Jésus. Et nous aussi, croyons à l'amour du Bon Maître ! Ne vient-il pas à nous dans la Sainte Communion avec la rapidité et la rapacité des vautours ? Il dévore le mal qui se trouve en notre cœur pour le détruire, et le bien pour s'en nourrir.

« Ceux qui se convertissent, disait Notre-Seigneur à une « sainte âme, croient à ma justice, ceux qui deviennent saints « sont ceux qui croient à mon amour. »

« La Carmélite est la fourmi laborieuse qui entasse dans les greniers de l'Eglise des provisions de grâces pour les justes et les pécheurs, mais elle n'entasse que par la foi dans laquelle elle opère toutes choses petites ou grandes.

« Tenir l'œil de notre foi toujours ouvert sur Dieu ! En toutes circonstances, le voir, lui, comme cause première, et nous inclinant, dire en notre cœur : C'est le Seigneur !... »

9 novembre (Evangile de la Dédicace) :

« Notre âme, maison de Dieu !... Vivre avec Jésus !... Jésus en nous !... Si nous comprenions une bonne fois que nous sommes des porte-Dieu, que vraiment, par sa grâce, Jésus vit et agit pour nous, qu'il y demeure, quelle vie sainte serait la nôtre !...

« A l'oraison, s'appliquer à honorer le mystère de Notre-Seigneur vers lequel on se sent porté ; correspondre à cet attrait qui renferme pour l'âme de grandes grâces, si elle sait les recevoir. Honorer aussi l'attribut de Dieu que l'on préfère, celui qui touche davantage...

« Demander à la sainte Vierge les lumières nécessaires pour voir clair en ces choses essentielles de la vie religieuse et qui marquent la voie particulière de chacune... »

15 novembre :

« La souffrance est une interrogation d'amour faite par Jésus à l'âme. De sa croix il nous dit : « Veux-tu souffrir « pour moi ? Veux-tu être humiliée pour moi ? Veux-tu être « éprouvée dans ton âme et dans ton corps ? » Répondons toujours avec un tendre empressement : « Mon Jésus, je veux « ardemment tout ce que vous voulez et autant que vous voudrez ! »

« La vie est si courte ! Si, dans une heure, nous devions mourir et que nous en soyons avertie, oh ! comme nous voudrions remplir cette heure de tout ce qu'il y a de plus méritoire, de plus sanctifiant, pour nous et le prochain ! Nous dirions à Jésus : « Donnez moi toutes les souffrances, toutes les épreuves, « toutes les douleurs ! Augmentez ma capacité de souffrir, « afin que, souffrant davantage, je vous aime et vous sois « plus unie éternellement ! »

« Tout faire, tout accepter, supporter, souffrir et sacrifier, uniquement pour Jésus et les âmes !

« La pureté d'intention est la pierre philosophale qui change tout en or !... »

Le carnet s'arrête là, et c'est fort dommage. Il était si bon de surprendre Mère Anne de Jésus, au milieu de ses plus jeunes Filles, se donnant tout entière dans la simplicité de son cœur. Mais ces extraits que nous venons de lire ne nous permettent-ils pas de juger de l'énergique netteté de sa doctrine spirituelle, de l'agréable variété de ses enseignements, de la langue savoureusement imagée dont elle se servait pour les distribuer. Mais ce n'était point encore assez pour son cœur dévorant. Elle, si ménagère de son temps, si prise par tous les autres devoirs de sa charge, elle n'hésitait pas à consacrer de précieuses minutes à former dans sa cellule la novice encore inexpérimentée dans la vie spirituelle. Souvent un coup d'œil lui suffisait : « Je n'ai qu'à voir, disait-elle plaisamment, une Sœur de dos pour savoir si tout va bien dans son ménage. » Elle disait encore : « En voyant simplement marcher l'une d'entre vous, bien souvent je comprends si elle est dans la paix ou dans la lutte, si quelque chose bout dans la marmite ! Il m'arrive même fréquemment de deviner si c'est le corps ou l'âme qui souffre. »

Vite, elle faisait un signe à la chère Sœur : « Venez me voir ce matin, mon enfant ; nous causerons. Je vous attendrai et je tâcherai de m'arranger avec le Bon Dieu pour avoir un bon moment de solitude avec vous. » Oh ! ces pieuses conversations dans l'austère cellule de la vénérée Prieure, comme elles étaient estimées pour une précieuse faveur, et quel bien immense en est résulté ! Que d'âmes y ont trouvé l'aliment qui a fortifié leurs énergies défaillantes dans l'ascension de la sainte montagne ! C'était un foyer de lumière dont on sortait tout illuminé et rayonnant, une source de sainteté à laquelle on pouvait abondamment puiser l'eau qui éteint toute soif, un lieu de repos où il eut été doux de demeurer.

Mais bientôt la porte s'ouvrait, et de nouveaux devoirs venaient réclamer l'attention de la servante de Dieu.

CHAPITRE VIII

À la suite des Moniales, pénétrons à nouveau dans cette salle du Chapitre où, déjà, nous nous sommes à plusieurs reprises attardés et écoutons Mère Anne de Jésus dispenser à toute la Communauté la manne spirituelle qui doit permettre à chaque âme de traverser ce désert immense qu'est la vie et d'arriver enfin un jour dans la terre promise où vit l'Agneau immolé mais toujours vivant. Tous les sujets y sont traités ; un choix assez difficile s'impose. On voudrait tout prendre pour tout absorber. Mais c'est là chose impossible, et, comme en tout ce qui est humain, il nous faut borner cette avidité à quelques conférences, mais qui suffiront à nous donner un aperçu de ce qu'a pu être l'enseignement de cette Maîtresse ès-spiritualité. Encore quelques instants, faisons le calme en nos cœurs et en nos esprits, et laissons-nous pénétrer par cette apaisante rosée.

De la volonté.

« Le Royaume des cieux souffre violence et il n'y a que les violents qui l'emportent.

« La vie est un combat dont la palme est au ciel. Le Royaume des cieux souffre violence. Voilà, mes Sœurs, ce que nous dit Notre-Seigneur dans l'Evangile, ce qu'il nous fait sans cesse répéter par les saints, en des termes et sous des aspects différents sans doute, mais avec une netteté et une persistance qui ne donnent lieu à aucune méprise.

« Le Royaume des Cieux souffre violence... Il faut perdre son âme pour la sauver... Il est étroit le chemin qui conduit à la vie éternelle et bienheureuse...

« Pour conquérir ce Royaume, pour savoir perdre son âme dans le vrai sens du mot, pour gravir ce sentier si étroit, il faut de toute rigueur se faire une volonté et une volonté persévérante. Si on perd en un jour ce qu'on a acquis en beaucoup d'années, ce n'est pas la peine de se mettre à l'ouvrage !... Mais comment se faire une volonté forte, persévérante, que rien ne déconcerte ?

« Le premier moyen, c'est la prière.

« Sainte Marguerite-Marie se plaignait à Notre-Seigneur de ne pouvoir surmonter une répugnance qui avait pour objet une très petite chose : « Seigneur, s'écriait-elle, ma volonté « n'est pas assez forte ! » « Trempe-la dans mon cœur et « tu verras », lui répondit ce Bon Maître. La sainte comprit la leçon et jamais plus, affirmait-elle, sa volonté ne fléchit devant le devoir.

« Ce qui manque ordinairement dans la tentation, dans les luttes, dans les difficultés, c'est la prière : on ne prie pas assez

Vue du cloître — Cellule de la Mère prieure

ou on prie mal ; si on prie, c'est plutôt pour obtenir d'être débarrassée d'une lutte qui fatigue, ou pour éloigner le calice de la souffrance qu'on ne voudrait pas boire, que pour mériter la patience et la force nécessaires pour la bien supporter. Nous sommes naturellement si lâches, si paresseuses, si égoïstes, si vite lasses de travailler, de lutter et de souffrir ; et cependant la parole de Notre Seigneur est toujours vraie : « Le Royaume « des Cieux souffre violence ! »... Mes Sœurs, quand notre volonté semble succomber ou s'amollir, prions, poussons vers le ciel un cri de détresse, appelons sur nous cette force, cette toute-puissance divine, et nous verrons se réaliser en nous la parole de Saint Paul : « Je puis tout en celui qui me fortifie », et encore celle de notre Séraphique Mère : « La prière tout « obtient !... La confiance arrache des mains de Dieu ce qu'il « ne voudrait pas nous donner. » O merveilleuse confiance ! O merveilleuse prière ! Tu obtiens autant que tu espères ! dit notre Père Saint Jean de la Croix.

« Nous serions bien coupables, avouons-le, si nous restions languissantes, découragées, malheureuses, avec de tels secours, de telles assurances ; dans tous les cas, ce serait faire injure au cœur de notre Epoux qui est rempli de mille grâces, grâces qui chôment, là, dans ce cœur, parce que nous ne les lui demandons pas. « Demandez et vous recevrez, dit-il, frappez « et il vous sera ouvert. » Demandons, frappons sans cesse et nous recevrons tout ce qui nous sera nécessaire pour triompher dans nos luttes, dans nos difficultés, dans nos souffrances.

« Le deuxième moyen, pour se faire une volonté forte, énergique, constante, c'est de mettre notre volonté en perpétuel exercice. N'est-il pas vrai que les plus beaux talents se perdent quand ils ne sont plus exploités ? Qu'un musicien célèbre cesse pendant quelque temps de toucher son instrument, quand il le reprendra, ses doigts n'auront plus la souplesse ni l'agilité, son jeu perdra le brillant et l'allure d'autrefois... Il en est de même de nos forces physiques ; restons longtemps assis ou couchés, ne faisons rien de pénible, et bientôt tout effort nous fatiguera, nous trouvera même impuissants.

« La même chose se produit pour la volonté. Si nous souhaitons qu'elle soit forte, généreuse, magnanime, demandons-lui des efforts quotidiens, souvent renouvelés tout le long du jour ; habituons-là à ne pas calculer devant l'effort, à ne pas hésiter, afin qu'elle en arrive à régner en maîtresse sur tout l'être. Rappelons-nous la parole de Jean d'Avila : « C'est la « volonté qui fait les saints ou les réprouvés. » Parole répétée bien souvent sous des formes diverses par d'autres saints ! Donc, si nous nous sentons anémiées spirituellement, demandons à notre volonté de produire quelques actes ; demandons-lui bien peu pour commencer, mais ce peu, exigeons qu'elle le fasse et qu'il y ait progrès tous les jours, tant dans le nombre des actes que dans l'intensité de l'effort. Demandons-lui surtout des actes opposés à notre défaut dominant, à notre lâcheté et, Dieu aidant, nous nous ferons une volonté assez violente pour qu'elle remporte d'assaut le Royaume du Ciel. Voilà la sainteté à notre portée, la sainteté conquise peu à peu. C'est d'abord un grain de sénevé, mais ce grain peut devenir, sous l'influence de la prière et de l'effort, assez grand pour que les oiseaux du ciel puissent venir s'abriter et se reposer sur ses branches.

« Voilà la Carmélite : Elle peut, en entrant au Cloître, apporter beaucoup de défauts et de misères, mais elle s'efforce, par tous les moyens que lui fournit sa Règle, ces mille détails qui composent sa vie, de mettre constamment sa volonté en exercice ; alors elle finit par devenir une athlète capable de rayonner dans tout l'univers par la lumière de sa fidélité. Selon la parole de Saint Paul, on peut dire que la puissance de Dieu habite en elle, dans sa volonté. Elle a su exploiter cette divine puissance en de petits riens tout d'abord, puis elle s'est élevée jusqu'au sommet de l'héroïsme : « Celui qui est fidèle en peu, « je l'établirai sur beaucoup... »

Se faire une volonté.

« Nous avons vu le rôle que remplit la volonté quand il s'agit de perfection. Nous voulons donc revenir sur la nécessité de se faire une volonté qui ne capitule jamais en face de la vertu à pratiquer, du devoir à remplir... La volonté, comme la force physique, s'acquiert et se développe par l'exercice. Voilà pourquoi la Sainte Ecriture dit : « Celui qui « est fidèle en peu, le sera en beaucoup ; celui qui est négli- « gent dans les petites choses, tombera infailliblement dans « les grandes. »

« Voilà pourquoi encore nos saintes Constitutions veulent que la Maîtresse des Novices s'efforce de rompre la volonté de ses Novices jusque dans les plus petites choses, parce que si on ne brise pas la volonté naturelle de ces jeunes âmes dans les petites choses, elles n'auront jamais la force de s'élever aux vertus héroïques propres à notre état ; jamais elles ne seront des âmes de devoir, des âmes de Règle, des âmes d'oraison. Ne faut-il pas pour être tout cela, et pour l'être avec suite, déployer une grande bonne volonté, une volonté à toute épreuve ?

« Notre Mère Sainte Thérèse ne veut pas de « femmelettes » dans ses Monastères ; elle exclut impitoyablement de ses Filles cette occupation de soi qui rétrécit le cœur, diminue les forces de la volonté et produit ces sots enfantillages, indignes d'une Carmélite. Il faut lire et méditer avec soin le Chemin de la perfection pour voir jusqu'où le regard de la Séraphique Mère plonge dans le cœur de ses Filles pour en extirper toute faiblesse, toute mollesse, toute pusillanimité.

« Le Père Ginhac disait à son tour : « Que Dieu nous « délivre, dans la Religion, de ces demi-volontés qui veulent « quelque chose, mais pas tout ! » Faisons-nous une volonté forte, généreuse, constante, qui n'ait peur que du péché. Ne craignons pas la souffrance, ne laissons pas dominer notre volonté par cette crainte qui double et triple la souffrance : « Fuyez la pluie, dit la Sainte Ecriture, vous trouverez la « neige ! » Encore une fois, ne craignons pas la souffrance, la lutte, l'effort, l'humiliation, la contradiction, autrement ce sera fini de notre force qui deviendra leur esclave, tandis que chez nous tout doit être sous le sceptre de la volonté : C'est la volonté qui doit régner en maîtresse sur le cœur, sur l'esprit, sur le corps et sur l'âme.

« Cette horreur de la souffrance est l'arme dont se sert le démon à l'heure actuelle pour créer la plupart de ces maladies, de ces impuissances : nervosité, neurasthénie, larmes, états violents d'exaspération qui ébranlent tout l'être et peuvent même faire sombrer le moral. Ces états n'ont de prise, ne subsistent du moins, que si la volonté est molle et sans esprit de foi. Ils peuvent atteindre tout le monde, même les saints, mais ceux-ci en ont vite raison avec leur abandon à toutes souffrances, à toute humiliation. Avec l'abandon et l'amour de la croix, il n'y a plus d'exaspération possible à l'état latent : « Le Fiat « nous délivre, dit notre chère Sœur Elisabeth de la Trinité ; « quand une âme, dans la douleur, a baisé son Crucifix, a « regardé le ciel, elle se pacifie. »

« Mes Sœurs, voilà le grand remède ; il est appliqué avec un succès certain sur les maladies nerveuses qui sont toutes faites d'inquiétudes, d'appréhensions, de crainte ; mais il faut que le malade veuille recevoir ce remède... Que peuvent faire à l'état effectif ou à l'état de répugnances, l'humiliation, la contradiction, la souffrance, le sentiment de sa profonde misère, à une âme qui voit dans toutes ces choses un moyen de plus pour témoigner à Dieu son amour ? Cette âme pourra éprouver sans doute un moment et des moments de répugnance, comme Jésus au Jardin des Oliviers, mais sa volonté ne se cabrera pas, parce que la volonté de Dieu la dominera et prendra tout à fait sa place. « Quand les montagnes seraient plongées « dans le cœur des mers, je ne tremblerais pas », dit le Roi prophète, et il ajoute ailleurs : « Le Seigneur me conduit, rien « ne me manquera ! »... Paroles sublimes et bien rassurantes, quel que soit l'état de notre âme ; encore une fois, n'ayons pas peur et nous triompherons de tout ; soyons souples sous la main de Dieu, restons dans sa divine volonté et nos nerfs ne se tendront pas ; ils resteront à la place que Dieu leur a assignée : ils seront gouvernés, ils ne gouverneront pas. L'imagination ne sera plus cette puissance fascinatrice qui se joue de ceux qui l'écoutent.

« Le Seigneur a fait en moi de grandes choses », dit Marie dans son cantique ; et pourquoi Dieu a-t-il fait en Marie des choses si merveilleuses ? Ecoutons, c'est notre divine Mère qui va nous répondre : « Parce qu'il a regardé la bassesse « de sa servante ! » Marie était petite, impuissante, mais elle était humble et dépendante de Dieu ; alors sa volonté a disparu, s'est fondue dans la volonté divine et elle est devenue la Mère du Verbe fait chair... Qu'il me soit fait selon votre parole, selon la volonté de Dieu ! Cette adhésion au bon vouloir divin, ce Fiat la rend capable de porter toutes les souffrances, toutes les responsabilités que signifie ce titre de Mère du Rédempteur.

« Quand Dieu choisit une âme pour remplir une mission, quand il choisit une âme pour en faire son épouse sur le Carmel, la première chose que ce Bon Maître lui donne, c'est une volonté capable de répondre à ses desseins sur elle. Or Dieu ne se trompe pas et il ne donne pas avec parcimonie, avec mesure. Nous pouvons être sûres, toutes autant que nous sommes, que nous avons reçu, en entrant au Carmel, surtout le jour de nos vœux, toutes les grâces qui devaient nous transformer en vraies épouses de son cœur, en vraies mères des âmes, en vraies rédemptrices. Pourrions-nous manquer de force pour accepter la souffrance, la contradiction, l'humiliation, l'insuccès et toutes choses qui, précisément nous sont données par la volonté expresse de Dieu pour remplir notre mission d'épouses, de mères des âmes, de rédemptrices.

« Si nous manquons de force pour être ou faire cela, reconnaissons très humblement que c'est notre faute... Ne disons jamais : Je ne peux pas, je ne sais pas. Disons plutôt : Je ne veux pas. Je n'ai pas la volonté de vouloir, je n'ai pas la volonté de prier. Nous allons au rebours de la parole de Saint Paul : « Je me glorifie dans mes infirmités, parce que la puissance de Dieu habite en moi »; ou nous oublions cette parole de Notre Seigneur à sainte Marguerite-Marie : « Ma « Fille, tu ne manqueras de secours que quand je manquerai « de puissance. »

« Faisons-nous une volonté et réalisons le proverbe : « Ce « que femme veut, Dieu le veut ! » Rien ne résiste à la femme qui sait vouloir. Nous sommes si bien douées, nous, femmes, pour arriver à ce que nous voulons ! Prouvons-le en nous jetant à corps perdu dans la voie de l'héroïsme, de la sainteté, puisque toutes les grâces, tous les secours nous sont donnés pour vaincre notre nature, pour vaincre le démon, pour vaincre même la souffrance par notre abandon et notre amour de la croix... »

De l'obéissance.

« Mettons en opposition ou plutôt en comparaison l'esprit de Satan et l'esprit de Jésus. Le premier dit : « Je ne servirai « pas ! » Et, depuis le jour où il a poussé ce cri, il ne cesse d'exciter les hommes à la révolte contre Dieu et ses représentants. Le cri de ralliement aujourd'hui est celui-ci : « Ni Dieu, ni Maître ! » C'est à qui dominera. Que de désordres, de discordes, de souffrances, de ruines, l'indépendance a jetés dans l'univers, depuis la révolte de l'ange déchu ! Dieu seul est capable de mesurer tout le mal que produit la désobéissance.

« Pour réparer ce mal, Jésus prend notre chair de péché et il oppose à ce cri de Satan cette parole qui sera le programme

de sa vie terrestre, de sa vie eucharistique : « Me voici, mon
« Père, pour faire votre volonté ! » Pour continuer cette
œuvre si belle d'humble soumission à son Père, il établit les
cloîtres où ses épouses n'ont qu'une chose à faire, obéir aux
Règles et aux Supérieures.

« Nous savons ce qu'il a dit à notre Séraphique Mère qui,
n'ayant pas la santé pour se livrer aux macérations qu'aurait
voulues son amour, se lamentait : « Ma Fille, je préfère ton
« obéissance aux austérités de Catherine de Cardonne. »
Cela correspond aux paroles de la Sainte Écriture, dites à
Saül qui avait offert à Dieu la plus belle partie d'un butin
pris sur l'ennemi, alors que Dieu avait ordonné d'anéantir toutes
ces richesses. Or le Prophète dit à Saül : « Le Seigneur aime
« mieux l'obéissance que le sacrifice. » Et, pour ce sacrifice
offert contre la volonté de Dieu, Saül fut rejeté.

« Rappelons-nous la ligne de conduite dictée par Notre
Seigneur à sainte Marguerite-Marie : « Si ta Supérieure te
« dit de faire le contraire de ce que je t'ai commandé, obéis
« à ta Supérieure. »

« Ce bon maître se plaignait à sa confidente de certaines
religieuses de sa Communauté : « Ce qui me déplaît le plus
« en elles, lui disait-il, ce sont les petites discussions et répliques
« dans l'obéissance. » Il a proféré contre les religieuses qui ne
sont pas unies à leurs Supérieures des paroles terribles, capables
de faire dresser les cheveux sur la tête ! Il semble que pour
ces Religieuses ce soit la damnation commencée dès ce monde.
Ce doux Sauveur ne pouvait aller plus loin en fait de menaces !

« Oh ! nous comprenons la délicatesse des saints quand il
s'agit d'obéissance : ils avaient saisi que toute la sainteté est

renfermée dans cette vertu qui est l'efflorescence des autres. Pourrions-nous concevoir un saint qui aurait gardé sur le cœur quelque chose contre ses supérieurs, qui les aurait accusés de ne pas assez bien le traiter, de ne pas tenir compte de ses idées, de ses désirs, de ses besoins ? Nous savons que tous les religieux qui se plaignent en dessous ou en dessus sont des orgueilleux, des exigeants, des susceptibles que l'on ne peut pas toucher en vérité, car ils se croient toujours atteints, même et surtout quand on ne pense pas à eux. Quels tristes religieux ! Fallait-il qu'ils vinssent au cloître pour faire souffrir leurs Supérieurs et scandaliser leurs frères ? S'ils se plaignent en dessous, le mal qu'ils se font est encore plus grand, car alors ils cachent leur plaie qui, par le fait, devient incurable. Un supérieur me disait : « Que Dieu nous délivre de ces âmes qui se plaignent en « sourdine ! » Elles sont bien malheureuses. Si celles qui discutent publiquement avec l'autorité font du mal aux autres, celles-ci s'en font plus à elles-mêmes. Il est nécessaire, assure-t-on, qu'il y ait parfois de ces âmes dans les couvents, pour la sainteté des Supérieurs ; il leur est salutaire d'être contrariés, incompris, mal jugés, c'est pour eux une grâce qui les aide à acheter le bien qu'ils font à leur Communauté. Mais il ne peut être bon à ces âmes de faire cette œuvre ; on pourrait leur appliquer la parole de de Maistre : « Celui qui mange du « Pape en crève ». Celui qui mange du Supérieur, certainement ne recueille pas de mérites, il en fait acquérir, mais il ne trouve en une telle conduite que trouble, déceptions, en attendant les tristes surprises de l'autre monde...

« Sainte Gertrude vit une âme qui était damnée, uniquement parce qu'elle avait murmuré contre ses Supérieures... Mes

Sœurs, faisons-nous un bon esprit, et, pour cela, méfions-nous de notre orgueil qui seul met obstacle à notre obéissance et la rend défectueuse. L'orgueil conduit à tous les abîmes s'il n'est pas combattu avec énergie et persévérance. Ne nous rangeons jamais dans le camp des fils de Satan qui ne veulent pas obéir. Nous sommes les épouses d'un Dieu crucifié par obéissance : Imitons-le. Arrière tout ce qui voudrait, en nous ou en dehors de nous, nous arrêter dans cette voie toute lumineuse, toute pure, toute divine de l'obéissance : cette voie seule nous donne toutes les garanties de bonheur en ce monde et en l'autre... »

L'obéissance (Deuxième allocution) :

« L'homme, au Paradis terrestre, a perdu toutes ses prérogatives par la désobéissance. Dieu se communiquait à lui, le traitait comme un enfant très cher, lui livrait tous ses secrets, secrets d'amour, de lumière, de pureté ; et Adam, sous l'influence de cette divine pureté, de cette divine lumière, de cet amour, restait dans cette justice que Dieu lui avait donnée. Il y resta tant qu'il fut fidèle à l'ordre établi par Dieu : « Tu « ne mangeras pas de ce fruit. »

« Un jour vint où, secouant cet ordre voulu par Dieu, enfreignant cette défense de toucher au fruit défendu, Adam perdit toutes ces divines liaisons de grâce et d'amour ; d'enfant chéri de Dieu, il devint un fils de colère, un révolté, un coupable qui ne mérite plus de jouir de l'infinité divine, de ses admirables secrets ; tout cela par désobéissance.

« Pour rétablir les choses, refaire le plan divin renversé par le péché, il faut que Jésus, le Verbe divin, descende sur la terre, se revête de notre humanité et divinise par son obéissance cette chair de corruption qui s'est souillée par la désobéissance. L'humanité de Jésus déifiée a seule été capable de rendre au Père ce que le péché lui avait ravi ; seule elle a pu servir et glorifier le Père... Les épouses de Jésus, déifiées par l'obéissance qui purifie et transforme, sont seules capables de servir et de glorifier Jésus... Jésus humanise sa divinité pour se rendre accessible à nous, et cela par l'obéissance aux volontés de son père. « Ecce venio ! » Nous, épouses de Jésus, nous devons aussi, par l'obéissance, diviniser notre pauvre humanité pour la rendre agréable à Dieu.

« Obéir d'esprit, de cœur, de volonté, c'est faire vraiment l'œuvre divine en notre âme ; c'est courir, voler au sommet de la perfection ; c'est imiter notre époux, c'est glorifier le Père, c'est prouver à Jésus notre amour. C'est appeler en soi toutes les vertus, toutes les grâces, toutes les puissances ; c'est se mettre à l'abri de toutes les inquiétudes : en un mot, c'est se jeter dans le cœur de Dieu et y vivre comme les Anges vivent au Ciel, à l'abri du péché, à l'abri du mal.

« L'âme obéissante se met dans une sainte impuissance d'offenser Dieu, de faire fausse route ; elle échappera au jugement et au Purgatoire ; tout, pour elle, a été jugé, contrôlé dans sa vie par ses Supérieurs. Par conséquent, pour Dieu lui-même, elle est devenue ainsi un autre Jésus sur la terre, et la terre pour cette âme devient un Ciel.

« Si, dans la vie religieuse, il se rencontre des âmes qui souffrent, qu'elles soient bien convaincues que leurs souffrances proviennent uniquement de ce que quelque chose en elles veut se dérober à l'obéissance : « Otez la volonté propre, il n'y

« aura plus d'enfer ! » Et nous ajouterons : « Otez la « volonté propre et il ne se trouvera plus dans les Communautés de ces âmes malheureuses qui gémissent et pleurent. »

« Laissons-nous porter par l'autorité ; adhérons à l'autorité qui tend à disparaître parce que notre pauvre société actuelle veut se suffire, ne veut dépendre de personne... Le joug pèse, on le secoue ou on le traîne, et on reste dans la vulgarité ou dans la révolte. Quelle misère, quelle pauvreté, quelle inconséquence ! Avoir quitté le monde, avoir laissé sa famille, avoir versé et fait verser des larmes, avoir reçu du ciel une grâce si puissante, si victorieuse qui a fait triompher du monde, du démon et de soi-même... et puis rester là, inerte avec sa nature, avec sa volonté, cherchant le moyen de la satisfaire au détriment de ses devoirs les plus sacrés comme les plus élémentaires, c'est horrible ! Faire gémir et pleurer peut-être ses supérieurs, n'est-ce pas irriter Dieu et attirer sur soi toutes ses foudres ?

« Mes Sœurs, à cette heure où tout est révolte orgueilleuse, où tout et tous crient l'indépendance, jetons-nous à corps perdu dans l'obéissance, entrons profondément dans le cœur des Supérieurs. C'est la citadelle imprenable ; c'est là uniquement que nous, Carmélites, nous retrouverons la justice originelle que notre Epoux veut nous rendre en nous octroyant toutes les prérogatives de nos premiers parents. Serrons-nous autour de l'autorité ; soyons sa couronne, son auréole lumineuse dont les rayons iront jusqu'au ciel réjouir le Cœur de Jésus, celui de la Sainte Vierge et celui de Thérèse, notre Séraphique Mère. Oh ! que nous serons heureuses ! Oh ! que nous serons riches et puissantes sur le cœur de notre Epoux !

« Divinisons de plus en plus notre humanité par l'obéissance, de même que lui a humanisé sa divinité par obéissance. Ce sera la sainteté pour nous, le salut pour le prochain, la plus grande gloire pour Dieu...

« Nous vous disons ces choses avec toute la liberté d'esprit que nous donne notre tendresse pour vos âmes. Nous nous sentons partir vers l'éternité. Une autre viendra bientôt et nous nous retirerons. L'intérêt qui pourrait nous revenir de votre obéissance, de votre culte, nous touche bien peu à côté de l'inestimable profit qui doit vous en revenir à vous-mêmes. L'éternité nous appelle, mais nous voulons vous laisser dans le temps telles que Jésus vous veut, telles que son amour vous a conçues comme épouses, telles qu'il a vécu lui-même : or il s'est fait obéissant jusqu'à la mort et à la mort de la croix. Allons jusque-là si Dieu le veut, il nous donnera sa grâce... »

Invitation à la prière et à la pénitence.

« Nous venons aujourd'hui pousser un cri de détresse au nom du Sacré-Cœur, au nom de Marie notre Mère, au nom de la France. Ce cri de détresse n'est autre que celui de notre sainte Madeleine de Pazzi : « L'Amour n'est pas aimé ! » Il fera certainement écho dans vos âmes toujours si ouvertes à toute infortune, à toute souffrance. Non, l'Amour n'est pas aimé ! Il l'est encore moins de nos jours qu'il ne l'était au temps de la sainte de Florence, et voilà pourquoi tant de ruines s'amoncellent, tant de larmes coulent !...

« L'amour n'est pas aimé ! mais qu'allons-nous faire ? N'est-ce pas l'heure de méditer avec plus de zèle que jamais, pour les mettre en pratique, ces paroles de notre Séraphique

Mère : « La Chrétienté est en feu !... » Resterons-nous les bras croisés au milieu de cet incendie qui menace de tout consumer ? Oh ! non. Si Notre Seigneur a si peu d'amis, il faut du moins que ces amis soient des amis de choix, que rien n'arrête, que rien ne décourage pour aider ce divin Maître à tirer le monde de ce triste péril. Le Cœur de Jésus nous regarde nous provoque, nous presse, nous, ses épouses. Il nous crie de lutter avec son amour pour faire triompher sa miséricorde contre sa justice irritée. En nous appelant au Carmel, il a mis en nos mains les armes les plus capables de le vaincre ; ces armes, nous le savons, sont la prière et la pénitence : deux vertus qui ne peuvent vivre l'une sans l'autre. Ce qui fait la valeur de notre prière, c'est notre souffrance, et ce qui donne de la valeur à notre souffrance, c'est notre amour.

« Mais devrons-nous ajouter d'autres prières aux prières imposées par la sainte Règle ? Cela n'est pas nécessaire : notre vie n'est-elle pas une prière ? Ce qu'il importe de faire, c'est d'animer toutes les prières prescrites d'un grand esprit de foi. Nous avons dans notre journée, si nous les faisons bien, assez de prières pour convertir des milliers de pécheurs. Ne perdons pas ces trésors par la routine et l'inattention ; redressons-nous quand nous disons notre *Angelus*, notre *Benedicite*, nos *Veni Sancte* et nos *Sub tuum*, aussi bien que lorsque nous disons l'Office divin. Nul ne peut exploiter ou plutôt recueillir dans sa plénitude toute la grâce que renferme un *Ave Maria*, dit un saint Religieux. Et que d'*Ave* et de *Pater* nous récitons chaque jour !

« La deuxième arme, c'est la pénitence. Mais quelle pénitence pouvons-nous faire en plus de la Règle ? Cette pénitence que Dieu demande à toute Carmélite, même à une Carmélite malade, c'est la pratique fidèle de ses devoirs et des vertus de son état : zèle pour bien remplir ses offices, sans craindre la peine et l'effort ; zèle pour la régularité et les travaux communs, qui fait prendre toujours pour soi le plus dur, le plus caché ; zèle pour le support mutuel ; délicatesse de la charité dans les rapports ; ferveur pour se rendre aux exercices de Communauté ; soumission parfaite à Dieu dans l'autorité ; vertu de silence qui résume toutes les autres : le silence est la culture de la justice, c'est-à-dire de toutes les vertus ; il garde l'âme contre toute espèce de faute et d'imperfection.

« Une vraie Carmélite qui pratique sa Règle, sans y rien ajouter, est une grande pénitente. Une Carmélite malade qui est dispensée de quelques points de la Règle, si elle est douce, humble, silencieuse, dépendante, simple sous la main de l'autorité qui lui ôte ou lui donne selon l'inspiration du Seigneur, cette Carmélite est une très grande sainte, une martyre. Elle fait plus que beaucoup d'autres qui se tuent à force de pénitences. Manions habilement, c'est-à-dire avec sincérité, générosité et confiance, ces deux armes de la prière et de la mortification, et nous verrons ce que Dieu fera. Nous verrons son amour méconnu reprendre ses droits sur le monde. Il faut qu'il règne ! Or, il règnera par nous ! Ce sont les âmes consacrées, les choisies qui feront cette œuvre de restauration. C'est à nous que Jésus s'adresse ; nous surtout pouvons recevoir ses secrets, pénétrer dans son cœur pour en arracher le glaive qui nous frappe.

« Oh ! vivons si pleinement notre vie, que l'Amour soit aimé de nous, de tous, et surtout de la France !... »

De l'Oraison.

« Mes Sœurs, nous nous reprochons de ne pas vous parler ici assez souvent de l'oraison, de l'esprit d'oraison qui est l'essence de notre vie carmélitaine. C'est par l'oraison en effet que nous sommes vraiment Carmélites ; sans elle, nous ne serions dans la sainte Eglise que des âmes ordinaires, qui s'adonnent à la piété, mais sans grande envergure.

« L'oraison est à notre âme ce que l'air et le soleil sont à la plante. Mettez une plante dans les ténèbres, ne lui donnez qu'un simple filet d'air, qu'elle ne voie jamais ou rarement le soleil, cette plante s'étiolera et finira par mourir, ou du moins elle n'aura qu'une vie précaire, sans parfum et sans éclat. L'oraison est comme le soleil de la Carmélite. Plus elle se met sous l'influence de ce divin soleil, plus elle s'en laisse pénétrer, plus elle devient ardente, lumineuse, forte et puissante. Alors, toutes les vertus, comme autant de satellites, viennent graviter autour de ce soleil de l'oraison et ajouter à son éclat. La médiocrité du rayonnement de cette âme dans la sainte Eglise serait la preuve certaine de la médiocrité de son oraison.

« Comprenons-nous pourquoi notre Séraphique Mère tenait tant à l'oraison et ne cherchait pas d'autres moyens pour remplir l'âme de ses Filles d'abnégation, de pureté, d'amour fort et vaillant, d'union intime avec Dieu, d'humilité profonde, de zèle pour les âmes ? Quand elle avait réussi à convaincre une âme de la nécessité de l'oraison, elle était radieuse : « Donnez-« moi, disait-elle, une âme qui consacre tous les jours un « quart d'heure à l'oraison et je réponds de son salut ! » Pourquoi cela ? Parce que dans l'oraison on réfléchit à ses fins dernières et à ce que Dieu est ; or ces réflexions tous les jours renouvelées finissent par faire mépriser tout ce qui passe et nous faire aimer le Seigneur et tout ce qui est éternel.

« Le monde court à sa ruine, est-il dit dans la Sainte Ecri-« ture, parce que personne ne réfléchit dans son cœur ! » Il sera renouvelé quand une légion d'âmes vraiment orantes s'interposera comme une puissance entre le ciel et la terre.

« Notre Séraphique Mère, avec son regard d'aigle, avait vu clair et voilà l'unique raison de sa réforme : faire de chacune de ses Filles une puissance de la sainte Eglise, une force contre le démon, une protestation vivante devant le ciel et la terre pour attester et confesser que Dieu doit être le tout de notre vie, que nous n'avons été créés par lui que pour lui !... Alors, elle ne donne pas seulement un quart d'heure d'oraison, mais deux heures. Et encore, cela ne lui suffit pas. Elle fait sien le texte de la Règle primitive qui dit ceci : « Que chaque « Frère demeure en sa cellule ou près d'elle, méditant jour « et nuit la loi de Dieu et veillant dans la prière. » Entendez : méditant jour et nuit la loi de Dieu !... Ailleurs nous trouvons ces autres paroles : « Que le glaive de l'esprit qui est la « parole de Dieu réside avec plénitude dans votre bouche et « dans votre cœur et que toutes vos actions soient faites au « nom du Seigneur ! » Or, comment garder avec plénitude dans sa bouche et dans son cœur la parole de Dieu, si ce n'est par une oraison continuelle ?

« Nous sommes les enfants de la Reine du Carmel. Dieu nous a établies sur la Sainte Montagne ; n'est-ce pas pour y continuer la vie d'oraison de notre céleste Mère ? « Marie, « nous dit le saint Evangile, conservait toutes ces choses en

« son cœur. » Quelles choses ? Tout ce que son Jésus avait dit et réalisé par amour pour l'humanité coupable. Elle repassait sans cesse tout cela dans son esprit ; elle en nourrissait son cœur qui s'enflammait de plus en plus pour son Dieu descendu si bas, si profondément humilié pour venir nous prendre et nous ramener à son Père. C'est ainsi que, pénétrée des mystères qui remplissaient la vie de son Jésus tant aimé, elle les reproduisait dans son cœur, s'identifiait à lui et devenait sa coopératrice fidèle.

« Oh ! mes Sœurs, que faisons-nous ici, entre ces quatre murs, loin de nos familles, loin des œuvres, loin des malades à soigner, des enfants à instruire, des pauvres à secourir, si nous ne reproduisons pas, par l'esprit d'oraison, la vie de Jésus en nous ; si nous ne vivons pas toutes cachées en Dieu, avec Jésus-Christ ; si nous ne devenons pas humbles, petites, simples, souples et obéissantes jusqu'à nous laisser fouler aux pieds, juqu'à ne pas vouloir disposer d'une seconde de notre temps, de nos forces, de notre personnalité, selon nos vues, nos désirs, notre volonté propre !

« Vivons de l'oraison et toutes les vertus, surtout celles que nous avons promises solennellement à Dieu : la pauvreté, la chasteté, l'obéissance, fleuriront dans nos âmes. L'oraison est du reste le seul moyen efficace et infaillible pour nous faire garder nos vœux, pour nous conserver dans notre sainte vocation et nous y conserver avec fruit.

On ne perd sa vocation, ou, ce qui est encore pire, l'esprit de sa vocation, que parce qu'on ne travaille pas à être une âme d'oraison, c'est-à-dire une âme toute surnaturelle, qui n'agit que pour Dieu, sa gloire et les âmes ; qui se méprise elle-même, qui ne veut pour sa vie intérieure et pour sa vie extérieure que la sainte volonté de Dieu ; une âme qui bénit le Seigneur en tout temps, parce qu'elle ne se compte pour rien, qu'elle reçoit tout de Dieu, ce qui l'élève comme ce qui l'abaisse. De fait, rien ne la grandit ni ne la diminue dans ce qui est humain ; elle n'a que faire de s'y arrêter. Le divin soleil de son esprit d'oraison consume en elle toutes ces mesquines petitesses du moi et y introduit à la place les grandes et belles vertus qui font la vraie Carmélite, la véritable épouse de Jésus crucifié.

« Oh ! mes Sœurs, si vous le voulez, nous ferons toutes, pendant les jours qui vont suivre, la communion les unes pour les autres afin de solliciter de Notre Seigneur, par notre Séraphique Mère Sainte Thérèse, un grand esprit d'oraison, esprit tel qu'elle l'a conçu pour ses Filles, tel qu'elle l'a développé en elle-même et dans les âmes qu'elle dirigeait.

« Ayons confiance ! nous sommes sûres d'être exaucées car cette faveur que nous aurons implorée avec tant d'union, nous sera certainement accordée si nous sommes prêtes à l'accueillir si nous demandons avec foi : « Demandez et vous recevrez !... « Frappez à la porte et il vous sera ouvert... Cherchez et « vous trouverez... Celui qui veut la Sagesse, la trouvera le « matin assise à sa porte. » Fortes de ces promesses, demandons et nous obtiendrons ! »

En 1922, à la suite d'une profession, la famille de la jeune Elue offrait à la Communauté une belle statue du Sacré-Cœur, permettant par cette grande générosité de réaliser le vœu fait par la Révérende Mère Marie des Anges, de douce mémoire, de placer au milieu de son Carmel une statue du Divin Maître ; vœu dont notre pauvreté ne nous avait pas encore permis l'accomplissement.

Aussi, bien grande fut la joie de Mère Anne de Jésus en voyant se dresser au préau la statue tant désirée. Le 29 novembre de cette même année, Monseigneur de Périgueux la bénissait solennellement. Voici les deux allocutions que la vénérée Prieure prononça au Chapitre, à cette occasion :

Avant la bénédiction de la statue du Sacré-Cœur.

« Le jour de son couronnement et de sa prise de possession officielle du trône, un Roi ne refuse rien à ses sujets.

« Notre Jésus, qui est le Tout-Puissant, l'Infini en bonté, en richesses, en amour, refuserait-il quelque chose à ses petites épouses, le jour où il prendra officiellement possession de son trône au milieu d'elles ? Non, n'est-ce pas ! Nous connaissons assez son cœur pour n'en pas douter.

« Alors, puisque l'union fait la force et qu'ici nous ne faisons qu'un cœur et qu'une âme, nous lui demanderons les unes pour les autres cinq grâces en l'honneur de ses cinq Plaies :

« 1° Une grande fermeté de volonté, pour triompher de l'amour-propre, de la lâcheté, afin de ne jamais commettre aucune faute volontaire et qu'il n'en soit jamais commis aucune dans notre Monastère.

« 2° Une grande délicatesse de conscience pour sentir, souligner et réparer humblement, généreusement, loyalement les fautes qui échapperont à notre faiblesse, à notre inconstance, malgré nos meilleures résolutions.

« 3° L'esprit de silence intérieur et extérieur, car le silence extérieur favorise le recueillement et l'oraison, tandis que le silence intérieur protège l'âme contre l'orgueil, les passions, le monde et le démon. La Religieuse qui garde fidèlement le silence intérieur aura toujours la paix ; pourrait-il en être autrement, puisque, par ce silence de l'esprit, elle coupe court aux insinuations perfides du démon et de l'orgueil, à tout ce qui pourrait, en un mot, l'agiter, la troubler, la décourager ! Heureux silence ! Quel affranchissement tu donnes à l'âme qui te comprend et qui te garde ! Tu la rends pure comme un ange, parce que tu la mets à l'abri de tout orgueil, de toute rancune, de toute occupation étrangère à Dieu.

« 4° La grâce que nous solliciterons aussi les unes pour les autres, c'est l'esprit de l'Ordre, qui est un esprit de pénitence et d'oraison, de zèle apostolique pour le Sacerdoce. La pénitence nous purifie, nous rend plus aptes à comprendre Dieu, à nous unir à lui dans l'oraison. Et l'oraison, telle que nous la comprenons ici, fortifiée, soutenue par la pénitence, nous rend utiles à la sainte Eglise et à ses ministres.

« 5° Nous demanderons enfin la grâce d'un très grand amour, d'un amour de séraphin. Nous avons pour Mère et pour Père deux Séraphins : Thérèse et Jean de la Croix ; nous ne parlerons pas de notre Père saint Elie que, dès son enfance, les Anges nourrissaient de feu. Il faut que nos flammes soient assez puissantes, assez ardentes pour se répandre dans tout l'univers. Pourquoi n'en serait-il pas ainsi ? Ce Roi que nous allons fêter, notre Roi, n'a-t-il pas dit : « Je suis venu « apporter le feu sur la terre, et que veux-je, sinon qu'il brûle ! » Oh ! laissons-nous brûler ! Allons recueillir une étincelle de ces flammes qui jaillissent du Cœur de notre Jésus et nous serons assez riches pour acheter le monde, assez ardentes pour le consumer.

« Pourquoi notre Sainte Mère a-t-elle été si féconde en fruits de salut pour les âmes, pour la Sainte Eglise, pour le sacerdoce ? Oh ! elle a trouvé toute sa fécondité dans l'ardeur de son amour ! Un ange transpercera son cœur d'un dard enflammé !

« Notre Père saint Elie s'écriait : « Je brûle de zèle pour « le Seigneur Dieu des armées ! » Nos armoiries le représentent avec un glaive dont la pointe a la forme d'une flamme.

« Quelles leçons pour nous qui descendons de tels ancêtres ! Demandons l'amour, l'amour vrai, et vivons notre vie : elle sera riche de vertus : « Où il n'y a pas d'amour, disait notre « Père saint Jean de la Croix, semons de l'amour et nous « recueillerons de l'amour. » Que tous les instants de notre vie, que toutes nos œuvres, jusqu'aux plus petites, soient détrempées d'amour, et ce Jésus, ce divin Roi qui va venir chez nous, au milieu de nous, se trouvera bien chez lui, dans son Carmel où il prendra ses complaisances. »

Après la bénédiction de la statue du Sacré-Cœur.

« Après le grand événement qui s'est déroulé ici, cette semaine, nous éprouvons le besoin d'en causer avec vous. Il nous paraît avoir une si grande portée ! Il nous semble être le prélude de bénédictions toutes particulières si nous le voulons, et quelle est celle d'entre nous qui ne les voudrait pas, ces bénédictions alors même qu'elles seraient douloureuses ?

« La parole du Prophète aux Filles de Jérusalem s'est réalisée en notre faveur : « Filles de Sion, voici votre Roi « qui vient à vous, plein de douceur. Ne craignez point... » Ce Jésus, si désiré depuis vingt ans, est enfin venu. Il est entré chez nous, chez lui, et il veut demeurer au milieu de ses épouses, de ses reines. Il est venu avec son allure majestueuse, conquérante, son bras étendu pour nous rappeler qu'il nous veut universelles dans notre apostolat, dans notre prière, dans notre souffrance. Sa main gauche soutient une croix qui dépasse sa noble tête et descend jusqu'à ses pieds ; sur cette croix sont inscrit ces mots : Par ce signe tu vaincras !

« Mes Sœurs, que de symboles cachés dans ces paroles, dans cette croix ! Jésus, par cet ensemble de choses, ne nous indique-t-il pas que la croix est l'instrument de salut dont il veut se servir en nous pour les âmes et pour notre sainteté ? Nous ne triompherons du monde, des passions, de Satan, en nous et dans les autres, que par la croix : Par ce signe tu vaincras !

« Donc, pour répondre à l'amour de notre Jésus qui nous a établies, par son propre choix, *victimes* pour les pécheurs, nous devons toujours porter la croix dans nos bras et la porter avec vaillance. Si elle pèse sur nous physiquement et morale-ment, regardons notre Roi ; voyons son cœur tout palpitant d'amour sur sa poitrine et qui nous invite à y entrer afin d'y puiser force, douceur, lumière et humilité. Le Cœur d'amour est fort pour les humbles, les pacifiques, les patients, quand il

les charge de sa croix. Il est doux pour les pauvres, les misérables, les coupables, même pour les orgueilleux, s'ils reconnaissent et confessent leur pauvreté, leur misère, leurs fautes,
leur orgueil.

« Il réalise bien l'énigme de Samson : « La douceur est
« sortie du Fort ! » Si nous voulons participer à sa douceur,
à sa force, il suffit de le vouloir avec une confiante et humble
droiture. « Venez tous à moi ! » s'écrie-t-il. Quelles que soient
nos infirmités, nos faiblesses, allons à lui ; sa vue, mieux que
celle du serpent d'airain, guérira nos blessures et nous commu-
niquera la force nécessaire pour vaincre par ce signe tous nos
ennemis du dehors et du dedans. Ce sont nos dispositions
d'humble et sincère confiance qui font à Jésus la mesure de
sa douceur envers nous. C'est déjà bien consolant.

« Oh ! répondons à ses désirs, entrons dans la vérité de ces
paroles sorties de son cœur : « Apprenez de moi que je suis
« doux et humble de cœur. » Faisons-les passer dans la
pratique de notre vie ; soyons bonnes, douces, miséricordieuses,
dévouées envers nos Sœurs, cultivons cet esprit de famille,
cette union qui règnent ici, mais que par notre charité nous
pouvons augmenter encore : la perfection des vertus n'a pas
de limites.

« Pour nous aider, écoutons notre Roi nous redire ce qu'il
disait aux foules comme aux intimes : « Venez tous à moi,
« mon joug est doux et mon fardeau léger. Venez à moi
« et je vous referai !... » Allons à lui pour apprendre de
son Cœur cette bonté, cette miséricorde, cette indulgence, cet
oubli de soi qui, se répandant sur l'entourage, le rendent heureux. Semons la joie et le bonheur à nos dépens : « Ce que

Infirmerie où est morte Mère Anne de Jésus

« vous ferez au plus petit des miens, c'est à moi que vous
« le ferez... Donnez et l'on vous donnera... Un verre d'eau
« donné en mon nom recevra sa récompense... Ne jugez pas
« et vous ne serez pas condamné... On se servira envers vous
« de la même mesure que celle dont vous aurez usé envers
« les autres... Pardonnez-nous nos offenses comme nous
« pardonnons à ceux qui nous ont offensé... Si on vous frappe
« sur la joue droite, tendez la gauche... » Mes Sœurs,
donnons des sourires, même et surtout quand nous aurions plutôt
envie de pleurer, quand notre pauvre cœur est offensé et meurtri:
Ces sourires seront plus que des verres d'eau !

« Dépouillons-nous non seulement de notre manteau, mais
encore de notre tunique, c'est-à-dire, rendons service à notre
prochain aux dépens de notre travail, de nos projets et de
nos désirs. Si, par inadvertance, une de nos compagnes, nous
blesse, marche sur nos droits, tendons la joue gauche, c'est-à-
dire, taisons-nous, oublions, aimons. Acceptons tous les torts
plutôt que de les laisser tomber sur les autres.

« Voilà les leçons que nous donne notre Roi doux et humble,
notre Agneau qui ôte les péchés du monde. Oh ! si nous
l'écoutons, si nous l'imitons dans sa bonté, sa mansuétude et
sa miséricorde, si nous restons petites colombes sans fiel et sans
jugements, notre jugement sera un jugement de douceur et
quand viendra notre dernière heure, se réaliseront ces paroles :
« Ne craignez point, filles de Sion, voici votre Roi qui vient
« à vous, plein de douceur ! »

« Et, en attendant ce jour bienheureux, Jésus prendra ses
complaisances, ses délices dans nos âmes, dans ce Carmel de
son Cœur, où il veut habiter à jamais au milieu de ses épouses,

où, en nous et par nous, il veut vaincre Satan et ses suppôts, et établir son règne d'amour sur le monde entier.

« Nous le ferons régner, malgré tout ! »

Le voilà enfin poussé son cri de ralliement, son cri de victoire ! Le règne de Jésus dans les âmes ! Le règne de Jésus complet, absolu, dans ses Filles du cloître et aussi dans le cœur des pauvres égarés par qui l'Amour n'est pas aimé ! Toute la vie religieuse de Mère Anne de Jésus est là. Le cœur brûlant du feu que le divin Maître y a allumé, elle veut jeter une étincelle de cette dévorante flamme en toute âme. Pour cela, rien ne lui coûte. Elle veut être une semeuse d'amour, d'amour éternel.

Dès lors, on comprend cette émotion qui pénètre, quand elle parle de Jésus, ses accents pleins de foi et de feu qui ravivent dans le cœur de ses Carmélites l'ardeur qui les doit consumer, cette attirance qu'elle exerce sur les personnes du dehors. Semeuse d'amour !... Elle l'a été quand, simple religieuse, elle s'est immolée chaque jour dans son obscurité tandis que Dieu la préparait à de grandes choses. Semeuse d'amour !... elle l'a été, Maîtresse des Novices et Prieure : ne suffit-il point pour en être convaincu d'avoir parcouru les pages qui précèdent, et qui, cependant, dans leur brièveté et leur petit nombre, ne peuvent donner qu'une bien faible idée de ce qu'a été cette grande âme comme institutrice claustrale.

Semeuse d'amour !... Elle l'était partout et toujours : quand elle présidait aux travaux manuels qu'elle faisait exécuter à l'intérieur du Monastère ; quand elle s'enfermait avec une âme

dans le petit parloir aux murs couverts de pieuses maximes,
quand elle priait ou souffrait ; quand elle consolait l'amertume des autres ; quand, enfin, elle mourait, après avoir tant
de fois préparé ses Sœurs à la grande envolée avec toute la
délicate tendresse de son cœur maternel, jamais elle n'eut
d'autre but, semble-t-il, que le règne de son Jésus en elle et
autour d'elle ; jamais elle n'oublia que son rôle était, jusqu'à sa
mort et même au delà, de faire tomber sur le monde une pluie
d'étincelles d'amour !...

TROISIÈME PARTIE

Sur les cimes...

SUR LES CIMES...

U matin du 1er janvier 1915, Mgr Bougouin était soudainement rappelé à Dieu. Le 7 novembre suivant, le Carmel de Bergerac recevait pour la première fois la visite du nouvel évêque du diocèse, Mgr Rivière. Dès leur première rencontre, Mère Anne de Jésus et le nouveau Supérieur de la Communauté se comprirent. Elle reconnut en lui le disciple du pieux Mgr Gay, auquel il serait bon de se confier en toute loyauté et abandon. De son côté, l'Evêque s'aperçut bien vite de quelle trempe était cette Prieure pleine de simplicité et d'abandon, sa sainteté n'avait

point échappé à son œil averti. Aussi, de retour en sa bonne ville de Périgueux, faisant part de ses impressions à son Conseil, et persuadé de la puissance de la prière pleinement efficace sur le cœur de Dieu, il les résumait en cette phrase véritablement évocatrice : « La lumière nous viendra de là !... » Que de fois il devait revenir vers ce petit Carmel « pour se reposer, disait-il aimablement, de ses fatigues et de ses soucis. » Il devait même, un jour, y trouver une jeune Prieure pour son Carmel de Périgueux.

Vers la fin de l'année 1920, le distingué prélat, nommé archevêque d'Aix, quitta le Périgord pour la lumineuse Provence.

Que serait son successeur ? En une allocution tout inspirée par les vues de la foi, Mère Anne de Jésus exhorta ses filles à prier pour le prélat encore inconnu sur qui allait retomber la lourde charge de l'Eglise de Périgueux, pour celui qui serait demain le Père de sa chère Communauté. Le Carmel de Bergerac offrit une belle gerbe de prières et de sacrifices pour l'élu de la Providence. Le ciel entendit les voix suppliantes: ce fut un prélat à l'âme apostolique, Mgr Légasse, évêque d'Oran, que le Souverain Pontife désigna pour monter sur le siège de l'apôtre saint Front.

Le 16 décembre, Mgr Légasse faisait son entrée en sa ville épiscopale ; le 9 janvier 1921, Bergerac le reçut à son tour et, le 10 au matin, le Carmel lui ouvrit ses portes de clôture. Il fut reçu par la Communauté à la salle capitulaire ; à son extérieur empreint de douceur et d'humble recueillement, à sa parole toute surnaturelle, Mère Anne de Jésus reconnut bien vite que la Communauté venait de recevoir plus et mieux qu'un ami. Il se révélait vraiment le Père saint et bon demandé si instamment à la Providence : un avenir trop prochain, hélas ! le montrerait.

Soupçonnait-elle alors, l'humble Prieure, que, dans un temps peu éloigné, elle serait, selon sa propre expression, la « commissionnaire » attitrée de son Evêque auprès du cœur de Dieu ? Peut-être, car déjà le mal commençait son œuvre. La « lumière ne devait pas tarder de s'éteindre ici-bas pour s'en aller briller d'un éclat plus merveilleux dans le céleste séjour. »

Dans la matinée du 8 octobre 1926, la porte de clôture s'ouvrit pour laisser entrer les médecins qui venaient opérer Mère Anne de Jésus, depuis quelque temps plus souffrante. Elle vint elle-même au-devant d'eux, tout aussi calme et souriante que s'il ne se fût point agi de sa personne. Que lui importait d'ailleurs ? N'était-elle pas prête ? Et la mort ne représentait-elle pas pour son cœur avide de l'au-delà la fin du triste exil et la réunion avec le Bien-Aimé ! Aussi s'y était-elle préparée avec une paisible tranquillité, mettant en ordre les affaires du Monastère, brûlant ses carnets intimes, détruisant ses instruments de pénitence, purifiant sa belle âme par une nouvelle confession générale.

Elle était prête !... Mais Dieu en avait décidé autrement. L'opération réussit à merveille et ce fut peut-être avec un léger désappointement que la malade, revenue à la santé, vit s'éloigner encore l'heure si désirée de son envol vers le céleste Carmel.

Elle n'avait point encore assez souffert... Déjà, dans un parti politique auquel appartenaient les meilleures de nos familles de France, un mouvement de révolte se dessinait contre l'autorité suprême de l'Eglise. Dans toute la sérénité de son magistère, Rome avait exigé pleine soumission à ses directives et un « non licet » y avait répondu. Ce conflit, cette rébellion émurent le cœur de Mère Anne de Jésus, si profondément attachée au siège de Pierre. Elle s'offrit dès lors comme victime expiatrice pour les malheureux égarés. L'holocauste fut agréé. Encore quelques mois et Dieu allait l'immoler en un long et crucifiant sacrifice...

En attendant, elle achevait son œuvre... Dès le mois d'août 1927, elle avait parlé au R. P. Antoine-Marie, premier Définiteur des Carmes Déchaussés, de passage à Bergerac, des divers règlements qu'elle avait arrangés, coordonnés et mis au point pour assurer le bon ordre de la Communauté. Ce Religieux prit grand intérêt à parcourir ces pages, d'une si parfaite précision et d'une si belle harmonie avec l'esprit carmélitain. Il la pressa de terminer ce travail qu'il jugeait devoir être très fructueux pour tous les Monastères ; et, comme la bonne Prieure parlait de continuer au printemps 1928, le Père lui répartit vivement : « Où serez-vous au printemps ? Il faut vous y mettre tout de suite ! »

Les événements donnèrent raison au premier Définiteur. Le printemps 1928, en effet, devait voir s'achever la douloureuse nuit où l'âme de Mère Anne de Jésus, enfin délivrée, allait s'élever vers les divins sommets... Dès lors, son activité redouble. Chaque jour, pendant de longues heures, sa plume court sur le papier, révisant, corrigeant, complétant. Ses Filles, qui s'alarment à bon droit, essayent de ralentir cette ardeur. « Mais

non, mais non, leur répond-elle, je dois finir avant le printemps... » Et, comme elles insistent pour qu'elle prenne un
peu de repos, elle les renvoie en souriant : « Mais non, je
vous l'assure, cela ne me fatigue pas du tout... Et puis, je suis
si heureuse de faire ce travail et je veux tellement le terminer
cette année ! »

L'Avent arriva, emportant chaque jour quelque lambeau
des forces de la sainte Prieure. Le soir, elle rentrait exténuée
dans sa pauvre cellule et, pendant quelques minutes, elle
s'asseyait sur son grabat, ne pouvant se déshabiller. Parfois
une Sœur, passant par là, l'aidait à se mettre au lit et, comme
elle voulait avertir quelqu'une des Mères, Sa Révérence l'en
empêchait bien vite : « Surtout, ma chère enfant, ne dites rien.
Cela passera. Je suis à bout ce soir, mais demain, vous le
verrez, j'irai beaucoup mieux. Attendez. Soyez calme et
patiente. Tout s'arrangera. D'ailleurs aucune de nos Sœurs n'a
vu que j'étais si fatiguée. Pourquoi les inquiéter ? Le Bon Dieu
permet que tout cela soit caché. C'est meilleur !.. Il ne faut
pas que je m'écoute. Dieu me donnera la force demain. Ne
dites rien... Laissez faire le Bon Dieu. »

Il fallut bien un jour s'arrêter. Au soir du 1er janvier, tandis
que finissait la récréation où, selon son habitude, elle s'était
montrée aimablement enjouée et souriante, son teint devint
soudainement si altéré et elle sentit une telle lassitude dans tout
son être, que les Sœurs jugèrent bon de la mettre sans retard
à l'infirmerie. La bonne Mère, ne voulant point assombrir la
joie de ses Filles en cette première soirée de l'année, essaya de

résister. Elle céda enfin. « C'est cela, dit-elle, quelques jours de soins et de chaleur me remettront. »

Ces quelques jours devaient durer cinq mois !... Le médecin prévenu arriva aussitôt et diagnostiqua une grave maladie de foie avec inflammation prononcée de tout le tube digestif.

La montée du Calvaire commençait. L'âme de Mère Anne de Jésus allait la gravir, courageuse et forte, se purifiant comme dans une dernière étreinte de feu ardent, avant de se jeter dans l'amour éternel et total.

La fête de l'Epiphanie la trouva encore dans sa stalle, au Chœur, pour la sainte messe. Elle présida même, dans l'oratoire, jugé moins froid que la salle du Chapitre, la touchante cérémonie du renouvellement des vœux. Elle laissa déborder son cœur, comme jadis le Maître au milieu des Apôtres dans la grande salle du Cénacle ; mais elle se retira anéantie, toute brisée.

Encore deux dimanches, la chère malade put assister à la sainte messe, à genoux dans l'oratoire. Mais vers la fin de son action de grâces, elle fut saisie d'une grande faiblesse et on dut l'emporter en hâte à l'infirmerie. Ce fut sa dernière messe ! Le médecin s'opposa désormais à tout lever matinal. Ce fut un gros sacrifice pour le cœur éminemment eucharistique de Mère Anne de Jésus. Elle aimait tant la messe ! Mais elle s'inclina humblement devant la décision, trouvant plus méritoire l'obéissance qui la lui imposait. De son lit, devenu un lit de douleur, elle s'unissait de toute son âme aux prières du saint sacrifice que son frère, l'aumônier, offrait dans la pieuse chapelle, et son amour lui faisait traverser les murs. D'ailleurs son Jésus lui restait. Chaque jour, elle le recevait en son infirmerie et c'était le meilleur moment de la journée. Dans cette union si doucement intime, son cœur d'épouse aimante et aimée reprenait force pour aller toujours plus avant dans la voie de la souffrance, de la résignation et de l'amour.

Cependant les neuvaines se multipliaient et, dans la Communauté éprouvée, toutes les Filles s'unissaient pour faire violence au ciel et obtenir la guérison de leur Mère. La petite Thérèse fut priée de laisser tomber une de ses roses de joie sur le Monastère où elle est en si grand amour et dévotion. Elle parut ne point entendre. Les Sœurs ne se laissèrent pas décourager. Elles se tournèrent vers la Bienheureuse Bernadette qui vit, près du Gave aux eaux bondissantes, le doux sourire de la Vierge, et enfin vers l'Immaculée elle-même. Le ciel semblait fermé. Les jours s'écoulaient dans la sombre tristesse de l'hiver finissant, n'apportant aucune réelle amélioration dans l'état de la vénérée malade. Pour elle, amoureusement soumise au divin vouloir, elle s'abandonnait entre les mains de Dieu, comme le petit enfant se livre à l'amour de son père. Sachant sa fin toute proche, elle usait ses dernières forces à la rédaction définitive de ses chers règlements. Maintes fois elle faisait une discrète allusion à son départ, y voulant maternellement préparer le cœur de ses Filles et aussi celui de son frère. « Je ne voudrais pas, dit-elle à ce dernier, vous attrister. J'ai l'impression que je quitterai bientôt cette terre... quand le Bon Dieu voudra. Je suis prête. »

« Mon enfant, disait-elle, au début de février, à une Sœur, vous me voyez très souffrante et vous me croyez bien mal, encore que vous ne me le dites pas. Avec vous je parlerai simplement. Sachez que je suis perdue humainement... Ne croyez pas que je manque de confiance dans les prières faites à mon intention. Mais il faudrait un grand miracle pour me tirer de là, et Dieu ne le fera pas, car il ne fait rien d'inutile... » Et, comme la Sœur essayait de protester, elle ajouta doucement: « J'en ai encore pour trois mois probablement, peut-être un peu plus... Cela me conduira vers la fin de mai, et ce sera tout. D'ailleurs, ce sera fort à propos que le Bon Dieu me prenne à cette époque. Au moins on aura le temps de se retourner avant les élections... Oui, je ne veux rien demander au Bon Dieu, je m'abandonne à lui pour tout. Cependant je serais heureuse de mourir au mois de mai. Alors, dans la nature tout est gai et fleuri ; les jours sont grands, ce serait moins triste pour nos Sœurs. Tandis que si je meurs bientôt, il fera sombre et ce sera plus pénible pour elles... Cependant, comme le Bon Dieu voudra. »

Le lendemain, elle revenait encore sur ce sujet : « Je ne veux rien demander pour ce moment, mais ce me serait une consolation de rester avec vous, tout près, au milieu de la Communauté... d'être enterrée dans le cloître.

« J'aurais aimé être là quand notre T.R.P. Général viendra faire un voyage en France, vers la fin de mai ou au début de Juin. Mais je sens que Notre Seigneur ne me réserve pas cette joie... »

Le 12 février au matin, tandis que la Communauté se trouvait encore au Chœur pour l'action de grâces, la porte s'entr'ouvrit doucement et la Mère sous-Prieure, sortie quelques instants auparavant pour visiter la malade, fit un geste d'appel, tout en jetant rapidement : « Venez toutes à l'infirmerie, tout de suite ! » Aussitôt, les Moniales se dirigèrent vers la chambre de leur Mère, l'esprit plein d'inquiétude.

Mère Anne de Jésus les reçut, assise sur son lit, le visage radieux, le sourire accueillant. Elle tenait à la main une lettre décachetée.

« Entrez, dit-elle... Placez-vous... Etes-vous toutes là ? »

Son regard joyeux parcourut rapidement le groupe. Aucune de ses Filles ne manquait.

« Nous vous avons fait venir toutes, en ce moment où vous avez Notre Seigneur dans vos cœurs, afin que vous m'aidiez à le remercier. Il nous accorde une si grande faveur ! »

Une question jaillit aussitôt :

— Notre Mère, qu'y a-t-il ? Votre Révérence est-elle guérie ?

— Oh ! c'est bien mieux que la guérison ! Voyez : c'est le cierge béni par le Saint Père qui nous arrive... C'est sa bénédiction toute spéciale qu'atteste la carte de Mgr Venini, son secrétaire intime ! Ecoutez... »

Et elle se mit à lire une lettre du Révérend Père Antoine-Marie et la carte du Prélat où l'on mandait aux Religieuses Carmélites de Bergerac que, selon leur désir humblement exprimé, Sa Sainteté daignait leur accorder, avec la bénédiction apostolique, le cierge béni par son Auguste Personne, le 2 février.

Mère Anne de Jésus exultait véritablement : « C'est donc le cierge tant désiré qui nous est accordé !... On vient de l'envoyer... Mais c'est surtout la bénédiction si spéciale du

Saint Père qui me ravit de joie. Que de grâces, mes Sœurs, pour notre Carmel et pour nous-mêmes ! Je suis comblée ! Que Dieu est bon !... Ah ! cela vaut mille fois mieux qu'une guérison ! Qu'est-ce donc qu'une grâce temporelle auprès de celles-là dont le profit est éternel ?

« N'est-ce pas que j'ai bien fait de vous appeler tout de suite ? Mon cœur éprouvait le besoin de partager avec vous ma joie débordante... Et maintenant, allez finir votre action de grâces ; remerciez notre bon Jésus. Promettez-lui d'être plus ferventes pour reconnaître le don du Saint Père. Allez !... Nous nous reverrons à la récréation. »

Le précieux cierge arriva seulement le 29 mars, en la fête de saint Berthold, céleste patron du père de la vénérée Prieure. Sa vacillante flamme devait éclairer la lente et douloureuse agonie de Mère Anne de Jésus. Mais, dès le 25 mars, celle-ci, sentant s'épuiser ses dernières énergies, avait tenu à exprimer au Saint Père, son ardente reconnaissance, en des lignes où elle avait mis tout son cœur. Elle écrivait :

« Très Saint Père,

« C'est une main bien défaillante qui va tracer ces lignes, mais cette main est guidée par un cœur profondément ému des insignes privilèges reçus de Votre Sainteté.

« Cette bénédiction si paternelle restera dans nos archives et le magnifique cierge, mis dans la main de nos jeunes professes, au jour de leurs vœux, rappellera aux générations futures le devoir qui leur incombe de se souvenir toujours de Votre Sainteté. Oh ! oui, notre petit Carmel sera toujours le Carmel de Pie XI.

« Très Saint Père, j'ose demander une bénédiction nouvelle pour mes Filles, afin qu'elles soient fortes et abandonnées en présence du sacrifice que va leur imposer la séparation de leur Mère ; pour qu'elles gardent et développent toujours plus cette union qui règne parmi nous...

« Pour moi, Très Saint Père, je sens que je vais paraître devant Dieu. Je confie ma pauvre âme à Votre Sainteté ; n'a-t-elle pas reçu la suprême promesse : « Tout ce que tu « délieras sur la terre sera délié dans le ciel ! » Je veux me reposer uniquement sur cette promesse et mon dernier soupir sera encore une protestation et une réparation pour ces fils rebelles qui abreuvent Votre Cœur de tristesse...

« Très Saint Père, prosternées aux pieds de Votre Sainteté, toutes vos Filles du Carmel de Bergerac implorent votre paternelle bénédiction et lui offrent leurs sentiments de filiale vénération avec toute leur vive reconnaissance.

« Sœur ANNE DE JÉSUS, prieure. »

Avec le mois de mars, les prières redoublèrent. Le patriarche saint Joseph se trouvait être, cette année-là, « Roi du Carmel ». Il ne pourrait refuser une grâce tant désirée. Les Sœurs se tournèrent vers lui avec une filiale confiance. De plus, on sollicita l'aide des Monastères amis. Ce fut une véritable croisade. « Ah ! que notre petite sainte, écrivait une Prieure, lise dans les yeux du Bon Dieu, pour la joie de vos Filles et la nôtre, que votre mission n'est pas finie et que vous devez rester ici-bas comme un élément d'*union* et de *paix*... »

Pourquoi le ciel resta-t-il sourd à tant de supplications, à tant de sacrifices, à tant de larmes ? Les desseins de Dieu sont insondables et souvent ne s'accommodent .point aux désirs humains. La petite fleur de la Passion qu'il s'était réservée un jour d'avril 1886 avait suffisamment embaumé la terre. L'heure était arrivée pour elle d'être transplantée dans les jardins éternellement fleuris...

De plus en plus les forces de Mère Anne de Jésus l'abandonnaient. Le lever, fixé d'abord à midi, fut retardé jusqu'à une heure, puis bientôt jusqu'à deux heures. Souvent même, telle était la fatigue de la bonne Mère que l'infirmière ne pouvait s'empêcher de l'encourager à rester au lit. Mais elle, toujours énergique, refusait bien vite : « Non, non, répétait-elle, je vais me lever... Il ne s'agit pas d'écouter sa paresse... Si je faisais attention à toutes mes petites misères, nous n'en aurions jamais fini et chaque jour il y aurait un nouveau motif de se reposer. Bientôt je me paralyserais et ne serais plus bonne à rien... J'ai tant à faire ! Ne tergiversons pas davantage et levons-nous tout de suite ! » Et, en une autre occasion, elle n'hésitait pas à affirmer : « Il faudra que je me lève tous les jours, que je fasse cet effort sans m'écouter... que je me lève jusqu'à la fin, jusqu'à la dernière limite de mes forces... Ne me laissez pas à ma paresse, aidez-moi à la secouer jusqu'au bout !... »

Elle avait tant peur en effet que par sa faute la Communauté ne souffrît et que moins exacte ne fût l'observance des saintes Règles ! Ne pouvant se rendre dans la salle capitulaire, que le froid trop rigoureux lui interdisait, elle tenait le Chapitre dans son infirmerie. Que de souffrances lui coûtait chaque préparation ! Un sourire dissimulait tout et ce n'était que lorsque la dernière Sœur avait quitté la chambre qu'elle s'avouait vaincue, anéantie.

Elle avait un si grand respect pour la Communauté ! Le moindre retard lui était insupportable : « N'oubliez pas, recommandait-elle à l'infirmière, de me prévenir avant que la Communauté soit là, pour que je m'arrange bien et puisse l'accueillir convenablement... »

Ce n'était pas toujours facile et parfois les Sœurs durent attendre deux ou trois minutes à la porte. Mère Anne de Jésus en était navrée. « Dépêchons-nous, dépêchons-nous, mon enfant ; rangez vite ! les Sœurs sont là !... Il ne faut pas les faire attendre. Si nous nous y étions prises plus tôt, elles auraient pu entrer immédiatement. »

Et, comme la Sœur essayait de la rassurer en lui représentant sa grande fatigue, elle la reprit aussitôt : « Ne savez-vous pas que c'est mal de la part de la Prieure de faire attendre les Sœurs ?... Que devient alors le respect de la Communauté ?... Ah ! mon enfant, prévenez-moi plus tôt à l'avenir et que jamais semblable retard ne se renouvelle. J'en aurais trop de peine ! »

Parfois elle paraissait si fatiguée à l'heure où ses Filles devaient la visiter, qu'il semblait impossible à l'infirmière de les laisser entrer. Elle s'y refusa toujours. « Non, laissez-les venir. Je tâcherai de trouver le sommeil plus tard... Qu'importe ? Dieu le permet ainsi. Disposez tout en ordre. » Et si la pauvre Sœur insistait, Mère Anne lui disait en souriant : « Le Bon Dieu me donnera la grâce. Il me permettra de tenir quand même... Puisque nos Sœurs comptent me voir maintenant, il faut leur laisser cette satisfaction... D'ailleurs c'est la Communauté, mon enfant, et je dois bien me gêner pour elle. La Communauté, c'est si grand devant Dieu !... »

Hostie volontaire, elle voulait s'immoler jusqu'à la dernière minute !

Le premier avril, dimanche des Rameaux, ramena l'anniversaire de sa Prise d'Habit. Elle aurait voulu recevoir ce jour-là l'extrême-onction. Ce ne fut pas possible et la cérémonie fut fixée au Vendredi Saint. Pour la dernière fois, elle tint Chapitre dans son infirmerie et, à ses Filles désolées, elle expliqua seulement le grand mystère douloureux de la Passion de Jésus par l'héroïque leçon qu'elle leur donnait en s'assujettissant à cet exercice régulier bien au-dessus de ses forces.

Puis, dans la soirée, elle régla tous les détails de la cérémonie du Vendredi Saint. Cela fait, elle se recueillit dans l'attente du sacrement des mourants. Elle y préparait aussi ses chères Filles, les faisant venir auprès d'elle, par petits groupes, essayant de leur donner courage et confiance dans leur épreuve.

« Mes Sœurs, je vous ai fait appeler pour vous mettre au courant de ce qui va avoir lieu tout prochainement et afin que vous aidiez par vos prières au bon résultat du nouveau remède que nous allons tenter. Vous avez vu que notre Père Saint Joseph n'a pas jugé à propos de me guérir. Son mois est fini et je ne vais pas mieux, je ne puis vous le cacher. Alors il est décidé que nous essaierons autre chose... un remède certain et efficace, souverain même et qui a rendu la santé à bien des personnes... Vous ne devinez pas ?... Eh ! bien, mes enfants, on va me donner l'extrême-onction, vendredi. C'est le remède de la sainte Eglise pour les malades. Il les guérit parfois, et toujours il donne à l'âme qui le reçoit en de bonnes dispositions toutes les grâces nécessaires pour souffrir et mourir saintement... Voilà la grande nouvelle ! N'êtes-vous pas heureuses de ce qui va être si profitable à mon âme ? »

2 avril.

Anniversaire de sa profession. « L'an prochain, dit-elle, je le fêterai autrement et ailleurs. En attendant je le fête en souffrant et j'en remercie le Bon Dieu. »

5 avril, Jeudi Saint.

Mère Anne de Jésus, à l'heure où finissait la messe de communauté, sentit un doux parfum envahir toute sa chambre. C'était une odeur de roses et de violettes, pénétrante et suave. Elle en fut toute émue en même temps que dans son corps elle ressentait un calme et un bien-être inaccoutumés. Elle voulut en faire part à l'infirmière et à la Mère sous-Prieure qu'elle avait mandée. Mais ces effluves du ciel lui étaient réservées, et ni l'une ni l'autre ne les purent goûter.

« Petite Thérèse est venue et m'a apporté ses parfums ! » dit alors la chère malade, et pendant une grande partie de la journée, elle continua à jouir de ces délicieuses senteurs.

Vers onze heures, un paquet lui fut remis. Il venait de Lisieux et était envoyé par la « petite Mère » qui, dès le 3 avril, lui écrivait : « Comme nous sommes avec vous et vos chères enfants ! Nous voudrions vous entourer toutes de notre tendresse pour vous adoucir de part et d'autre ces jours d'épreuve si douloureux mais si pénétrés de grâces... C'est un parfum d'édification qui passe sur nos âmes quand nous recevons les chères lignes venues de votre Carmel ? Nous pleurions avec votre secrétaire en lisant ses dernières pages et nous prions de tout cœur. »

De ses mains un peu tremblantes, Mère Anne de Jésus défit le paquet. Un merveilleux petit navire apparut, dans lequel sainte Thérèse de l'Enfant-Jésus, tranquillement assise, voguait à pleines voiles, poussée par un vent d'amour...

Emouvant symbole pour celle qui s'en allait ainsi vers l'éternel rivage et dont la barque portait aussi comme devise : Vivre d'amour !...

6 avril, Vendredi Saint.

Ce fut vers l'heure où, sur les rochers du Golgotha, la divine Victime, après avoir consommé le sacrifice de réparation, remit sa belle âme toute pure et lumineuse entre les mains de son Père. Soutenue par les Mères, la sainte Prieure se rendit péniblement à l'Oratoire. C'est là qu'elle avait voulu, malgré sa grande faiblesse, recevoir l'extrême-onction, afin de donner à ses chères Filles du Tour la consolation d'y assister. Au milieu de l'émotion générale, et tandis que bien des larmes coulaient silencieuses et longtemps contenues, M. le chanoine Boisserie, confesseur du Carmel, fit les saintes onctions, assisté du frère de la chère malade.

Pour elle, elle garda jusqu'à la fin son calme, son recueillement, sa présence d'esprit. D'une voix faible sans doute, mais ferme, elle renouvela ses vœux, puis fit sa profession de foi :

« Je crois et j'adhère de tout mon cœur, de tout mon esprit, à tout ce que la Sainte Eglise enseigne.

« Avec joie je donnerais mon sang pour affirmer ma croyance. Je désire même que mon dernier soupir soit une protestation et une réparation pour les fils ingrats et rebelles qui refusent de se soumettre aux décisions du Saint Père. »

Puis elle invita ses Sœurs à réciter avec elle le Credo, symbole de toute foi chrétienne.

« Maintenant, continua-t-elle, mes Mères et mes Sœurs, je vous prie de vouloir bien me pardonner tous les sujets de peine et les mauvais exemples que je vous ai donnés par ma conduite si peu religieuse, par ma lâcheté, mon peu de ferveur pour me rendre avec exactitude aux exercices de Communauté, pour pratiquer la vie régulière et les vertus religieuses. Pardonnez-moi également tous les oublis qui ont pu vous faire souffrir dans votre santé ou dans vos âmes.

« J'ai confiance absolue en votre pardon autant que j'ai confiance en la miséricorde divine à laquelle je veux tout devoir pour le temps et pour l'éternité. »

La cérémonie était terminée. La bonne Prieure se traîna jusqu'à la grille pour dire à ses Filles du Tour quelques paroles de consolation tirées de son cœur profondément maternel.

Rentrée enfin à l'infirmerie, elle laissa baiser ses mains encore humides des saintes onctions et félicita la Communauté de son courage et de la religieuse dignité dont elle avait fait montre pendant l'heure douloureuse qui venait de s'écouler. « Oh ! mes Sœurs, s'écria-t-elle, quelle consolation vous m'avez donnée en vous dominant ainsi ! Je vois bien maintenant que je ne vous ai pas aimées pour moi-même ! »

...Immédiatement la nouvelle s'était répandue dans la ville que la sainte Prieure du Carmel était très dangereusement malade et qu'elle avait reçu les derniers sacrements. Dès lors, un courrier considérable arriva chaque jour au Monastère. C'étaient des parents, des amis, des inconnus qui écrivaient à la bonne Mère, lui demandant des prières, sollicitant une part dans ses souffrances. Chacun s'empressait de lui confier son âme, ses peines et ses besoins, la prenant pour avocate et protectrice, non seulement ici-bas, mais surtout au ciel.

Et elle, toujours simple et bonne, lisait toutes ces lettres, tous ces billets en souriant. « Jamais, disait-elle finement, on n'a tant parlé de la mort et du ciel à une malade. Au moins, je ne puis pas avoir d'illusions ; on croit que je vais mourir. Il ne faut pas que je trompe tant d'espérances, en restant sur terre. Il faut que je parte bien vite... Je suis chargée de tant de messages et de requêtes !... Oh ! en attendant, je vais prier et souffrir pour eux tous ! »

Elle disait aussi, un autre jour, avec une pointe d'ironie : « Qu'on m'écrive tant qu'on voudra ; qu'on me prenne pour une sainte si l'on veut, on se trompe et cela m'est égal. Puisque de le supposer fait du bien aux âmes et les rapproche de Dieu, qu'on croie tout ce qu'on voudra. »

Chaque jour, aux heures où elle se sentait un peu plus forte, elle écrivait pour tous ceux qui lui en faisaient la demande, et ils étaient fort nombreux, quelques mots d'affectueuse édification sur des images qu'elle choisissait avec un soin tout particulier. On lui en réclama même deux jours avant sa mort. Mais à ce moment-là, elle était obligée de se reposer après chaque mot péniblement tracé... La dernière de ces images fut destinée à son frère. Elle y inscrivit d'une main défaillante une croix et la date : 23 mai 1928.

Le 24 avril, elle eut une bien grande joie. Mgr Légasse vint tout exprès pour la voir et l'entretenir. Avec une simplicité toute filiale, elle lui ouvrit son âme. Le pieux Prélat lui avait apporté une relique du saint Pape Pie X et lui ordonna, au nom de la sainte obéissance, de demander sa guérison. Malgré son grand désir du ciel, elle s'inclina devant la volonté formelle de son Supérieur. Elle fit des efforts surhumains pour prendre quelque nourriture. « Il ne faut pas, dit-elle, que le Bon Dieu me reproche de m'être laissée aller par manque d'énergie. »

D'autre part, les neuvaines recommencèrent. Une fois achevée celle du Pape Pie X, on en commença une autre au général de Sonis. La chère malade approuvait tout. « C'est cela, dit-elle un jour à une de ses Filles, il ne me faudra rien moins qu'un général pour soutenir le dernier combat ! »

Le ciel répondit à toutes ces supplications par un redoublement de souffrance. Il avait agréé l'holocauste. Il fallait que la victime fut consommée entièrement. Les crises de vomissement devinrent plus nombreuses et plus douloureuses. C'était alors pour elle des moments d'angoisse inexprimable qui la laissaient exténuée. Cependant, dès qu'un peu de calme revenait, elle souriait aussitôt ou jetait un cri vers le ciel : « Mon Dieu, je vous aime !... Je vous remercie !... Que vous êtes bon de me faire tant souffrir !... Mon Dieu, oui... tout !... Je vous bénis !... O Jésus, toutes vos volontés sont exquises... Marie, ma bonne Mère, au secours !... Petite Thérèse, aidez moi !... »

Que de fois, après des douleurs qui tordaient de souffrance son pauvre visage, ne l'a-t-on pas entendue dire doucement : « Je suis le petit Amen du Cœur de Jésus. A tout ce qu'il fait, à tout ce qu'il veut, je dis : Amen ! Amen ! » Et elle ajoutait avec une singulière énergie : « D'ailleurs, je veux aller droit au ciel !... J'irai tout droit au Paradis ! »

Quelle parole pour une âme encore liée à un corps de boue, vivant sur cette terre de péché !... Mais la confiance totale est l'apanage des grandes âmes. Dans cette vallée d'exil, elles ont vécu pour Dieu et en Dieu, et elles ne peuvent imaginer un seul instant où elles en seront séparées !...

Tandis que la main de Dieu s'appesantissait amoureusement sur elle, de tout côté mais surtout des Carmels, lui venaient des assurances de prières et des témoignages d'affection qui la réconfortaient.

« Oh ! oui, lui écrivait-on de Lisieux, fervente union de cœurs et de prières qui ne quittent pas votre lit d'agonie, bien-aimée Victime d'amour !

« Que vous êtes heureuse ! Mais nous devons vous aider dans vos souffrances. Nous ne l'oublions pas, croyez-le ; et là-haut, priez pour nous, pour votre « Petite Mère » en particulier. »

Le mois de mai était venu avec ses fleurs, ses oiseaux et ses senteurs printanières. Mère Anne de Jésus n'en devait pas voir la fin. Sa dévotion envers la Sainte Vierge qui fut toujours si grande, se fit plus tendre encore, plus filialement abandonnée. Souvent son regard se posait longuement sur un tableau de l'infirmerie représentant l'Immaculée Conception, et doucement elle prononçait sans se lasser : « Mère, plus je te vois, plus je te trouve belle ! »

Un soir même où la Communauté se trouvait réunie autour de son lit pour recevoir sa bénédiction, elle demanda qu'on lui chantât un de ses cantiques préférés : « Prends mon cœur, le voilà ! »

Mais, tandis que doucement s'achevait la dernière strophe :

Quand mes yeux obscurcis baisseront vers la tombe ;
Quand ma lèvre aura bu le calice de fiel,
Donne-moi pour voler des ailes de colombe,
Et viens me recevoir à la porte du ciel !

les yeux s'embuèrent de larmes et les voix eurent un tremblement d'émotion...

Dans les premiers jours, Mgr de Périgueux, voulant donner à la vénérée malade une dernière preuve de sa paternelle affection, vint à nouveau la visiter. Ce fut une grande consolation pour Mère Anne de Jésus de parler longuement avec lui. Avec quelle ardeur elle recueillit les conseils de son évêque et ses recommandations pour le ciel ! Avec quelle humble piété elle se recueillit sous sa main bénissante !

Le Prélat sortit de cet ultime entretien tout ému et grandement édifié et ne le cacha pas à la Communauté groupée autour de lui...

« Veni de Libano, veni, coronaberis !... » Le stade a été parcouru. Sans jamais détourner la tête, Mère Anne de Jésus a accompli son œuvre de Carmélite et de victime réparatrice. Elle a gravi la rude montée. Le bon combat est fini pour elle, la couronne l'attend... Veni !... L'heure est venue pour elle de prendre place parmi les Chœurs de Vierges et de chanter à pleine voix et éternellement le cantique nuptial...

20 mai.

L'affaiblissement est extrême. Son visage torturé laisse voir les déchirements de l'atroce souffrance. Elle cherche le sommeil qui la fuit.

Vers la fin de la journée, elle fit baiser à toutes ses Filles réunies autour d'elles la relique du Général de Sonis qu'elle portait depuis le commencement de la neuvaine ; puis, la leur remettant, elle ajouta d'une voix à peine perceptible : « Maintenant, il faut laisser faire le Bon Dieu et ne plus prier aucun Saint pour ma guérison ! »

Quelques instants après, les Sœurs se retirèrent, le cœur navré à la pensée de la si prochaine séparation...

Lundi, 21 mai.

Dès les premières heures, elle parut si épuisée, que son frère, venu lui porter la sainte communion, en fut tout effrayé. Il quitta le Monastère, l'âme brisée, convaincu qu'elle ne passerait pas la journée.

Cependant Mère Anne de Jésus gardait intacte toute son intelligence. A un moment, l'infirmière s'approcha d'elle et la voyant silencieuse, l'interrogea :

— Que fait votre Révérence en ces longs silences où elle semble toute recueillie en elle-même ?

— Mon enfant, répondit-elle, je suis parfois toute prise par la souffrance, mais habituellement je m'unis à Notre Seigneur et reste paisible avec lui.

Son cœur maternel vibrait toujours. Ayant fait appeler une de ses Filles qui devait faire profession le 26 et qui se désolait à la pensée que peut-être sa Mère serait déjà partie, elle lui dit : « Restez là. Faites votre oraison tout près de moi, parce qu'après je ne pourrai plus vous voir. » Et, comme celle-ci la remerciait de cette attention : « Oh ! répartit la vénérée malade, c'est parce que vous êtes la plus petite qu'on vous gâte... Moi aussi je suis petite et c'est pour cela que le Bon Dieu me comble de grâces. »

Mardi, 22 mai.

La faiblesse devient de plus en plus grande, tandis que les douleurs redoublent. A chaque instant ses lèvres lancent une invocation vers le ciel. « Mon Jésus, je suis tout à vous !... O Marie !... Notre Mère Sainte Thérèse, secourez-moi ! »

Une Sœur lui suggère : « Glorieux Archange saint Michel, aidez-moi ! »

— Oui, oui, dit-elle aussitôt, je l'aime tant !... et notre bon Père saint Joseph aussi ! »

Dans la journée, apercevant des larmes dans les yeux de son infirmière, elle l'appelle bien vite auprès d'elle : « Comment, dit-elle d'un ton de reproche, on trouve encore le moyen de pleurer ? Allons, il ne le faut pas. Courage !... dans la volonté de Dieu ! »

Et, tandis que deux Sœurs la bordent pour la nuit, elle leur dit en souriant : « Allons au Paradis ! »...

La nuit fut assez calme. Elle continua à murmurer à voix basse ses chères invocations. A un moment même, on l'entendit prononcer très distinctement : « Je suis entre les mains de l'Agneau de Dieu... Entre ses mains... pour être immolée ! »

Mercredi, 23 mai.

La matinée fut plus reposante. Les lèvres de la mourante priaient toujours. « L'abandon ! dit-elle tout à coup, ah ! l'abandon, je ne connais rien de meilleur ni de plus doux... Abandon !... C'est tout ! »

Vers midi, son visage fut soudain rayonnant de bonheur et de lumineuse douceur. Saisie d'un respectueux étonnement, l'infirmière qui la veillait ne put s'empêcher de l'interroger :

— Notre Mère, qu'y a-t-il ?

Un long silence. Puis Mère Anne de Jésus, d'une voix joyeuse :

— Vous ne devinez pas ?...

— C'est la Sainte Vierge ?... elle vient vous consoler ?...

— Oui ! oui ! Oh ! oui !...

Emue, la Sœur resta dans le silence.

Puis, peu à peu la figure reprit son expression ordinaire et ses yeux se fermèrent dans un profond recueillement...

La nuit venue, elle parut si fatiguée qu'on jugea bon de faire appeler le Père confesseur pour une dernière absolution.

La bonne Mère s'inquiéta un moment qu'on n'eût point assez souci de la clôture. Cependant elle accepta que son frère, l'aumônier, lui portât le Saint Viatique... Il était neuf heures du soir. Jésus au Saint Sacrement visitait son épouse pour la dernière fois et allait lui donner rendez-vous au ciel !...

Jeudi, 24 mai.

Le matin la trouva dans un affaissement si profond qu'il fut impossible de lui donner la Communion ; puis, à mesure que les heures s'écoulaient, elle devint inquiète, agitée...

Vers quatre heures, alors que quelques Sœurs priaient à côté d'elle, on l'entendit murmurer : « Il faut rester... dans l'obéissance... aimer à obéir !... »

A cinq heures, ses souffrances devinrent atroces. L'agonie commença. Elle fut terrible. Son visage se décomposait, de déchirantes plaintes s'échappaient de ses lèvres. Les Sœurs qui se trouvaient auprès d'elle redoublèrent de prières. On jeta de l'eau bénite, on alluma le cierge du Saint Père. Extérieurement tout paraissait vain.

Alors l'une d'elles s'approcha de la mourante : « Notre Mère, dit-elle, je vais chercher nos Sœurs ! » Mère Anne de Jésus ne parut pas saisir. La religieuse insista : « Notre Mère, je vais chercher la Communauté. » A ces mots, « la Communauté », la Prieure se retrouva et d'un ton net, d'une voix très distincte, elle ordonna : « Allez !... oui, tout de suite !... allez ! »

Ce furent ses dernières paroles.

Jusqu'à minuit, l'agonie continua atteignant le paroxysme

de la douleur. Puis l'apaisement se fit peu à peu et, vers une heure, Mère Anne de Jésus avait rendu son âme à Dieu.

...Sur ses lèvres désormais muettes, s'épanouissait le plus doux et le plus ravissant sourire.

...Et maintenant, Mère Anne de Jésus dort son dernier sommeil dans le cloître, sous une large dalle, don d'une main amie. Elle y repose, attendant le jour de la résurrection qui sera pour elle le jour de la solennelle glorification. Elle dort mais son cœur maternel veille.

Elle veille, la Sainte Prieure, sur ses Filles qui, chaque jour, selon qu'elle l'avait désiré, la foulent aux pieds, et puisent dans ce merveilleux contact une plus remarquable fidélité à leur Règle.

Elle veille sur le diocèse, comme elle l'a formellement promis à son évêque ; sur le clergé et les séminaires pour qui elle mérita tant ici-bas.

Elle veille sur cette foule d'amis et de fidèles qui, pendant les trois jours que son corps resta exposé, envahirent la chapelle du Carmel, dans un même sentiment de confiance et de piété.

Elle veille sur son Ordre auquel elle fut si ardemment attachée et qu'elle ambitionnait toujours plus grand, toujours plus saint et bien uni...

Mais, surtout, elle nous donne une grande leçon de vie conçue sous l'angle de l'éternelle vérité et réalisée avec une héroïque énergie, doublée d'un amour infini.

Mère Anne de Jésus dans son cercueil
exposée dans le chœur des religieuses

APPENDICE

Appendice

*Quelques lettres reçues après la mort de
Mère Anne de Jésus*

25 mai 1928.

Cher Monsieur l'Econome (1)

On m'annonce la douloureuse nouvelle. Vous savez combien
et de quel cœur je partage votre grande peine ; vous n'ignorez
pas la vénération que je professais à l'égard de votre vénérable
et sainte sœur. Quelle âme privilégiée ! Elle s'en est allée
à Dieu, transfigurée par des souffrances atroces acceptées avec
une sublime patience. J'unis mes prières aux vôtres, avec la
sensation que ces prières serviront aux causes qu'elle a aimées

---

1. M. le chanoine Peyrille, frère de la vénérée Prieure. Econome du
Petit Séminaire de Bergerac et en même temps Aumônier du Carmel.

sur la terre et au cher frère qui la pleure et qu'elle affectionnait si surnaturellement.

Ce sera une consolation pour moi d'accompagner sa dépouille mortelle à sa dernière demeure et de vous donner ainsi à vous-même un témoignage sensible de paternelle affection.

✝ CHRISTOPHE-LOUIS,

Evêque de Périgueux et Sarlat.

———

Lettre de S. G. Mgr Rivière, archevêque d'Aix, ancien évêque de Périgueux.

28 mai 1928.

Cher Monsieur l'Econome,

C'est avec une très grande peine que j'apprends ce soir la mort de votre vénérée sœur, la Prieure du Carmel. Je lui étais resté très attaché !... Il n'y a pas longtemps, elle m'avait prévenu que la mort approchait et me disait adieu. J'avais espéré que cette crise passerait comme les précédentes et je le lui avais répondu. Hélas ! je me trompais, et la voilà dans son éternité. Elle y est certes bienheureuse, et pour une Carmélite comme elle, la mort est un gain. Mais son départ est une perte cruelle pour son Carmel dont elle était l'âme et qu'elle avait si bien mené sans aucun repos. Elle a dû faire une fin bien belle et bien édifiante.

Encore une fois, je la pleure et je la prie avec vous. Je vous plains de toute mon âme, car vous étiez bien liés et elle va tant vous manquer !...

✝ MAURICE,
Archevêque d'Aix.

Lettre du R. P. Antoine-Marie, premier Définiteur de l'Ordre du Carmel.

Rome, 2 juin 1928.

Mes chères Orphelines, *Pax Christi* et *spes futuri !*

Alors, c'est le « Consummatum est » ! Hélas ! il était prévu depuis des mois, et je suis sûr que malgré le déchirement du cœur, malgré les larmes et l'immense sacrifice, il était accepté dans l'adorable volonté divine. Je suis sûr aussi qu'avant son départ à la suite du Bon Maître, elle vous disait ces douces paroles : « Non Relinquam vos orphanos... Je ne vous laisserai pas orphelins. » Elle est là encore au milieu de vous, la chère Mère. Elle est là par son esprit, par ses conseils, par l'exemple de sa vie, par son grand cœur de Mère. Vous avez pu garder sa dépouille mortelle, c'est encore une consolation. Mais son âme est encore plus près de vous, car vous avez été sa vie, l'unique objet de son affection maternelle. Elle vous reste donc et je le dis à toutes : « Sursum corda !... Haut les cœurs ! »

Regardez votre bonne Mère arrivée au port, complètement assurée de son éternel salut dans la claire vision de l'essence divine. Elle voit, elle contemple et aime toutes ses Filles d'un amour encore plus intense, plus maternel que quand elle était corporellement parmi vous.

Toute la Caza Generalizia a fait les suffrages pour cette digne Fille de l'Ordre. J'ai porté moi-même le faire-part au Carmel della Madona. J'ai même fait donner communication au bon Monseigneur Venini qui n'aura pas manqué de la communiquer au Saint Père, puisque Sa Sainteté a daigné s'intéresser au Carmel de Bergerac...

Je prierai pour vous toutes et je vous envoie les meilleures bénédictions en qualité de vicaire général.

Fr. ANTOINE-MARIE.

Lettre du R. P. Augustin de la Vierge, provincial des Carmes.

Rennes (Ille-et-Vilaine), le 1ᵉʳ juin.

Pax Christi !

Mon bien cher Abbé et ami,

Permettez-moi de vous adresser mes religieuses et fraternelles condoléances dans l'épreuve cruelle qui vous frappe. Certes, vous l'attendiez depuis des semaines qui ont dû être bien douloureuses pour votre cœur. Oh ! que vous avez dû souffrir de votre impuissance à adoucir ce martyre par lequel il a plu à Dieu de faire passer votre chère sœur. Ce qui vous a consolé, ç'a été d'être le témoin de son acquiescement total à la volonté divine.

Hier matin, j'ai dit la sainte messe pour elle... J'ai également pensé à vous ; j'ai supplié Notre Seigneur au cœur si compatissant, qui pleurait son ami Lazare, de consoler le vôtre par la douce conviction que votre chère sœur vit maintenant sa pleine et divine vie, et que de là-haut, avec son amour centuplé, elle continue à s'intéresser à sa chère communauté et à vous qui en êtes le Père...

Fr. AUGUSTIN DE LA VIERGE.

Bordeaux, Le Broussay, 27 mai 1928.

« ...La regrettée Mère possédait tant de vertus et de si belles qualités !... Du ciel elle pensera à ses pieuses Filles si grandement et si saintement aimées, et veillera sur elles d'une façon plus efficace qu'ici-bas... »

SÉBASTIEN DE JÉSUS.

Rennes (Ille-et-Vilaine), le 31 mai 1928.

Cher Monsieur le Chanoine,

C'est en pleurant que je vous écris. J'aimais tant votre sainte Sœur !... Votre chagrin doit être immense. Avec Dieu et le Séminaire, votre sœur était tout pour vous ! Elle est partie pour le ciel avec de grands mérites... Demain je célèbrerai le Saint Sacrifice de la Messe pour cette sainte âme ; je prierai pour vous aussi et pour le Carmel...

Faites préparer une belle vie de votre sœur. Et ses écrits ! Et ses conférences religieuses surtout !... Que de belles perles il y aura à glaner un peu partout !... Il faut que ses Filles vivent du lait spirituel de leur Mère...

Que de bien fera une telle biographie dans le monde...

G. JUTEAU, C. SS. R.

GRAND SÉMINAIRE DE POYANNE

(Landes)

Le 28 mai 1928.

Le douloureux événement prévu est arrivé !... Elle vit toujours ; elle vivra dans vos cœurs ; ses exemples vous soutiendront longtemps. Elle vit dans le ciel d'où elle voit son Carmel et chacune de ses Filles. Elle aussi passera son Ciel à faire du bien sur la terre... Mère Anne de Jésus était une mère au

cœur rempli d'une bonté inépuisable, se donnant sans compter ;
une mère clairvoyante en même temps que dévouée, soucieuse
du progrès de ses Filles ; une âme mystique, et donc dégagée
de ce qui n'est pas Dieu ou le service de Dieu ; une âme simple
et humble ; une âme à laquelle les élévations d'esprit et de cœur
n'enlevaient pas le sens des réalités pratiques ; une âme bien
à sa place au Carmel qu'elle aimait ardemment ; une âme
brûlant d'un saint zèle pour l'honneur de l'Eglise et en particulier de la sainteté des prêtres ; une âme énergique ; une âme
crucifiée par la douleur. Vous en fûtes les témoins. Et, cependant, quelle force et quelle paix, tandis qu'elle unit ses souffrances à celles du divin Rédempteur et de la divine Mère au
Calvaire ! Les exemples d'une telle Prieure doivent rester
présents au Carmel et la nouvelle Prieure n'aura pas autre
chose à faire que de les rappeler sans cesse...

C. PONTNEAU S. J.

Lille (Nord), le 10 juin 1928.

La mort de votre chère Mère Prieure m'a causé une peine
sensible, vu les liens spirituels qui m'unissaient à elle. Je lui suis
redevable de nombreuses prières, sacrifices et mérites dont j'étais
l'heureux bénéficiaire, ainsi que ma famille, et cela je ne puis
l'oublier.

La correspondance échangée avec elle m'avait laissé entrevoir
les belles qualités de son âme si surnaturelle. Quels regrets !

Mais ils sont mitigés quand il s'agit d'une âme religieuse qui possède définitivement Dieu et jouit de sa vision. L'amour qu'on avait pour elle doit plutôt nous porter à nous réjouir de son bonheur.

Quand à la perte, il y a bien celle du rayonnement bienfaisant des exemples d'une sainte âme, des directions fortes et sûres d'une âme prudente et expérimentée... Mais cette perte est très largement compensée par les influences d'un autre ordre qu'une âme exerce du haut du ciel quand elle y est parvenue.

Une élue du ciel a sur le cœur de Dieu un crédit autrement puissant qu'une sainte sur la terre. Votre Mère y est. Quelle pluie de faveurs divines ne fera-t-elle tomber sur les chères Filles que Dieu avait confiées à sa sollicitude maternelle et qu'elle aime plus que jamais !

Le pauvre qui vous écrit espère bien recevoir quelques gouttelettes de cette céleste rosée. Que votre bonne Mère Anne de Jésus, pour vous comme pour moi, nous obtienne la grâce, du divin Maître, de marcher sur ses traces.

E. Wassé, S. J.

La Barde (Dordogne) le 27 mai.

« ...Ce ne sont pas des pleurs qu'il faut verser. C'est un Alleluia qu'il faut chanter. J'unis mes prières à celles qu'on lui adresse... »

P. Delmas, S. J.

Abbaye de Ligugé
    (Vienne)   Le 30 mai 1928.

« ...Celle que nous avons perdue était pour vous comme pour moi un appui, une sauvegarde, un conseil. Elle m'a puissamment aidé à conserver ma vocation à une heure d'épreuve. Elle veillera sur nous du haut du ciel... »

de Corbiac, O. S. B.

Bergerac, 25 mai 1928.

Je viens d'apprendre le malheur qui vous frapppe et vous prie d'agréer mes plus sincères condoléances. Votre cœur est désolé de perdre une sœur, mais vous devez être fier d'avoir une sainte protectrice ; j'espère bien aussi qu'elle n'oubliera pas notre chère paroisse.

P. Détrieux,
Archiprêtre de Bergerac.

Sarlat, le 25 mai 1928.

« ...Vers quelle radieuse récompense elle marchait à pas de géant... Je pleure la défunte et je prie la Sainte... »

G. de Lavalette-Monbrun,
Archiprêtre de Sarlat

Bergerac, le 25 mai 1928.

« ...Vous savez le culte que j'avais pour votre chère et vénérée sœur... Je suis allé auprès de sa dépouille la prier. Je suis resté en contemplation devant elle. Je n'osais pas me remuer tant j'avais peur de la réveiller. Ce n'était pas une morte d'aspect, c'était la figure d'une vierge qui semblait dormir. Elle nous protègera auprès de Jésus et de Marie qu'elle a tant aimés et si admirablement servis... Nous comptons sur son aide, ainsi qu'elle nous l'a si souvent promis. »

E. CHENUPT,
Curé de la Madeleine.

EVÊCHÉ DE PÉRIGUEUX

Le 25 mai 1928.

J'apprends avec une grande peine la mort de la Mère Prieure... Je n'oublierai jamais ses grandes bontés. Il semble que cette âme très vertueuse n'aura pas grand'chose à expier dans l'autre vie. Elle a fait son purgatoire sur terre... Je célèbrerai lundi la sainte messe à ses intentions. Il m'est bien permis de la prier...

J. URTASUN, secrétaire de Mgr.

Lourdes, septembre 1928.

Quelle délicieuse conversation j'ai eue avec Mlle X... sur Mère Anne de Jésus ! Il est si bon d'entendre raconter ses vertus ! J'ai vu sa photographie. Qu'elle était belle sur son lit de mort !... Elle dort du sommeil des Saints. Un jour, qui n'est peut-être pas bien éloigné, le Bon Dieu l'exaltera et conviera les âmes à marcher sur ses traces pour obtenir le ciel.

Elle sera la gloire du Carmel de Bergerac !... Un petit souvenir d'elle me ferait bien plaisir...

P. CHAUVET, prêtre O. S. B.

Lille (Nord), le 29 mai 1928.

...Vous pleurez une sœur bien-aimée, et moi je pleure en elle une de nos plus grandes bienfaitrices spirituelles. Ses lettres si pleines d'affection délicate faisaient tant de bien chez nous !... Nous avons désormais un protectrice dans le ciel....

Abbé J. DE PLASSE,
Faculté de Lille.

Mussidan, le 28 mai 1928.

Je me suis uni à votre grand deuil... Votre chère sœur a su être à la hauteur des grandes abbesses de l'ancien temps. Soyez heureux de voir le grand souvenir qu'elle laisse en raison de sa sainteté et de ses magnifiques vertus. Elle a déjà obtenu le ciel...

O. DE LAVALETTE-MONBRUN,
Curé-doyen de Mussidan.

Sarlat, 28 mai 1928.

...J'ai associé dans mes prières le souvenir de votre vénérée sœur au souvenir de la sainte de Lisieux...

G. DUPIN DE SAINT-CYR, prêtre.

Piégut, 29 mai 1928.

...Elle est au ciel, j'en suis convaincu, cette bonne Mère ! Je la prie pour moi et pour mon ministère...

L. PUYBONNIEUX, curé.

R..., le 29 mai.

...J'envie votre sort. Votre sœur est une sainte qui vous protègera. J'espère bien que de là-haut elle continuera de me faire
du bien à moi aussi comme elle m'en faisait sur la terre.

Un petit Curé de campagne.

———

Arras (Pas-de-Calais), 30 mai.

Je prends une vive part au deuil qui vous frappe. Je sais
la grande perte que vous faites. Je n'oublierai jamais l'accueil
que cette chère et sainte Mère nous fit en son Carmel de
Bergerac en 1916-1917. Elle me fit beaucoup de bien ainsi
qu'aux autres soldats de mon pays...

J. EVRARD.

———

Azerat, 2 juin 1928.

Vous n'ignorez pas l'intérêt, j'allais dire l'affection que Mère
Anne de Jésus me portait. J'unis ma douleur à la vôtre... Elle

nous reste. Elle nous soutiendra plus encore à l'avenir que par le passé...

G. Hironde, curé.

Le Monteil, 30 mai 1928.

Votre sœur m'a promis par écrit, encore tout récemment, de me continuer son appui du haut du ciel. Son souvenir me suit au saint Autel. Je la prie tous les jours.

A. Guillot, curé.

Hopital de Bergerac

Le 25 mai.

Vous venez de le dire dans toute sa générosité, le Fiat, digne couronnement d'une vie si parfaite et si méritante. Nous ne savons la voir qu'au ciel, cette digne et vénérée Mère ! On ne peut penser à elle sans se sentir avivé dans le surnaturel... En transmettant à ses chères Filles nos condoléances les plus religieuses, veuillez nous permettre d'y joindre nos félicitations d'avoir auprès de Dieu leurs intérêts spirituels si bien sauve-

gardés par celle qui a semé dans leurs cœurs les vertus religieuses, les a fait éclore et germer par l'influence de ses exemples.
Ainsi notre Carmel de Bergerac justifiera toujours le surnom
qui lui a été décerné à juste titre : « la fleur des Carmels ! »...

Sœur MARIE-MATHILDE.

ORPHELINAT DE MONSAC
    (Dordogne)

Le 26 mai 1928.

Deux de nos sœurs, étant hier à Bergerac, ont appris avec
peine le deuil cruel qui vous frappe : le départ pour le ciel de
votre vénérée sœur... De si longues souffrances acceptées avec
un si grand amour du Bon Dieu et supportées avec une si
héroïque patience nous donnent la certitude qu'elle jouit déjà
du ciel. Nos deux Sœurs ont été prier auprès de la dépouille
mortelle de Mère Anne de Jésus. Elles ont été frappées de l'air
de bonheur tout céleste répandu sur ses traits inanimés. Il dit
bien sa béatitude...

Sœur EUGÉNIE,
Fille de la Charité.

Périgueux, 28 mai 1930.

...Votre sainte sœur fut l'enfant de Sainte Marthe. Notre Communauté ne l'oublie pas et en est fière. Elle nous protègera, j'en suis sûre. Quelle consolation pour vous d'avoir là-haut un si grand appui !...

Sœur SAINT-PIERRE,
Supérieure Générale de Sainte-Marthe.

***

ABBAYE DE SAINTE SCHOLASTIQUE
Dourgne (Tarn)

Le 28 mai 1928.

Pax ! Nous associons notre deuil au vôtre pour la perte de votre si bonne et si dévouée Mère Prieure. Avec vous, nous la regrettons ; nous mêlons nos larmes aux vôtres et nous la prions d'être auprès du Seigneur qu'elle possède une puissante avocate pour tous les besoins de ses enfants d'abord, qu'elle laisse orphelines, et de regarder ensuite, du haut du ciel, dans le petit coin du Tarn, la nombreuse famille bénédictine qui l'aimait bien et qui compte beaucoup sur son intercession.

Sœur MARIE, abbesse O. B. S.

MONASTÈRE DE SAINTE-CROIX

> Poitiers, le 28 mai 1928.

Pax ! Quel deuil immense pour votre pieux monastère qui vénérait cette sainte Mère ! La défunte que vous pleurez réunissait en effet toutes les qualités et les vertus qui constituent une Prieure de premier ordre... Nous l'aimions beaucoup chez nous... Son départ pour le ciel jette une profonde tristesse en nos cœurs. Mais de là-haut elle veillera encore plus sur son cher Monastère et sur les âmes...

> Sœur M. SCHOLASTIQUE, abbesse.

LE SACRÉ-CŒUR DE PRIVAS
(Ardèche)

> Le 28 mai 1928.

...Notre communauté partage la douleur du Saint Monastère de Bergerac. Un tel départ, une si douloureuse séparation font au cœur une profonde blessure qui n'est adoucie que par la foi et par l'amour. Les Apôtres étaient tristes au soir de l'Ascension ; ils avaient tout perdu. Mais celui qui les avait quittés ne cessait de vivre avec eux... N'est-ce pas ce que vous continuez à avoir, vous toutes, famille tant aimée de celle que vos cœurs suivent toujours par delà la tombe ! Cette sainte

Mère devenue plus puissante, plus éclairée, elle déjà si lumineuse par ses exemples, ses conseils et ses souffrances, elle qui s'est élancée vers son Bien-Aimé avec tant d'ardeur, sera toujours un appui, un secours pour tous ceux qui l'ont connue, qui l'ont aimée. Elle nous l'a tant promis ! Il me semble qu'elle commence déjà sa mission. Nous aurons la joie d'en parler encore, d'en parler toujours...

Sœur LÉOCADIE,
Supérieure Générale.

———

St-Etienne de Lugdarès (Ardèche), le 28 mai 1928.

...Nous prions afin que cette tant regrettée Mère, tout en comblant son frère et sa Communauté, étende sur nos œuvres sa protection que nous croyons très puissante au ciel dès maintenant...

La Supérieure Générale.

———

LE SAUVEUR DE LA SOUTERRAINE
(Creuse) Le 27 mai 1928.

...Je ne puis oublier cette bonne Mère Anne de Jésus qui fut toujours pour moi non seulement l'amie sincère et parfaite, mais la confidente, la conseillère, la lumière de mon âme de jeune fille et de religieuse...

Sœur SAINT MICHEL.

Corbiac, le 26 mai.

J'ai appris le départ pour le ciel de votre sainte et vénérée sœur. Bien qu'il y ait lieu de se réjouir pour elle d'avoir commencé de jouir de sa bienheureuse éternité, je prends part à votre sacrifice...

D. DE CORBIAC.

Salviat (Lot), 28 mai 1928.

Maman et moi, nous perdons une puissante amie. Elle savait nos joies et nos peines, et quand pour ces dernières elle priait pour nous, nous étions toujours consolées et souvent exaucées...

Adrienne LALANDE.

St-Vincent-Jalmoutiers, 27 mai 1928.

Ma bonne Mère Assistante,

Je vous remercie de vos jolies et saintes petites cartes, souvenirs de Bonne Mère, reliques certainement...

Dites bien à M. Peyrille que je partage son chagrin et regrette sa sœur de toute mon âme, car je l'aimais beaucoup, beaucoup... Mais ne lui reprochons pas d'être partie trop tôt : elle avait tant et si bien mérité son ciel...

Merci de me permettre de lui donner sa pierre tombale ; quoique bien indigne, je suis heureuse et fière de lui prouver ainsi, même après sa mort, toute mon immense affection. Merci, Merci !...

En passant près de la chère tombe, veuillez lui laisser un baiser de ma part... Cette chère Mère que j'aimais tant, oh ! comme elle doit prier pour m'obtenir pardon et miséricorde... C'est une sainte, et elle est puissante sur le cœur de Dieu, je le sais. Ne m'a-t-elle pas obtenu bien des grâces...

M. C. D.

————

Bergerac, 25 mai 1928.

Quelle épreuve pour vous et le Carmel, mais que de grâces elle va obtenir par son intercession toute puissante ! Nous l'invoquons chez nous...

M. MARSAUD.

Bergerac, 25 mai 1928.

Je viens d'apprendre la mort de la Supérieure du Carmel. La pauvre Mère est au ciel. C'est une bien grande consolation pour vous...   L. LABONNELLIE.

Deuxième lettre :

Cher Monsieur l'Econome,

Je ne puis garder pour moi seule un secret vous concernant. Voici ce dont il s'agit :

Hier, à la nuit, je gagnai ma chambre et, une fois couchée, maman vint tirer les volets et fermer les fenêtres. Elle partit ; la lampe était éteinte. Tout à coup, ô surprise, au milieu des ténèbres, je suis environnée d'une grande lueur blanche ; puis, lentement se détacha une forme non moins blanche qui montait vers le ciel. Oh ! pensai-je, si la Supérieure du Carmel venait de mourir ! Et, de fait, le lendemain son ascension vers Dieu m'était confirmée. Voilà ce que je voulais vous dire, cher Monsieur l'abbé...   L. LABONNELLIE (1)

---

1. Mademoiselle Labonnellie est morte un an après Mère Anne de Jésus, dans la nuit du 10 au 11 juin 1929. Elle montra jusqu'à la fin des sentiments admirables de piété et de soumission à la volonté divine, demandant elle même qu'on lui administre tous les sacrements. Elle déclara à plusieurs reprises à ceux qui l'entouraient « qu'en de multiples circonstances, elle se sentait comme toute environnée et toute imprégnée de l'assistance de la sainte Prieure du Carmel ». Mère Anne de Jésus, a qui elle avait été recommandée, avait promis formellement de s'occuper d'elle dès son arrivée au ciel. Elle tenait sa promesse.

Le 27 mai 1928.

Votre sainte Mère m'accueillait avec grande bonté et je trouvais près d'elle lumière et réconfort. J'ai fait ce matin la sainte communion pour elle ; et cependant je suis portée bien plus à la prier qu'à prier pour elle...

VICOMTESSE DE GIRONDE.

Mareuil-sur-Belle (Dordogne), 26 mai 1928.

Du fond du cœur, je prends part à votre douleur. Demain matin, mes prières et ma communion seront à ses intentions, persuadée que du haut du ciel ses mérites la font déjà notre médiatrice pour nous, pour la France et pour l'Eglise...

MARTHE BANEY.

Paris, 25 mai 1928.

Au nom de toute la famille, veuillez agréer nos plus douloureux regrets, nos plus vives sympathies et nos plus ardentes prières pour la mort de la sainte et vénérée Prieure qui vient de vous quitter pour le ciel...

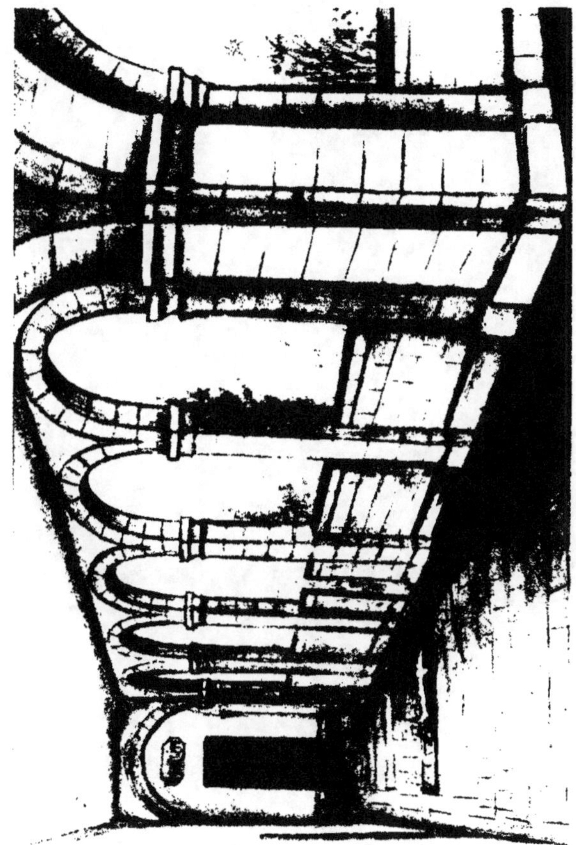

Tombe de la Mère Anne de Jésus

Elle priait pour nous ici-bas... Nous avons là-haut, comme elle l'avait promis, une amie puissante. Nous solliciterons tous les jours sa protection. Et, pour répondre à son désir, nous aimerons et nous aiderons toujours largement le Carmel de Bergerac.

MARQUIS DE MONTFERRAND.

Ligueux, 26 mai 1928.

...J'ai baisé avec respect et amour filial cette relique qui me la rappelle si vertueuse, si bonne, si grande ! C'est dans la gloire, parmi les bienheureux que nous la cherchons maintenant. Puisse-t-elle nous bénir et nous attirer les grâces du Bon Dieu !... Dieu peut-il refuser quelque chose à une âme si généreuse qui l'a tant aimé et si bien servi sur cette terre ?

Marie GRANDCHAMP.

Périgueux, 27 mai 1928.

C'est de Périgueux que nous apprenons le départ pour le ciel de notre chère sainte, et vite nous venons à vous pour pleurer l'amie incomparable que nous ne remplacerons jamais ! Sans hésitation, à travers nos larmes, nous la cherchons dans le cortège de l'Agneau divin... Mais combien nous vous plaignons ainsi que le pauvre Carmel !

Daignez agréer nos condoléances émues et la respectueuse asssurance de notre si parfaite union de cœur, de prières et d'immenses regrets.

Marquis et Marquise de FOUCAULT.

Boulogne-sur-Seine (Seine), le 7 septembre 1928.

La chère Mère Anne de Jésus, oh ! oui, je la prie et bien souvent ! Elle m'a tant promis de m'aider de là-haut ! Je ne suis pas étonnée qu'on ait déjà senti les effets de sa protection... Voici un trait qui m'est personnel, que je considère comme miraculeux :

Un jour que je l'ai vue au parloir (un dimanche des Rameaux dans la matinée), c'était au parloir d'en bas, il m'est arrivé ceci : je lui causais des miens, de mon âme, de mes difficultés ; elle me donnait des conseils que j'écoutais, vous le devinez, avec tout le respect et l'attention possibles. Je ne voulus pas l'interrompre, mais tout le temps qu'elle me parlait ainsi, je voyais distinctement sur son front, au milieu de son voile baissé, une croix, un « crucifix de mission », qu'on met au bout des chapelets. Quand elle eut fini de parler, je lui posai très simplement cette question : « Qu'est-ce donc, ma Mère, que ce crucifix que vous avez sur le front ? » Elle parut surprise, passa sa

main sur le front et me dit : « Mais non, je n'ai rien ! » et
la croix disparut.

Je vous assure que j'ai été alors stupéfaite, car il faisait grand
jour, j'ai de très bons yeux, la fenêtre éclairait en face. Comment
ai-je pu voir un crucifix s'il n'y en avait pas un ? J'ai considéré
cela comme une grâce de Dieu qui me montrait quel prix je
devais attacher aux conseils de cette sainte Mère. J'ai suivi
un de ces conseils, tous les jours de ma vie, et j'ai obtenu ainsi
bien des grâces...

M. CUIGNET.

Bergerac, 7 juin 1928.

...Quand on a perdu une sœur comme celle que vous aviez,
Dieu seul peut adoucir la peine qui brise le cœur. En invoquant
la Mère Anne de Jésus, je la prie pour vous. Invoquez, je vous
prie, cette sainte à mes intentions. Morte, elle a baisé mon
chapelet et mon crucifix. Quels souvenirs !...

E. IMBERT-LABOISSEILLE.

Barlin (Pas-de-Calais), le 10 juin 1928.

...Quelle grande peine nous éprouvons ici et combien doit
être intense votre douleur !... La séparation sera courte. Levez
les yeux, cher Monsieur le chanoine ! Votre chère sœur, notre
vénérée Mère, notre si chère amie est là-haut, à la suite du

divin Epoux... Elle était sur terre pour moi un Ange gardien visible ; là-haut, elle attirera sur nous des faveurs toutes spéciales... Dieu peut-il lui refuser quelque chose ? Elle était si généreuse pour lui sur cette terre ! Je lui ai demandé de venir vers moi, et je l'attends...

L. HERMARY.

Ribérac, le 22 juin 1928.

J'aurai désormais deux Carmels : celui du ciel et celui de la terre. A celui du ciel, j'ai recours sans cesse, le cœur plein de larmes, mais l'âme réconfortée d'une assistance dont je ne puis douter. Elle s'est manifestée d'une façon trop sensible et si prompte...

Quand on a respiré le parfum des vertus de Mère Anne de Jésus, de son amour pour Dieu, de sa charité pour le prochain, de sa bonté rayonnante, on ne peut que s'écrier : Un saint, que c'est aimable. Oh ! que c'est beau.

DE M.

CARMEL DE BERGERAC   Le 18 mai 1930.

Notre bon Père,

Dans huit jours, c'est-à-dire dimanche prochain, ce sera le 25. Il y a des cœurs amis et reconnaissants qui n'oublient pas.

Ainsi, hier, notre Mère recevait ces lignes de Mme G..., de Dornach-Mulhouse :

« Le 25, je ferai célébrer le saint sacrifice pour notre bien-aimée Mère Anne de Jésus. Ce sera une bien douce joie pour mon âme de payer à ma chère protectrice ma dette de reconnaissance. Je sens que sa mission, comme celle de sainte Thérèse de l'Enfant Jésus, n'est pas terminée. »

Je suis certaine que de savoir cette bonne nouvelle vous mettra au cœur un rayon de joie.

Vous devinez si, dans les cœurs et dans leur meilleur fond, on pense à il y a deux ans. Si on se souvient, tout en s'étonnant d'avoir pu vivre des jours si douloureux. Ah ! que la grâce du bon Dieu est donc puissante puisqu'elle nous fait surmonter de telles épreuves... et que, maintenant, elle nous fait remercier notre Père céleste des deux ans d'incompréhensible bonheur que son amour a prodigué à notre bien-aimée Mère. Deux ans bientôt de ciel, de jouissance de Dieu, de bonheur infini... où elle se trouve plongée et d'où elle nous a aidées, toutes, au delà de ce que nous pouvions supposer.

Que Dieu soit béni de tout, parce qu'elle jouit !

Mon Père, votre bénédiction.

ÉPILOGUE

Épilogue

Vox populi, vox Dei.

ONTINUANT à parcourir une correspondance chaque jour plus volumineuse nous aurions pu, longtemps encore, écouter les échos de la voix populaire proclamant à l'envi sa vénération pour l'ancienne Prieure du Carmel. Mais, à mesure que les jours qui s'écoulent multiplient les accents de cet unanime concert, voici que sont rapportés des traits tellement suggestifs, des témoignages si précis et des faits si troublants que de prestigieux horizons semblent devoir s'ouvrir à notre piété : Une fois de plus la voix de la foule n'aurait-elle fait que préparer nos âmes à entendre la voix de Dieu parlant par son Eglise ? Peut-être...

et, si Dieu le veut, pourquoi ne deviendrait-elle pas un jour réalité cette parole d'une humble femme du peuple s'écriant, au soir des funérailles : « Lisieux avait sa sainte et voici que Bergerac aura bientôt la sienne ! » Nous étions encore au lendemain de sa mort et déjà la vénérée défunte était pour tous la « Sainte » du Carmel ! et l'on ignorait presque tout de sa vie !

Mais, si les grilles du cloître avaient bien protégé l'humilité de Mère Anne de Jésus, ce n'est point sans motif que l'enthousiasme se manifestait de la sorte : on commençait en effet à connaître quelques-unes des circonstances de son heureuse mort, plein de confiance on redisait les promesses de son agonie, et même ne commençait-on pas à énumérer les grâces obtenues ?

Il a paru opportun de faire connaître de façon authentique en un bref épilogue le bien-fondé de ces rumeurs. Ce sera la meilleure façon d'éviter tout propos inexact et tout bruit fantaisiste. On ne trouvera d'ailleurs ici que quelques indications : grande est la réserve qui s'impose en pareille matière.

Non, l'âme populaire ne s'est point trompée lorsqu'elle déclarait spontanément que les derniers jours, les derniers moments de Mère Anne de Jésus suffisaient à montrer en elle une « DIGNE FILLE DE CET ORDRE DU CARMEL » (1) qui compte cependant tant et de si grandes illustrations !

De même qu'un métal précieux, longuement purifié par le creuset, vibre d'un son très pur auquel l'oreille la moins exercée ne saurait se méprendre, de même l'âme de l'humble Prieure,

---

1. Termes employés par le R. P. Antoine Marie, premier définiteur de l'Ordre du Carmel dans sa lettre partie de Rome, le 2 juin 1928. Voir page 269.

longuement purifiée par la souffrance, fit entendre dans les derniers jours ces accents d'une touchante sublimité qui sont le propre des âmes saintes. Pour en connaître tout le prix il suffit de nous rappeler à quel moment, au milieu de quelles souffrances elles furent prononcées. Elles se passent dès lors de tout commentaire. Il n'y a plus qu'à les entendre :

« Je ne refuse ni la mort ni la vie, laissant au divin Maître d'en décider... L'une comme l'autre me ravit et me laisse dans le plus complet abandon. Cependant... » — comme il est émouvant ce cri de l'épouse avide de s'élancer sur les pas du Bien-Aimé — *« ...cependant je me sens si prête ! »*

Oui, elle était vraiment *« une digne fille de l'Ordre »* celle dont l'âme s'épanouissait dans la souffrance, d'autant plus radieuse que la maladie redoublait ses atteintes, d'autant plus active que devenaient plus frêles les liens qui l'enchaînaient à « ce corps de mort » :

« Mon Dieu, je vous aime ! Merci de me faire souffrir ! Je vous bénis : vos volontés sont exquises ! »

« Il faut que je parte vite ! Je suis chargée de tant de messages et de requêtes. J'ai confiance en la miséricorde divine, je veux tout lui devoir pour le temps et pour l'éternité ! »

« Je n'oublierai aucun de ceux qui se sont recommandés à mes prières ! »

Maintenant, tout près du ciel, elle ne cherchait plus à se défendre contre les affections de la terre qu'elle savait impuissantes désormais à ralentir son essor, mais, à la manière des saints dont l'austérité semble devenir plus humaine lorsqu'ils parviennent au seuil de leur bienheureuse éternité, elle laissait paraître l'exquise sensibilité de son cœur :

« Je sens que je m'en vais doucement. Oh ! comme je vous aimerai là-haut ! L'affection de la terre n'est rien à côté de l'autre ! »... « Au moment où vous lirez ces lignes, je serai dans mon éternité bienheureuse. Ne me pleurez pas : La clôture ne sera plus une barrière entre nous ! A Dieu ! Au Ciel ! »

Mais il faut nous borner à quelques-unes de ces citations admirables dont certaines rappellent trait pour trait les accents des plus illustres saints du Carmel.

Ecoutons la mourante parler de ses souffrances :

« Tout cela est bon, très bon, certes. Je ne voudrais pas moins souffrir.. Notre-Seigneur est si offensé ! On est heureux de lui donner des compensations même quand la pauvre nature en aurait assez si la foi amoureuse ne la soutenait ». Je ne voudrais pas moins souffrir ! Ce style n'est-il pas digne du « Domine pati et contemni pro te » de saint Jean de la Croix ?

Et le sublime cri d'amour de la grande Thérèse d'Avila : « ou souffrir ou mourir » ne trouve-t-il pas un fidèle et merveilleux écho dans ces paroles dont l'héroïsme est bien fait pour effrayer notre faiblesse : « Je voudrais que chacune des secondes de la vie qui me reste durât mille ans, même avec les souffrances que j'endure, pour pouvoir servir d'instrument à la Rédemption ! »

Et, dans une note plus douce, la petite sainte de Lisieux n'aurait-elle pas pu faire sien cet acte de confiant abandon : « Je suis le petit Amen du Cœur de Jésus ! A tout ce qu'Il dit, à tout ce qu'Il veut, je dis : Amen ! Amen ! »

Non, l'âme populaire ne s'était point trompée lorsque, en celle qui venait de mourir, elle avait pressenti la descendante authentique de la glorieuse lignée des Thérèse d'Avila, des Jean de la Croix et des Thérèse de Lisieux !

Et puis, avant même que la nouvelle de son radieux trépas eût franchi la clôture du Carmel, Mère Anne de Jésus ne témoignait-elle pas que, fidèle à sa promesse, elle n'oubliait aucun de ceux qui s'étaient recommandés à elle ? Sa première pensée de l'au-delà fut — délicate attention — pour une jeune agonisante dont on lui avait demandé quelques jours plus tôt d'obtenir la guérison, car la pauvre enfant ne se résignait pas à *bien* mourir.

« La guérison ? Non ! ce n'est pas cela ! Mais je vous promets de m'occuper d'elle dès que je serai au ciel. » Et, dans la nuit du 24 au 25 mai, à peine l'âme de la Prieure a-t-elle quitté cette terre, qu'elle se manifeste, rayonnante de gloire, à sa petite protégée, lui faisant comprendre le bonheur de ceux qui meurent dans la paix du Seigneur. Consolée et maintenant toute confiante, la petite mourante ne demande plus de guérir. Avec une joie toute surnaturelle elle s'abandonne au bon vouloir divin : « Cette chère Mère me comble » répétait-elle, et, souriante, elle meurt à son tour en prédestinée.

Puis d'autres faveurs sont signalées : C'est un bienfaiteur

du Carmel qui reçoit une grâce insigne : « Je vous comblerai » avait écrit la Prieure.

C'est un prêtre que des fonctions toutes laïques mettent en péril de perdre l'esprit de sa vocation : « Non, il n'est pas à sa place. Je vais mourir et je demanderai à Dieu de modifier sa situation. » Et un changement — le plus favorable que l'on eût pu souhaiter si on l'eût osé — s'opère dès la mort de la vénérée Prieure.

La liste des faveurs obtenues ne faisait que commencer...

Un jour, peut-être, tenus à une moins grande réserve, les obligés de Mère Anne de Jésus pourront raconter tout au long les merveilles dont ils furent les heureux bénéficiaires et alors, selon le mot de l'un d'entre eux, « on entendra des choses qui étonneront ».

Pour nous, respectueusement et totalement soumis aux décisions de notre sainte mère l'Eglise, notre cœur est rempli d'une radieuse confiance. Notre espoir ne peut s'exprimer mieux que par la parole charmante d'une ancienne élève de Mère Anne de Jésus :

« La petite sainte de Lisieux, assaillie de demandes, a bien besoin d'être secondée. Comme elle serait heureuse si une amie venait l'aider à répandre toujours plus abondante sur terre la pluie merveilleuse des roses ! »

Et ce serait alors, répondant à la voix de son peuple, la voix de Dieu !

L. J. Xtus.

ACHEVÉ D'IMPRIMER

Sur les Presses de l'Imprimerie Générale du Sud-Ouest

(J. Castanet) a Bergerac

Le vingt décembre mil-neuf-cent-trente

ECCE VENIO